民國歷史與文化研究

十 三 編

第 **2** 冊

1949 年前後大陸遷臺作家的故土想像

教 鶴 然 著

花木蘭文化事業有限公司

國家圖書館出版品預行編目資料

1949 年前後大陸遷臺作家的故土想像／教鶴然 著 -- 初版 --
新北市：花木蘭文化事業有限公司，2021〔民 110〕
目 2+170 面；19×26 公分
（民國歷史與文化研究 十三編；第 2 冊）
ISBN 978-986-518-475-9（精裝）
1. 中國當代文學 2. 臺灣文學 3. 文學評論
628.08   110010850

ISBN-978-986-518-475-9

9 789865 184759

民國歷史與文化研究
十三編 第二冊   ISBN：978-986-518-475-9

1949 年前後大陸遷臺作家的故土想像

作　　者　教鶴然
總 編 輯　杜潔祥
副總編輯　楊嘉樂
編　　輯　許郁翎、張雅淋、潘玟靜　美術編輯　陳逸婷
出　　版　花木蘭文化事業有限公司
發 行 人　高小娟
聯絡地址　235　新北市中和區中安街七二號十三樓
　　　　　電話：02-2923-1455／傳真：02-2923-1452
網　　址　http://www.huamulan.tw 信箱　service@huamulans.com
印　　刷　普羅文化出版廣告事業
初　　版　2021 年 9 月
全書字數　155646 字
定　　價　十三編 9 冊（精裝）台幣 25,000 元

1949 年前後大陸遷臺作家的故土想像

教鶴然　著

作者簡介

教鶴然，女，生於 1990 年，漢族，黑龍江哈爾濱人。北京師範大學文學院中國現當代文學專業博士，現為《文藝報》社評論部編輯。已在《魯迅研究月刊》《當代文壇》《華文文學》《名作欣賞》《文學自由談》、Journal of East-West Thought 等重要學術期刊發表十餘篇學術論文。主要研究興趣為中國現當代文學與文化、東北區域歷史與文學、臺灣、香港及華語語系文學等。

提　　要

　　1949 年作為重要的時間節點被歷史銘記，該時間前後隨國民政府撤退臺灣的各界人士共同構成這一多面化文化遷徙現象的深刻內蘊，隨軍輾轉遷臺的作家群體及其寫作作為這一文化現象重要組成部分，一直以來卻在兩岸學界的研究視閾邊緣尷尬徘徊。遷臺作家作為浸染大陸五四文學傳統的外省人，在五十年代的島嶼異鄉佔據了文學話語權，儘管在事實上為臺灣本土文學加速復蘇而助力，仍被本土作家視為大陸文化侵略與威脅的重要表現。

　　本文主要以 1949 年前後大陸遷臺作家為關注對象，以文學家在作品中對故土的想像重建為線索，探討這一文化遷徙過程中的作家群體在文學作品中的懷鄉敘事寫作範式，嘗試重新尋找大陸遷臺作家及其文學創作的文學史價值。本研究第一部分以遷臺作家群體的顯性故土想像書寫為闡釋基礎，結合姜貴、陳紀瀅、王藍、田原等不同身份作家的差異性小說散文創作，從作家遷臺原鄉失落帶來的心理斷層、想像故土的情感性重建危機、作家主體的文化認同與歸屬選擇等幾個面向切入，觸摸故鄉的失落與重建過程中作家心態的流變脈動，以期在普遍意義上勾描遷臺作家懷鄉敘事群像。在此基礎上，本研究的第二、三部分進一步追問不能被普遍意義的表層懷鄉書寫所統攝的深層隱性懷鄉敘事模式，從遷臺作家同一作品在不同時期不同版本中的修改情況入手，尋找這種隱性懷鄉在長期以來被學者和作家遮蔽的狀態下，是如何發展其內部結構的。在遷臺作家隱性懷鄉敘事的深層結構中，筆者發現因赴臺前後作家身份與文學創作成熟情況差異而呈現出兩種不同的故土重塑方式，一是在赴臺之前已經以成熟作家身份在大陸文壇享有相當影響力的作家，在大陸經驗被臺灣化的作品修改過程中，表現為真實家國體驗與想像故土的融合，因此在本研究的第二部分中筆者以女兵作家謝冰瑩及其自傳性回憶散文《女兵自傳》為主要研究對象來探討此種故土想像方式；二是在去臺之後纔正式開始進行文學創作的作家，在臺灣進行想像故土的在地化寫作過程中，在修訂作品的時候流露出對故土的再度想像性重塑，因此在本研究的第三部分中筆者以作家潘人木及其帶有「反共」色彩的長篇小說《蓮漪表妹》為主要研究對象來探求此種故土想像方式。

　　筆者試圖通過前述努力，在研究中建構顯性與隱性懷鄉敘事模式的交互參照，觸摸根植於遷臺作家群體精神深處的普遍焦慮，展現 1949 年前後大陸遷臺作家群體對於故土的想像性建構的複雜面向，最終指向重新考量和反思這一文化群體和文化現象被兩岸學界意識形態化研究眼光所遮蔽的文學史價值。

致謝辭

　　本書的寫作是在李怡與范宜如兩位老師的耐心指導下完成的，大到書稿框架和整體結構的宏觀布局，小到標題注釋與字詞句讀的細部調整，兩位老師都以非常嚴謹的治學態度悉心指出研究的不足，並不厭其煩地反覆敦促我進行論文修改和完善，讓作為學生的我既因才疏學淺而羞赧慚愧，又因遇到良師而心懷感恩。感謝范老師在生活上對我的照顧，尤其是在剛到臺灣不久我因肩頸勞損而影響行動時候送我護頸和膏藥，讓我感受到師與母的溫暖；更要感激范老師在學業上對我的指導，不僅引導我每月與臺灣同輩學人共同參與讀書活動，而且多次與我深入交流選題意義和行文思路，讓我堅定了學術研究的信念。除此之外，也要感謝在北師大研究生三年學習階段曾給予過我許多治學方法與珍貴知識的李老師，有幸餘下幾年還能繼續做李怡教授的學生，願下個學習階段中能獲得更好的學術成果為報。

　　同時也要感謝臺師大國文學系的石曉楓老師、陳義芝老師及國立臺灣政治大學的張堂錡老師等多位師長，都曾為我研究遷臺文學現象提供寶貴的思想指引。感謝是時在國立臺灣政治大學做訪問學者的張武軍師兄，非常熱心地帶我去政治大學碩博士論文資料庫查閱、複印研究遷臺作家問題的碩博士論文資料，為我瞭解臺灣同輩學人的研究視角提供了必要基礎。同時也要感謝學妹張沐一在我返回大陸後仍協助我借閱臺灣師範大學圖書館藏書，幫助我搜集到本研究第二、三部分涉獵文本的臺灣初版本，為我的研究提供了重要資料支持。感謝曾在臺師大國文系結識的諸多同學和師友，讓我感受到溫暖和感動。

　　感謝北師大和臺師大為我提供赴臺學習的機會，也正是這一寶貴契機促成了我對一九四九年前後大陸遷臺作家群體及這一文化現象的體察與關注，尤其是在臺灣學習的一年時間內，能夠在各學校圖書館及臺灣地區國家圖書館查閱到目前在大陸學界仍較難直接接觸到的臺灣五十年代文學浪潮中的抗戰題材文藝作品版本、臺港及海外學者對於遷臺作家問題的學術研究成果、臺灣高校碩博論文資源等豐富材料，為我延續這一選題的研究奠定了必要的基礎。

　　感謝一直以來在生活上照顧我，在精神上支持我的父母，感謝從臺灣到北京兩年來一直陪伴我學習成長、互相扶持鼓勵、共同面對挑戰的男朋友劉詩宇，是你們的陪伴和理解使我能夠順利完成碩士研究生學業，求學的道路既漫長又辛苦，感謝你們是我最重要的精神支柱與動力源泉。

　　千言萬語也說不盡感謝，赧然只能就此擱筆，願奔向前程時各自堅定，不忘初心。

一〇五年初夏　鶴然　謹致

目次

第一章 緒 論

第一節 選題背景與文獻回顧

一、國民政府遷臺的歷史變遷

　　1949 年前後的大陸遷臺作家群體作為勾連海峽兩岸特定歷史時段的特殊文學現象，其所關涉的複雜的文學對象和線索都在這一歷史進程中被彤塑，因此，關於大陸遷臺作家問題的研究不能僅僅限縮於純粹文學意義的研究，也必須涵納這一特定時段中宏觀文學環境與政治、經濟、歷史、文化、社會等與文學共生的周邊因素。那麼，在探討遷臺作家群體的創作心理與文人心態之前，我們不能不關注到宏觀政治環境下 1948 年至 1949 年國府遷臺〔註1〕過程中的歷史變遷與社會生態。

　　1948 年，國民黨軍隊在國共內戰的三大戰役中接連失利因而陷入苦戰局面，黨內高層就黨、政、軍、財、文中心遷往何方及遷都選址問展開審慎討論，蔣介石的關鍵幕僚張其昀首倡國民政府東撤臺灣，受命先抵臺灣的陳誠也在受任臺省主席的就職演說時表明「以臺灣復興中華民族」〔註2〕的態度。東撤臺灣這一主張雖然得到蔣的採納，但是時臺灣主權由日本轉移中國的法

〔註1〕臺灣學界普遍有「國府遷臺」一說，其中「國府」一詞依臺灣學者解釋為：「行憲以後，國民政府改為中華民國政府，因仍由國民黨執政，簡稱『國府』。」參見張玉法：《中華民國史稿》，臺灣：聯經出版事業公司，1998 年，頁 468。
〔註2〕陳錦昌：《蔣中正遷臺記》，臺灣：向陽文化出版：遠足文化發行，2005 年，頁 50～52。

律程式尚處於未完成狀態，國民政府在部署遷臺行動時頗受美方質疑，因此蔣介石專程去電提醒陳誠「臺灣在對日和約未成立前，不過為我國一託管地帶性質，何能明言為剿共最後之堡壘與民族復興之基地？」〔註 3〕由此可見，表面上蔣介石仍然保持著中國對臺灣未有真正合法的統治權的國際態度，但國民政府在南京召開秘密會議後已於 1948 年 3、4 月間即開始著手部署國府遷臺以備應變。隨著內戰局勢每況愈下，在 7 月到 12 月間，國民黨軍隊及附屬工業與培訓機構、軍械彈藥及軍政重要手令、檔案與密件等分批次遷往臺灣。與此同時，國民政府的通訊儀器、印刷與印鈔設備、歷史文物與珍貴圖書等也全部先行運臺後待處理。中華民國政府行政院的撤退遷臺輾轉多地，自 1949 年 1 月中旬，國民政府疏散部分政要及眷屬至上海，其餘部分直接由南京遷移至廣州、福州等地，2 月決議行政院與其他部會遷移至廣州辦公。10 月中旬，廣州失守後，總統頒布中央政府遷往陪都重慶辦公令，政府正式遷渝。11 月末重慶危機之際，政府決議將行政機關遷成都辦公。1949 年 12 月 8 日晚，蔣介石致電陳誠表示政府決定遷臺，次日行政院在臺北舉行遷臺後首次政務會議，會中決議將總統府及行政院址設於臺北介壽館辦公〔註 4〕，至此，1949 年作為大陸與臺灣兩岸文化政治的重大轉折時期而被歷史銘記。

二、國民政府文藝政策與文學發展空間

1949 年，中華人民共和國成立並在北京建都是無數人見證的光輝歷史，而這般光輝背後烙刻著另一群人隨著國民黨政府軍隊敗退而多年離散流徙的創傷記憶。有學者指出，1948 至 1949 年間國民政府遷移臺灣包括「蔣介石暨國民黨遷臺、政府機關遷臺、重要文物及黃金遷臺、人員遷臺、國民黨軍撤退」〔註 5〕等五大主要方面，需要注意的是，其中外省人員遷臺這一方面主要涵蓋軍人及軍眷、流亡學生、包含文人學者在內的各行業精英人士和普通民眾等幾部分。而在跟隨國民政府遷移臺灣的外省各行業精英人士中，文人學

〔註 3〕陳錦昌：《蔣中正遷臺記》，臺灣：向陽文化出版：遠足文化發行，2005 年，頁 57。

〔註 4〕此處整合林桶法：《1949 大撤退》，臺灣：聯經出版事業股份有限公司，2009 年；劉維開：〈從南京到臺北——1949 年「國府」遷臺經過〉，《晉陽學刊》，2012 年 02 期；陳錦昌：《蔣中正遷臺記》，臺灣：向陽文化出版：遠足文化發行，2005 年版，這三本書的部分相關資料。

〔註 5〕林桶法：《1949 大撤退》，臺灣：聯經出版事業股份有限公司，2009 年，頁 10。

者佔據了相當重要的角色，這批於 1949 年前後從大陸遷往臺灣的作家被稱為臺灣第一代外省籍作家。

　　縱觀 50、60 年代臺灣文學場域，由於臺灣總督府在戰後發布禁止使用中文的命令的影響傳遞至是時，加以「二二八事變」對臺灣民族的歷史創傷餘韻與「皇民化時期」政治體制對文學活動的收編，導致臺籍作家的整體創作局勢呈現相對邊緣化的狀態，除鍾理和、楊逵、葉石濤等少數作家可以用嘗試由日語轉換為國語進行部分文學創作以外，其他日據時期創作活躍的作家群體由於只善用日文寫作非國語寫作而不得不就此擱筆，對於他們而言，在一九五零年代最主要的工作便是學習中文的書寫，語言轉換的障礙使得臺灣本土作家的文學自信一度跌至谷底。在這樣的文學局勢下，外省遷臺作家的小說、散文、詩歌、戲劇等多種體裁的文學作品構成了這一時期臺灣新文學的主體面貌。縱觀 50 年代臺灣文壇比較重要的幾種文學雜誌，由「中國文藝協會」和「中華文藝獎金委員會」聯合創辦的雜誌《文藝創作》、隸屬於國防部總政治部的《軍中文藝》與副刊〔註 6〕、直屬於中國青年寫作協會的雜誌《中國青年寫作協會》和歸屬於臺灣省黨部直屬臺灣省婦女寫作協會的《幼獅文藝》等，其中與國民政府總政治作戰部及黨政軍事宜密切相關的雜誌《軍中文藝》及副刊作為設立於 1954 年的「軍中文藝獎金」〔註 7〕的重要發表媒介，是以國民黨黨員、官員幹部等為主要創作核心的，而如作為 1950 年到1956 年間「中華文藝獎金委員會」作品發表平臺的《文藝創作》和其他幾類報刊、雜誌多均以外省遷臺作家為主要成員，由此可見這些文藝組織的權力結構是以外省籍文人為主導的。在這樣的文學環境下，由此，大陸遷臺作家便躍居於臺灣本地作家之上成為文學創作與文藝理論的主要生產群體。

三、兩岸學界研究現狀

（一）兩岸文學史觀點博弈

　　通過對兩岸學界關於遷臺作家群體的研究成果的爬梳與整理，我們可以

〔註 6〕由國防部總政治部開辦的雜誌原名為《軍中文摘》（第 1 期至第 57 期），在
　　　　1954 年 1 月第 58 期以後更名為《軍中文藝》，於 1956 年 4 月又更名為《革
　　　　命文藝》。

〔註 7〕由國防部總政治部作戰部設置的臺灣軍方文藝獎，1954 年設立，1965 年以後
　　　　改名為「金像獎」，是五十年代臺灣軍方非常重要的文藝獎項，代表作家有號
　　　　稱軍中三作家的司馬中原、段彩華、朱西寧等。

發現這一作家群體在中國大陸現當代文學與臺灣本土現代文學兩種研究視野的罅隙中以尷尬的文化身分而艱難生存，兩岸多版文學史著與多位學者的研究專著中對於他們的價值定位和意義判定也各有立論。

文學史著方面，我們可以看到兩岸不同版本對這一群體作家有著不同的價值判斷和歸類。由於大陸學界出版或大陸學人編寫的可參考的臺灣文學史著有限，我們不妨按照時間順序呈現兩岸各文學史著中關於大陸遷臺作家作品的歷時性評價觀點：其中，白少帆等主編的《現代臺灣文學史》是 80 年代大陸學界出版的較早的臺灣現代文學史，書中將從 50 年代初期開始由大陸去臺的文化人和軍中文職人員「在『戰鬥文藝』口號和『軍中文藝運動』的鼓吹下」，相繼登場進行文學創作的成果稱為「反共作品」〔註8〕；90 年代初期劉登翰等主編的《臺灣文學史》中採用「在國民黨當局的宣導、組織與支持下」產生的以「反共復國」為基本主題的「戰鬥文藝」〔註9〕這種相對委婉的說法；進入 21 世紀的初期，在文學研究視野逐漸從意識形態窠臼中掙脫出來的開放性研究格局下，古繼堂主編的《簡明臺灣文學史》中，將 50 年代從事所謂「反共文學」創作的作家分為大陸遷臺的政界作家和軍中作家兩部分，並認為「政界作家多以峻急之情投入『反共文學』創作，不斷虛構出『反攻大陸回家鄉』的政界神話，藉以撫慰人心」，藝術成就並不卓越，但是「軍中作家寫了一些個人的戰爭經歷和與『共軍』作戰的故事，但以他們對大陸的童年經驗和鄉土記憶，還是使筆下那種帶有政治色彩的『懷鄉文學』，具有了並非單一的層面……早已不能以『反共文學』而一言以蔽之」〔註10〕，值得指出的是，此時學者已經認識到在「軍中作家」群體文學創作中存在著不能用「反共」來簡單統攝的可被闡釋的文學性價值，但是對王平陵、陳紀瀅等政界作家作品的藝術成就仍然持保留態度。不過非常可惜，除 2007 年再版的前述提到過的劉登翰等編的《臺灣文學史》以外，在 2006 年出版的李穆南等編的《中國臺灣文學史》〔註11〕完全忽略掉遷臺作家部分避而不談，直接從臺灣新文學跳

〔註 8〕白少帆，王玉斌，張恒春：《現代臺灣文學史》，瀋陽：遼寧大學出版社，1987年。

〔註 9〕劉登翰，莊明萱，黃重添：《臺灣文學史》，福州：海峽文藝出版社，1993 年，頁 32。

〔註 10〕古繼堂：《簡明臺灣文學史》，北京：時事出版社，2002 年，頁 226。

〔註 11〕李穆南，邵智毅，劉金玲：《中國臺灣文學史》，北京：中國環境科學出版社，2006 年。

至臺灣女性文學的勃興；而同年出版的陸卓寧編的《20世紀臺灣文學史略》則重墜80年代意識形態意味濃厚的文學研究窠臼之中，仍然認為「各種形式的『反共文學』……藝術成就不高，其內容充斥著虛假和空洞，創作呈公式化和口號化傾向，也因此逐漸為人們所厭倦」〔註12〕。到目前為止，在大陸學界的臺灣文學史論與史著中前輩學人對於1949年大陸遷臺作家這一文化群體和文化現象的關注程度仍然有限，並且對於他們的文學創作仍欠缺公正、理性的評價。

　　反觀臺灣學界出版或臺灣學人編寫的文學史著，則呈現出更為複雜的文學樣態。其中，大陸遷臺作家兼學者尹雪曼編纂的《中華民國文藝史》是20世紀70年代後期較早將大陸遷臺作家納入文學史脈絡中加以探討的專著，儘管書中以介紹自1949年至1958年第一代外省作家生平與創作為主，但作者認為這一批作家及以他們為主體成立的文藝協會、興辦的文藝報刊等，實際上「使自由中國的小說創作，獲得了更多更大的鼓勵」〔註13〕。這種文學史觀難得地肯定了五十年代以遷臺作家為主體的臺灣文壇創作風氣。80年代臺籍作家兼學者葉石濤在其編寫的《臺灣文學史綱》中，則認為在五十年代隨國民黨軍隊「因避共來臺」的移民們是「在大陸享有統治實權的有關軍政、黨務、財務、財經、學術界的精英分子……他們有統治的實際經驗，以及基於三民主義的政治理論的共識，所以很快的又建立了一套統治模式，以臺灣民眾的血汗勞動的收穫為滋養，迅速地確立了統治體制」〔註14〕，論者的論述基礎是認為隨軍來臺的移民大都是各界精英分子，這不僅忽略了軍隊中年幼時即離開大陸來臺的青少年群體及是時不具備實際話語權力的流亡學生，而且在學術文藝界，除了原本在大陸即頗有名氣的作家群體，如蘇雪林、謝冰瑩、尹雪曼、陳紀瀅、孫陵、梁實秋、葉公超等文人學者以外，還有大批在大陸時並未有極富盛名的文學創作成就或是甚至來臺以後纔正式從事文學寫作的作家群體，如潘人木、姜貴、朱西寧、郭嗣汾、周嘯虹、郭良蕙、馬各等，遷臺作家群體成分的複雜性和多層次性是造成他們文學創作面貌各異的基本根源，這一事實性問題是不能被忽視的。那麼論者在這樣對遷臺作家的政治收編式判斷基礎上，進一步認為在1950年代到1960年代的十年臺灣文

〔註12〕陸卓寧：《20世紀臺灣文學史略》，北京：民族出版社，2006年，頁117～119。
〔註13〕尹雪曼：《中華民國文藝史》，臺灣：正中書局，1976年，頁466～467。
〔註14〕葉石濤：《臺灣文學史綱》，臺灣：文學界，1987年，頁84。

壇「完全由來臺大陸作家所控制……來臺的第一代作家包辦了作家、讀者及評論，在出版界樹立了清一色的需給體制，不容外人插進」，並且認為控制文藝界的這批外省籍作家「大多數擁護中國傳統的孔孟思想，且有根深蒂固的法統觀念，缺乏民主、科學的修養」，因此他們從大陸轉到臺灣以後，帶著失望憤懣的情緒進行格調不高的文學創作，「……反映這種心境的文學，自然是對中共政權的無限憤懣和冤仇……最後導致這些反共文學變成令人生厭的、劃一思想的、口號八股文學」〔註15〕。這一偏激的意識形態決定論史觀為書寫臺灣文學史的重要臺灣學者陳芳明所繼承，並在 21 世紀相繼出版的《後殖民臺灣：文學史論及其周邊》〔註16〕及《新臺灣文學史》〔註17〕中均有所發揚延展。他認為在 50 年代臺灣政治政策的陰影下，「所有的作家都盲目相信政治領導人的語言、口號都是很真實的，並且也遵命指示去實踐創作，使自己分辨不清文學創作與政治干預的界限。對於權力的屈服，使作家完全失去批判的能力……反共文學與戰鬥文藝並非是以臺灣社會為主體，更非以國民黨的文藝政策為主體，而是以中共的文藝鬥爭從事逆向思考。因此反共作家既脫離了臺灣現實，也偏離自己的文化主體，在這種思考指導下，生產出來的作品自然也就不具任何主體性。」〔註18〕與這種從根本上否定遷臺作家作品的獨立文學價值與作家的主體性，將其定位為政治運動的附屬品與宣傳品的文學史論斷同時期出現的，是另一種肯定其文學史意義的聲音。臺籍學者陳映真、呂正惠等著的《反對言偽而辯——陳芳明臺灣文學論、後現代論、後殖民論的批判》〔註19〕一書與大陸學者趙遐秋和曾慶瑞與臺灣學者陳映真、呂正惠共同編著的《臺獨派的臺灣文學論批判》一書中，針對葉石濤、陳芳明一派論者提出了針鋒相對的質疑，尤其認為 1949 年前後「在臺的省內外作家、評論家以有熱情、有理論思想縱深的論議，共商重建光復後臺灣新文學」〔註20〕。21 世紀第一個十年，受大陸自上世紀 80 年代熱議的「重寫文學史」

〔註15〕葉石濤：《臺灣文學史綱》，臺灣：文學界，1987 年，頁 86～88。

〔註16〕陳芳明：《後殖民臺灣：文學史論及其周邊》，臺灣：麥田，2002 年。

〔註17〕陳芳明：《新臺灣文學史》，臺北：聯經出版事業股份有限公司，2011 年。

〔註18〕陳芳明：《新臺灣文學史》，臺北：聯經出版事業股份有限公司，2011 年，頁 272～274。

〔註19〕陳映真，呂正惠，杜繼平，曾健民，許南村：《反對言偽而辯——陳芳明臺灣文學論、後現代論、後殖民論的批判》，臺北：人間出版社，2002 年。

〔註20〕趙遐秋，曾慶瑞：《臺獨派的臺灣文學論批判》，臺北：人間出版社，2003 年，頁 4。

的影響，相繼出版的張錦忠、黃錦樹編寫的《重寫臺灣文學史》〔註21〕與臺灣70年代作家宋澤萊編寫的《臺灣文學三百年》〔註22〕等均以關注臺灣本省作家及臺灣本土文學發展脈絡為核心，因此大陸遷臺作家並不在其考量範疇內，這種立足發掘島嶼本土文學主體性的思想傾向一直延續並影響著當今臺灣學界的著史與論史理念，除了「軍中作家」朱西寧（臺灣當代著名作家朱天文、朱天心之父）、第二代遷臺散文家王鼎鈞、學者散文家梁實秋等幾位對當代臺灣文學有特殊意義的遷臺作家外，當代臺灣學界對於1949年前後由大陸遷移至臺灣的第一代外省籍作家群體的關注熱度已經明顯降低。

由此不難發現，「反共文學」或「戰鬥文藝」仍是兩岸文學史用以概括第一代外省籍作家文學創作的慣用稱謂，就大陸而言，早期文學史傾向於以意識形態統籌1949年前後大陸遷臺作家的文學創作，而進入21世紀以後，較為成熟的學者已經開始意識到這批作家作品中不能被意識形態概括的文學張力與複雜面向。臺灣學界則明顯分為兩個派系，其中以葉石濤、陳芳明為代表一派多認為此類作家作品是反共政治情緒的投射，藝術價值並不足觀，以陳映真、呂正惠為代表的統派學者則有志於建立脫離政治批判的新的美學評價觀。1949年大陸遷臺作家群體決不僅僅只是一次隨國民政府與革命軍敗退臺灣的政治遷徙，更是一場聲勢浩大的文化遷徙，而顯見的是，目前學界不僅對於這一文化群體在文學史上的身分定位有失公允，而且對於這次文化遷徙與兩岸文學生態的共生性關係的探討也相當有限，反觀兩岸學人的非史著性研究成果，仍然以散點化研究居多而欠缺整體性關照。

（二）兩岸學界研究成果辨析

目前學界對於1949年前後大陸遷臺作家作品的學術研究主要有以下幾種思路，一是從某種特定體裁文類，如散文、小說或他種文類的宏觀架構出發，選取特定內容題材的一脈限定研究範疇，並結合典型作家的典型作品加以細部分析，如朱玉鳳的《1948～1949遷臺作家飲食散文研究》〔註23〕等，不過由於受到特定題材的制約，此類研究大都以資料彙編整合式成果較多，少見論者深刻且獨到的個人見解，並且沒有觸及遷臺作家群體真正區別於其

〔註21〕張錦忠，黃錦樹：《重寫臺灣文學史》，臺北：麥田出版社，2007年。
〔註22〕宋澤萊：《臺灣文學三百年》，臺北：人類智庫──人類文化，2011年。
〔註23〕朱玉鳳：《1948～1949遷臺作家飲食散文研究》，南京師範大學碩士學位論文，2011年。

他作家群體的精神特質；二是從女性性別研究視角切入，此類研究成果相對
比較豐富，主要有以下幾種成文思路：第一種是以 50 年代遷臺女作家群體集
中湧現的小說散文作品為對象，如樊洛平的〈不打旗幟的女性主義書寫——
大陸赴臺女作家的家庭性別小說考察〉，阮承香的《記憶建構與自我認同——
赴臺第一代女作家懷舊散文研究》〔註 24〕、王勳鴻的〈臺灣新故鄉——五六
十年代臺灣遷臺女作家的在地化書寫〉〔註 25〕、俞巧珍的《當代大陸遷臺女
作家流寓經驗書寫研究》〔註 26〕、許珮馨的《五十年代的遷臺女作家散文研
究》〔註 27〕等，這種研究思路能夠對所涉及的作家及作品進行較為豐滿系統
的整體性研究論述，但學者關注的多是在離開大陸來到臺灣的顛沛流徙過程
中，由女性作家視角中呈現出的關於「家庭」和「故鄉」的失落與重建問題；
第二種是選取個別典型遷臺女作家的散文作品，縱深探尋作品中的懷鄉主題，
如潘夢園的〈魂牽夢縈憶故鄉——試論琦君懷鄉思親的散文〉〔註 28〕等；除
此之外，也有個別學者另闢蹊徑關注女性作家筆下的男性角色建構，如黃紅
春的〈論臺灣 20 世紀中葉懷鄉思親小說中的男性書寫〉〔註 29〕。此類研究以
西方現代女性主義性別分析理論為依託，能夠敏銳捕捉到女性遷臺作家的散
文及小說作品中氤氳的懷鄉情緒，但是由於涉及作家的作品風格比較單純，
因此只能觀看到作為五十年代集中湧現的女性遷臺作家閨秀式懷鄉散文中對
於故土想像性重塑的一個感性側面。其中俞巧珍文章較為特殊，作者將懷鄉
主題與流放主題結合起來，初步認識到大陸遷臺女知識分子在所謂「閨閣文
學」之外另隱含著作家主體的焦慮與「無家」的彷徨，但總體來說仍傾向於
關注的是處於政治邊緣的女性在故園失落後經過時間沉澱而在居住地臺灣重
建故鄉的寄託性心理，這的確是遷臺作家心態中重要的組成部分，但是此類

〔註 24〕阮承香：《記憶建構與自我認同——赴臺第一代女作家懷舊散文研究》，福建
　　　　師範大學碩士學位論文，2013 年。

〔註 25〕王勳鴻：〈臺灣新故鄉——五六十年代臺灣遷臺女作家的在地化書寫〉，《社會
　　　　科學家》，2011 年 01 期。

〔註 26〕俞巧珍：《當代大陸遷臺女作家流寓經驗書寫研究》，廣西民族大學碩士學位
　　　　論文，2013 年。

〔註 27〕許珮馨：《五十年代的遷臺女作家散文研究》，國立臺灣師範大學國文研究所
　　　　博士論文，2006 年。

〔註 28〕潘夢園：〈魂牽夢縈憶故鄉——試論琦君懷鄉思親的散文〉，《暨南學報》，1984
　　　　年 04 期。

〔註 29〕黃紅春：〈論臺灣 20 世紀中葉懷鄉思親小說中的男性書寫〉，《南昌大學學報
　　　　（人文社會科學版）》，2010 年 06 期。

研究過於凸顯遷臺女性作家的在地化書寫的某些表層意涵，會使得我們產生一種該群體已經完成了故園重建的心理轉換的錯覺，這就是以過於簡單化的解釋將 1949 年大陸遷臺作家群體在政治動盪中因認同危機而產生的心理撕裂和斷層抹平了。

　　除此之外，另有諸多學者不拘泥於文類和性別限定，以國府遷臺的歷史社會發展脈絡為依託，從宏觀角度對 1949 年前後大陸遷臺作家人生經歷與創作心態做整體性研究，其中如蔡芳玲的《一九四九年前後遷臺作家之研究》〔註30〕一文，輔助詳細的調查問卷對遷臺作家的名錄、身世、來臺經過、返鄉省親感受、對國共關係的認識等諸多方面進行整理，這些珍貴而詳實的一手材料為本文的研究提供了史料參考。但值得注意的是，由於成文時間較早，作者對於大陸遷臺作家小說作品的分類的關鍵字仍是「反共」與否，並且該論文僅在第五章對戰爭主題小說與懷鄉主題小說進行很簡單的闡釋，整體看來是以作家研究為主要考量對象。還有諸如吳曉川的〈從遷臺作家創作看中國新文學傳統的延續〉〔註31〕、吉霙的《光復初期臺灣文學重建和大陸赴臺作家研究》〔註32〕等，並不以某特定文類作品為核心，而以文學傳統重建為行文主題在謀篇布局上組織涉獵諸多相關作家的散文、小說作品，主要關注如歌雷、駱駝英、孫達人等參與臺灣新文學建設討論的遷臺左翼作家，及如許壽裳、李何林、臺靜農等有志於文學重建和弘揚「五四」新文化精神的遷臺學者群體，從「左」的重要側面重新復現了赴臺作家學者積極參與臺灣文化重建的努力作為。又如白先勇在〈流浪的中國人——臺灣小說的放逐主題〉中提到 1949 年前後跟隨國府遷臺的作家行列中，有一些早已成名的作家，亦有在大陸未有名氣的年輕後輩，在五十年代初期，他們寫出的反映他們流放的生涯的作品並無足觀，原因是「那時他們驚魂甫定，一時尚未能從大陸所受的沉痛打擊中清醒過來，另一方面卻沒有足夠的眼光與膽量，來細看清楚錯綜複雜的新形勢，所以只好盲目接受政府所宣傳的反攻神話，他們更無勇氣承認這種流放是永久的。結果這些作者筆下的人物大多與現實脫節，布局

〔註30〕蔡芳玲：《一九四九年前後遷臺作家之研究》，國立中央大學碩士學位論文，1997 年。
〔註31〕吳曉川：〈從遷臺作家創作看中國新文學傳統的延續〉，《當代文壇》，2007 年 06 期。
〔註32〕吉霙：《光復初期臺灣文學重建和大陸赴臺作家研究》，山東大學碩士學位論文，2013 年。

情節老套公式化,故事的主人翁不管如何飽嘗流放的苦痛,總是會重臨故土,與大陸上的家人團圓結局。這些作品滿注思鄉情懷,但這種悲傷的感受老是陳腐俗套,了無新意。」〔註 33〕由此可見,白先勇既注意到遷臺作家群體內部存在分化與區隔,又注意到他們生活空間與文學場域的轉變帶來巨大的心理衝擊,但在認識這批作家文本時候,仍沿用葉石濤、陳芳明一派的觀點,認為在文學價值上恐怕格調不高。反觀大陸文壇,自改革開放後的 20 世紀 80 年代起,中國大陸關於臺灣懷鄉思親詩詞散文集的出版物令人目不暇接,主要取材於臨近幾年的臺灣通俗報刊而選取的作家亦多非大家,旨在為海峽兩岸同胞思想文化交流助力,間接促進祖國和平統一,與此同時,我們還很可喜地看到近年來有臺灣學者能夠自發尋找 1949 年前後大陸遷臺作家隱藏在紙背的深沉的懷鄉情緒,最主要的成果是楊明的專著《鄉愁美學──1949 年大陸遷臺作家的懷鄉文學》〔註 34〕與莊文福的《大陸旅臺作家懷鄉小說研究》〔註 35〕,此類研究尤其重視發掘遷臺作家懷鄉書寫在臺灣文學史上的意義,但由於臺灣學者對於大陸政治背景的研究與理解畢竟有所侷限,因此傾向於認為遷臺作家來臺後的懷鄉之情轉化為文學作品中對大陸家鄉故事的描寫,這種與家鄉風土密切關聯的文學作品是純藝術的作家懷鄉情緒的體現,而對處於政治漩渦之中的作家心理是如何透過表面的「懷鄉」滲透到文本底層則論之甚少。

通過對前人研究現狀的梳理與整合,我們不難看出文類、性別、主題等成為遷臺作家研究的主要切入視角。其中,由於遷臺作家群體的特殊性,他們在進行文學創作時往往多種文類互相參照、互為補充,因此以散文、小說等文類為區隔而進行的文學研究反而會限縮學者對於遷臺作家文學面貌的整體關照。而創作主體的性別差異的確使得遷臺作家的作品在表現作家對於舊日故土的追緬與想像時呈現出迥異的風韻,為既往學界關注度較高的女性作家們如林海音、琦君、徐鍾珮、張秀亞、鍾梅音等,在五六十年代湧現的大量

〔註 33〕白先勇:〈流浪的中國人──臺灣小說的放逐主題〉,選自《白先勇自選集》,廣州:花城出版社,1996 年,頁 308。
〔註 34〕楊明:《鄉愁美學──1949 年大陸遷臺作家的懷鄉文學》,臺北:秀威信息科技股份有限公司,2010 年。(原為楊明:《1949 年大陸遷臺作家的懷鄉書寫》,四川大學博士學位論文,2007 年。)
〔註 35〕莊文福:《大陸旅臺作家懷鄉小說研究》,中國文化大學博士學位論文,2002 年。

作品中偏向於以女性地母的情懷將地方感與家園感在島嶼重建，但如隨軍征戰創作自傳和日記的充滿陽剛氣質的女兵作家謝冰瑩、以創作所謂「反共」抗戰小說而躋身五十年代臺灣文壇最活躍作家之列的潘人木等別樣質地的女作家的作品細讀卻關注度有限。而多數研究者對於遷臺男作家們文學作品的評價則帶有鮮明的政治批判眼光，認為男性作家的文學作品無論是小說、散文或是其他，都「存在對過去秩序、威權的渴望」〔註36〕，而這種對於過去大陸生活的渴求進而導致「從大陸逃來的人不過以臺灣為臨時基地，好發他們的美夢，希望有一天回到海峽的彼岸」〔註37〕，以政治全盤收編此時段的男性作家文學創作顯然是將這一群體性文學現象簡單化了。

第二節　研究方法與論題意義

　　1949 年對於兩岸來說是兼具政治與文學雙重意義的轉捩點，本文以 1949 年跟隨國民黨政府軍隊撤退到臺灣的大陸作家為研究對象是有特殊意義的。1949 前後大陸遷臺作家被稱為臺灣第一代外省籍作家，由於特殊的歷史環境與時代背景導致這一作家群體構成 50 年代臺灣文學場域的主要創作者和參與者，因此相較於這一時段被邊緣化但代表本土性文學力量的臺籍作家而言，外省籍作家群體作為臺灣文化的「外來者」和「入侵者」而在臺灣文學史上的身分定位便更為尷尬。那麼反觀大陸文學史，由於許多作家的部分作品在國民黨文藝政策鼓勵之下或多或少具有「反共」的政治嫌疑，因此這一作家群體的文學作品在大陸文學史中也不多見對其可以被發現的文學價值與值得被挖掘的文學意義的過多著墨。那麼基於這一群體作家在兩岸經典文學史中的模糊身分與意識形態濃鬱的價值判斷和歸類，本研究試圖尋找在被評價為是反共政治情緒的傳聲筒而藝術價值並不足觀的此類作家文學作品中，是否具有其他可闡釋性。通過前述文獻回顧，我們可以看到近年來兩岸學界已有學者逐漸從刻板的政治批判中抽離出來，新的富有張力的美學評價觀點已悄然出現。多數學者傾向於關注女性作家的懷鄉散文與小說，力求尋找隱藏在紙背的深沉的懷鄉情緒，少數關注男性作家小說作品的論述亦停留在對作家

〔註36〕范銘如：〈臺灣新故鄉──五十年代女性小說〉，《中外文學》，1999 年。
〔註37〕白先勇：〈流浪的中國人──臺灣小說的放逐主題〉，選自《白先勇自選集》，廣州：花城出版社，1996 年，頁 409。

思鄉情緒的捕捉層面，而本研究希望能在新舊兩種觀點之間尋找一種有效的連結，也就是說，既要看到此類作品傳遞給我們的除了情感之外的複雜訊息，比如戰爭的隱喻性與角色身分的悲劇感等，也要感受到政治批判的複雜性和豐富性。

　　的確，在國民黨政府「反共復國」的政治神話統攝和文藝政策刺激下，五十年代臺灣文壇上集中湧現出遷臺作家群體創作的大量以「反共」情緒為主導的「政治懷鄉」作品，但是筆者以為，在這種所謂的「政治懷鄉」的表象下，文學文本內部其實存在著許多難以被政治收編或歸類的複雜撕裂，這種豐富性和複雜性與遷臺作家的群體性遷徙經驗和個體性身分經歷均難脫干係，由於文學環境與生存地域的轉變使得遷臺前後作家的文人心態與文化身分的選擇認同出現不同程度的微妙波動，同時經歷大陸與臺灣兩種既互相區別又內在相連的文化生態，為遷臺作家群體提供特殊文學養分的同時，也在孕育著掙扎、互斥和矛盾等多種問題。因此我們關注這批作家的文學創作不僅需要考量到是時政治環境對文人發聲的限縮，更需要考慮到被動隨軍遷臺為作家帶來原鄉失落的心理動盪，以及作家心態波動對他們 50 年代以降文學創作產生的影響，這種難以量化的文學現象顯然是不能簡單用「反共」或者「政治懷鄉」來統攝的。不過，我們必然不能忽視文學與政治的天然聯繫，就這一作家群體受研究者關注較高的小說與散文的兩種文類而言，散文由於文類的特質天然具有較高的自由度和真實性，作家們可以暫時從政治鉗制中跳脫出來，用文字記錄下這段變與不變的動盪歷史，紙背上凝結著說與不說的滄桑心事，進而為研究者藉由散文文本觸摸作家懷鄉心緒提供了相當的便利。小說雖然相對於散文更容易受到當時政治政策的框定與鉗制，有些政界作家的小說作品甚至正是在某種政治驅使的文藝政策催生下出現的，但是這些小說文本在表現某種傾向時候同時，有大量欲言又止或未能直接寫出的隱含情緒，我們在關注作家說了什麼的同時，也不能忽視作家對於時代某個方面意味深長的規避與沉默。

　　想像性的鄉愁書寫本是中國現代文學發展史上的重要文學議題，在以魯迅、沈從文等為代表的鄉土小說作品中表現為作家遠離了自己原初的家鄉後纔開始回望故鄉，這種時間與空間的置換和位移帶來的想像性鄉愁同樣在 1949 年前後大陸遷臺作家群體的懷鄉性作品中得到了續寫，但不同於五四時期的鄉土小說，遷臺作家群體的對故土的想像性書寫附著了國共意識形態下

的國家民族認同危機，而這種意識形態左右下的政治懷鄉正因為它的意識形態性而被兩岸學界貶低、壓抑了文學價值與生命張力。遷臺作家文學作品中的故土想像固然難以完全脫離政治傾向性，但這種政治懷鄉也並非都如文學評論家所言純然是國民政府政治宣傳品，其文學世界內部其實充滿了撕裂和錯層。法國馬克思主義批評家馬舍雷曾在自己的文藝理論中提出過的「沉默」這一核心概念就在提醒我們注意這種文本生態的變化，他曾指出「作品就是為這些沉默而生的……我們應該進一步探尋作品在那些沉默之中所沒有或所不能表達的束西是什麼」〔註 38〕。在我們以一種政治收編式的簡單化評判標準抹煞遷臺作品中故土想像的豐富性時，正是完全忽略了這種掩蓋在意識形態敘述外衣內部的沉默，這正是本文試圖著力的切入點。而想要去捕捉這種被作家層層包裹的意味深長的蛛絲馬蹟，需要以遷臺作家去臺前與去臺後的思想變化蹤跡為主要線索，將作家的思想心態變化與文學創作建立起具備闡釋性的對應聯繫，尋找特殊時期、特殊事件對作家精神的衝擊反映在同時期的文學寫作上，留下了哪些痕跡。

本研究的第一部分，在於呈現懷鄉書寫中最基礎的構成部分，也就是兩岸大部分學者在進行此類主題文學研究時候可以約略涉及到的基礎性範疇，即遷臺作家的作品中隨處可見的對於故鄉比較淺表的回憶性描述。作為懷鄉書寫的作者可以通過遷臺前後身分的差異進行劃分，有的作家是跟隨國民革命軍撤退臺灣的軍旅身分，有的作家是跟隨國民政府遷移臺灣的政界身分，而還有的作家則只是在國民政府與軍隊帶領下的普通民眾身分，這種因作家在政權遷臺過程中扮演的角色與身分差異而出現對國民政府的認識程度與感情深度不同，會在懷鄉性文學寫作中出現一種顯性差異。以隨國民政府遷臺時作家的角色身分作為分類依據，將視野回歸於遷臺作家群體眾聲喧嘩的創作環境中，以作家去臺前的作品和去臺後的作品比較為研究對象做整體性分析。倘若為遷臺作家加以簡單歸類，大略可以分為以下幾個主要類別，這種比較粗疏的分類方式並不能完全涵蓋所有遷臺作家，僅為本文研究的展開提供必要的闡釋基礎：一是在大陸時期或有從軍經歷，跟隨國民黨部隊來臺的軍中作家或軍眷，如謝冰瑩、姜貴、司馬中原、朱西甯、段彩華、王鼎均等；二是與「中國文藝協會」、《文藝創作》等國民政府相關政治組織平臺淵源深

〔註38〕馬舍雷：《文學分析：結構的墳墓，現代美學新維度》，北京：北京大學出版
　　　社，1990 年，頁 363。

厚的政壇作家，如陳紀瀅、王藍、王平陵、張道藩等；三是作為普通民眾跟隨國府遷臺，且遷臺以後而未在軍中或政壇服務的平民作家，如潘人木、尹雪曼、田原等。限於篇幅，難以將包蘊於遷臺文化現象豐富內涵中的每位作家一一深入解讀，因此筆者在本研究的第一部分中分別從前述三類遷臺作家中選擇幾位具有代表性的典型作家作為研究對象展開論述，如加入國民革命軍參與抗日戰爭並官至上校的魯籍作家姜貴、從事軍隊文藝宣傳工作的陸軍作家段彩華、曾任臺灣《中央日報》董事長並於國民政府任要職的政界作家陳紀瀅、兼具畫家與國民大會代表雙重身分的冀北作家王藍、平民作家田原等，輔以小說家們在五十到七十年代創作的系列懷鄉性散文作品，從隨軍遷臺作家原鄉的被動失落與心理撕裂、情感鄉野與想像故土的重建危機、文化主體的認同態度與文化身分的歸屬選擇等幾個方面切入，觸摸故鄉的失落與重建過程中作家心態的流變脈動。

　　一般意義上的遷臺作家群體的顯性故土想像書寫表現為作家在文學作品中對於故鄉事態與風物的描摹，以及對舊日情境與故人的追念，這種散現在遷臺作家作品中豐富的顯性懷鄉敘事構成我們對於這一作家群體想像故土的基本認識。在表層上，通過這種對遷臺作家進行簡單的表層劃分，我們可以比較清晰地觀察到所謂懷鄉性的書寫在遷臺作家群體筆下呈現出怎樣的面向，這就是本研究第一部分的主要著力點。然而僅僅對作家身分進行歸類與劃分並在此基礎上梳理一般意義的懷鄉書寫卻是遠遠不夠的。前輩學人普遍認定為「回憶散文」、「反共小說」、「戰鬥文藝」等不屬於此闡釋範疇的其他文類和主題的作家作品中，其實非常隱秘地存在著不能被普遍意義的表層懷鄉書寫所統攝的深層隱性懷鄉敘事。因為特殊社會歷史環境的限縮，尚存在著一些並未以一般意義的懷鄉作品承載故土想像焦慮的作家，換言之，存在著其他以曲筆進行隱性懷鄉書寫的遷臺作家作品未被納入懷鄉敘事的文學範疇，這種隱性的深層懷鄉敘事在其他保護外衣的掩藏下，一直以來不僅受到研究者的忽略，甚至連作家本身都在有意遺忘和迴避，這就使得對此類遷臺作品中故土想像進行尋蹤時頗為曲折。然而作品不會說謊，文學本身的自然發展脈絡其實為我們捕捉這類隱性的懷鄉曲筆提供了契機，作家本人在不同時期對同一作品再版時做出的修訂以一種橫截面的方式為我們提供了充分而豐富的作家思想變化的自我展示，通過這種前後修訂差異的對比參照，我們可以看到許多從無到有與從有到無的細節變化，這種細節修改的思忖能夠間

接指向隨著時間的推延作家本人在文學想像中重建故土時出現了怎樣的前後波動。這就是本研究的後兩部分主要的著力點。

由此，本文的第二、三部分從遷臺作家同一作品在不同時期不同版本中的修改情況入手，可以發現在遷臺作家隱性懷鄉敘事的深層結構中，因赴臺前後作家身分與文學創作的成熟情況差異而呈現出兩種不同的故土重塑方式，一是在赴臺之前已經以成熟作家身分在大陸文壇享有相當影響力的作家，在大陸經驗被臺灣化的作品修改過程中，表現為真實家國體驗與想像故土的融合；二是在去臺之後纔正式開始進行文學創作的作家，在臺灣進行想像故土的在地化寫作過程中，在修訂作品時候出現對故土的再度想像重塑。由此，本文的第二部分選取大陸時期已具有成熟文學創作的女兵作家謝冰瑩為主要研究對象，以其在 30 年代大陸時期創作並在臺灣得到重版的自傳性回憶散文《女兵自傳》為主要研究文本。謝冰瑩作為在大陸時期已經成名並有多部作品出版的成熟作家，遷臺以後不僅未間斷文學創作，而且將大陸時期已出版的作品帶入臺灣視閾修訂後在臺灣本土多次再版。通過觀察在大陸和臺灣兩岸差異性時空環境下出版的不同版本之間存在怎樣的修改和增補，藉此進一步追問作家之所以做出這樣文本變更的內在思想根源。通過細部的比對和參照，以期觸碰文學生命跨越海峽兩岸不同場域的遷臺作家謝冰瑩，經過歷史時間和政治空間的置換，對描寫身居故鄉時期自我人生經歷的回憶性散文進行了怎樣的想像性重構。相應地，在本文的第三部分中，以在大陸時期並未有成熟的文學作品問世的遷臺作家潘人木為主要研究對象，以其在 50 年代臺灣時期創作並時隔 30 年後在 80 年代得到重版的抗戰題材長篇小說《蓮漪表妹》為主要研究文本。由於作家的文學生命是從遷至臺灣後纔開始生長和成形的，這種身分經歷的差異必然導致潘人木在赴臺以後創作的以故土大陸抗戰時期的政治歷史為對象的小說作品是身居異鄉回望故鄉而作的想像性藝術創作。在前兩部分中對於遷臺作家兩大主要類型作家作品中對於故土想像的差異性研究的基礎上，尋找因文化時空的置換帶來作家認識和作家心態的巨大波瀾，反映在懷鄉作品中時具有的本質共性。

通過前述努力，筆者試圖以顯性與隱性的參照，勾描出根植於遷臺作家群體精神深處的普遍焦慮，從表層的顯性懷鄉呈現推延到深層的隱性懷鄉研究，再通過遷臺作家對自我作品的增刪與修訂，進一步挖掘作家的故土想像書寫如何隱藏在隱性懷鄉的深層結構中，進而追問所謂「反共」的文學作品

中事出有因的沉默背後究竟隱匿著什麼內蘊，再現 1949 年前後大陸遷臺作家群體對於故土的想像性建構的複雜面向，最終指向重新討論和反思這一文化群體和文化現象被兩岸學界意識形態化研究眼光所遮蔽的文學史價值。

第二章　遷臺作家懷鄉書寫的顯性呈現——以姜貴、陳紀瀅、田原等為例

　　一般意義上遷臺作家群體的懷鄉書寫以作家對於故土事態與舊日風物的記敘為最表層的呈現方式，作家筆下非常豐富的懷鄉性文字表述也構成我們研究其故土想像顯性表現的闡釋基礎。值得注意的是，通過把梳前輩學人關於遷臺作家群體的懷鄉寫作方面的研究成果，我們可以發現其文學研究視閾中大陸遷臺作家的創作生命多僅限縮於五十年代，儘管許多作家的文學創作生命在事實上已延續至 60 到 80 年代，部分作家甚至在 90 年代仍筆耕不輟，但是在面向臺灣戰後至今的複雜當代文學生態時，研究者們多傾向於將他們的有效文學生命切割為一個十年，這是非常不合理的研究方式。因此，筆者在這一部分研究中除了結合姜貴、田原、陳紀瀅、王藍、段彩華等多位遷臺作家五十年代集中創作的小說作品以外，也結合了他們創作於五十到七十年代乃至更晚時段的系列回憶性懷鄉散文作品集，如姜貴的《無違集》（1974）、陳紀瀅的《憶南山》（1977）、田原的《田原文集·散文卷》（1976）等加以參照，以期從共時性與歷時性的角度呈現出遷臺作家群體較為完整的懷鄉書寫樣態。遷臺小說家散文中呈現出被動原鄉失落帶來的無家感與臺灣長期生活帶來的地方感之間的撕扯與角力，而這種細膩而豐富的「真情流露」是在他們聲名顯赫的小說作品中難以尋覓的。與以散文作品見長的作家相比，遷臺小說家散文的藝術水準其實並不高。散文作為最適合文人吐露心聲的文體，

也最能夠窺探作家心態的微妙轉變。本文這一部分主要通過前述幾位作家在五十年代後的系列懷鄉性小說與散文作品，觸摸作為小說家的他們處於政治漩渦之中，而未能在小說文本中直接浮出表面的，隱秘的作家心理是如何透過表層的「懷鄉」滲透於散文文本肌理中的。從隨軍遷臺作家原鄉的被動失落與心理撕裂、情感鄉野與想像故土的重建危機、文化主體的認同態度與文化身分的歸屬選擇等幾個方面切入，觸摸故鄉的失落與重建過程中作家心態的流變脈動，試圖接近遷臺作家文學生態的完整面貌。

第一節　臺灣「孤兒意識」──遷臺作家文化認同焦慮的產生源流

　　國民政府撤退臺灣作為一種文化遷徙帶來了積極與消極的雙重影響，其中積極方面，不僅有遷臺學者將五四精神在臺灣扎根傳承，如於 1945 年臺灣光復後應邀赴臺重建臺灣文學的學者臺靜農、許壽裳，還有不同時間段接續去臺灣自覺致力於五四文化宣傳的學者胡適、散文家梁實秋等，而且直接帶來了 50 年代臺灣文壇的文學大繁榮，並刺激和推動大批臺籍作家從日據時期皇民化的日文寫作中解放出來；而說到消極方面，除了近年來被以陳芳明等為代表的臺籍學者過分強調的臺灣本土文化的獨立性和完整性在一定程度上受到破壞以外，就是在很多學者的臺灣文學研究成果中都會涉及的關於不同歷史發展時期臺灣作家的國家民族認同困境問題，這種困境在日據時期皇民化運動階段達到峰值，而 40 年代末至 50 年代初的國民政府遷臺則屬於日據時期殘留問題的延宕時期。懷鄉敘事中「國族認同」的時間和空間邊界究竟應該如何界定，在當下的文化語境下重提國族認同是不是大陸學者對臺灣文學面貌的一種想像，等等這些懸而未解的疑慮都是我們在面對遷臺作家群體的故土書寫這一問題時需要謹慎和警惕的。通過翻閱日前的臺海調查報導我們不難發現，當下的臺灣青年人不必要在國家民族認同的衝突中做出自己到底是「臺灣人」還是「中國人」的選擇，即使是 50、60 年代出生在臺灣而祖籍在大陸的第二代外省籍中年人，也由於臺海時空間隔久長而對所謂的大陸認同感很淡漠。有研究報導稱：「認同中華民國作為國號的臺灣人也並不必要僅視自己為中國人，而多是認同自己作為臺灣人和中國人的二重身分，在 20

世紀第一個十年內『泛中國人認同』的比例在 6 成以上」〔註 1〕。是否是我們越執念於試圖呼籲所謂臺胞的國族認同，越易於造成臺灣民眾的集體負性心理排斥呢？是否當我們以國族認同作為某種判定依據，去討論基於被殖民經驗與民主化轉型而形成的臺灣認同的時候，國族認同與臺灣文學真實場域中的作家心態之間存在著事實距離呢？倘若中華民國的合法性被削弱，臺灣就可能建構起自己的文化主體性，進而在認同上與中華文化傳統脫節了。立足臺灣文化視閾反觀中國大陸，主流觀點傾向認為臺灣與中華民族有著文化淵源卻沒有必然的政治從屬淵源，因此，筆者以為我們若以文化認同替換國族認同去處理臺灣文學問題，或許能夠贏得更為廣泛的闡釋合理性。

　　既然，我們難以繞開臺灣光復初期的複雜文學環境去闡釋臺灣文學作品中的國家民族認同問題，也正是由於日本殖民當局對臺灣推行的皇民化運動和文化殖民統治，使得根植於臺灣現代文學精神深處關於國家民族的認同焦慮和危機感一直影響傳遞至今。那麼，在這樣的認識基礎上，當我們追問 1949 年前後大陸遷臺作家作品中呈現出怎樣的文化認同困境時，首先應該回溯至光復初期對這一問題進行參照和比對，不妨以這一時段最重要的代表作家之一吳濁流及他創作於 1943 年到 1945 年之間的長篇小說《亞細亞的孤兒》為對象窺之一二。吳濁流這部最初以日文創作而成的長篇小說以日據時期的臺灣為歷史背景，其中主人公胡太明在歷史動盪中的個人經歷投射出的「孤兒意識」成為學者集中詮釋的場域，而書名「亞細亞的孤兒」在 80 年代也由知名臺灣歌手羅大祐創作成同名衍生歌曲，在某種意義上這一個稱謂已經成為臺灣島嶼文化身分的象徵和歷史遭遇的寄寓。在小說構設的文學世界中，出生於日據時期臺灣農村舊式地主家庭的主人公胡太明，自幼受到身為漢學家的祖父的傳統文化教育影響，在面臨臺灣被日本殖民文化侵蝕的現實的時候，「宛如一葉漂流於兩種不同時代激流之間的無意識底扁舟」〔註 2〕，在內心深處潛滋暗長的民族情緒滋生認同的撕裂，然而內心的掙扎與矛盾終於使得主人公屈服於殖民文化現實，並從私塾轉入日語學校念書。小說中一位在日本明治大學畢業以後，到中國大陸住過四、五年的先期同學告訴胡太明：「臺灣

〔註 1〕Liu, F.C.& Lee, F.L. (2013) .Country, national, and pan-national identification in Taiwan and Hong Kong: Standing together as Chinese? Asian Survey, 53 (6) , 1112~1134.轉引自陳仲偉：我們是誰：臺灣人和香港人的國族認同和泛中華意識。http://www.dooo.cc/2014/07/30122.shtml.2014-07-08

〔註 2〕吳濁流：《亞細亞的孤兒》，北京：人民文學出版社，1986 年，頁 97。

人到任何地方去，依舊是臺灣人，到處受人歧視，尤其是中國大陸，因為排日風氣甚剩，對於臺灣人也極不歡迎。」〔註3〕這句話很鮮明地凸顯出了「臺灣孤兒意識」之所以產生的根本原因，因為被日本殖民統治被迫接受皇民化教育而留下文化傷痕的臺灣人，卻在踏上中國大陸土地想要尋求所謂的文化母體時候因印上了殖民者日本的標籤而受到排斥。小說中還借助推薦胡太明到中國大陸上海國立模範女子學校任教的友人曾之口，說出了這樣一段話：「我們無論到什麼地方，別人都不會信任我們……命中注定我們是畸形兒，我們自身並沒有什麼罪惡，卻要遭受這種待遇是很不公平的。可是還有什麼辦法？我們必須用實際行動來證明自己不是天生的『庶子』，我們為建設中國而犧牲的熱情，並不落於人之後啊！」〔註4〕這一細節非常真實地呈現出了在文化與政治夾縫中艱難生存的臺灣人的認同焦渴，既不願認同侵略者的皇民化統治，也無法在大陸故鄉獲得家園感的重建和滿足，「畸胎」、「棄嬰」、「孤兒」、「庶子」這些悲情稱謂自然成為臺灣文化身分恰如其分的寄寓，這部在日據時期創作的小說代表著潛藏在臺灣文化性格血脈深處的孤獨感和無家感，而這種充滿悲情的傷痕文化體驗是難以在短短幾年內痊癒的，換言之，以 1949 年前後大陸遷臺作家群體為主要生產者的五十年代的臺灣文壇，作為光復初期國家民族認同危機的延宕時段仍然難以避免會存在著因文化認同危機而造成的孤獨感和無家感。

第二節　從故鄉到異鄉──遷臺作家原鄉的被動失落與心理撕裂

　　隨軍遷臺的幾位作家共同面臨著現實家鄉與精神原鄉的雙重被動失落，歷經戰亂動盪的焦慮心理在面對陌生的島嶼環境時更增流離漂泊之感，作家田原的短篇小說《原則問題》故事發生在 1967 年的臺灣，主人公「我」與兼具同鄉、同學、同事三重關係的「黃梅生」同住，梅生的出身是世家子弟，學歷是芝加哥大學經濟學博士，不僅繼承了祖上的傳統對金錢非常計較，而且在持有「中華民國的國民身分證」而生活在並非「如此美國」的臺灣的時候，對他人採用一套「太美國」的方式，主人公「我」指責他的行為不符合「國

〔註3〕吳濁流：《亞細亞的孤兒》，北京：人民文學出版社，1986 年，頁 45。
〔註4〕吳濁流：《亞細亞的孤兒》，北京：人民文學出版社，1986 年，頁 97。

情」，他則做以這樣的回答：「人不親土親，我要不懷念祖國，懷念你，早像那些在美國有成就的人一樣，抱著比咱們圓的月亮改了國籍。」〔註5〕這篇小說題目中所謂的「原則問題」是帶有雙關性質的隱喻，其所指涉的「原則」既包括美國的實用主義金錢消費文化，比如作家曾借黃梅生之口表示：「這是原則問題，做人做事都得有原則。我的原則就是該用的錢，用得明明白白，該做的事做得清清楚楚。生活在工業社會，不能以農業社會的心理，方式來處理任何事物」〔註6〕；又包括中國傳統文化與家庭倫理道德觀念，比如作家在小說結尾又一次借同一個人物之口這樣表述：「這是原則問題，世界上最完美的家庭制度，在咱們中國，中國有完美的家庭制度，得自老年人把舵，他們是活的教本，給後代留了很多好榜樣。」〔註7〕作家藉此塑造了以黃梅生為代表的留美海歸青年在歸國後並沒有回到中國大陸的故鄉而是在島嶼臺灣暫居，多重身分的複雜和尷尬使得年輕知識群體在處世哲學方面向美國實用主義現世哲學靠近，而又不能完全脫離故國故土的情感牽絆。後來，主人公「我」與空友「梅生」兩人因新招來的下女講閩南語，聽不懂梅生的山東方言，挑剔雇傭雙方言語不通發生爭吵，主人公「我」搬出一套滲透著國家民族認同的宏大話語為女傭做以辯護：「第一，她說的是中國地方方言，她所生的那個時代，沒有普遍推行國語，錯誤不在她。第二，你到美國讀書學美國話，你住在臺灣前後四五年，為什麼不學閩南話，起碼閩南話是中國語言一種，為何厚此而薄彼……」〔註8〕閩南話作為漢語八大方言之一最早出現於中國福建省閩南地區，明崇禎年間由於福建饑荒而引發福建閩南地區居民向臺灣島大規模移民，清朝由於通商口岸的開放進一步助長閩南人向臺灣島移民，使得閩南話成為臺灣的主要方言。因此這篇小說中主人公「我」將臺灣女傭講閩南方言解釋為「中國地方方言」是確鑿無誤的，在日據時期臺灣官話由於殖民統治而被迫改為日語後，臺海文化淵源與政治淵源的問題一直在臺灣作家群體中難以達成共識，作家田原在小說強調這種文化歸宗的解釋也是勾連兩岸文化淵源的重要表現，在某種程度上可以體會出作家身在臺灣而心中仍然堅持的價值立場。在另一篇短篇小說《老鄉親》中，作家通過描述抗戰時期部

〔註5〕田原：《田原自選集》，臺灣：黎明文化事業股份有限公司，1982年，頁116。
〔註6〕田原：《田原自選集》，臺灣：黎明文化事業股份有限公司，1982年，頁117。
〔註7〕田原：《田原自選集》，臺灣：黎明文化事業股份有限公司，1982年，頁130。
〔註8〕田原：《田原自選集》，臺灣：黎明文化事業股份有限公司，1982年，頁126。

隊同班戰友三位山東同鄉主人公「我」、「胖牛」胡鐵峰和「瘦馬」馬希祥從大陸征戰到敗退臺灣的人生經歷，以另一種含蓄的方式抒發大陸故鄉對於遷臺後的作家來說有著怎樣的精神維繫和吸引作用。小說中的三位主要人物經歷了抗戰勝利後進入國共內戰時期，三人自濟南分手後不到四年間分別從上海、越南和香港三地逃亡臺灣重逢，故事發展到遷臺這一時間節點後轉而進入了尾聲，小說以胖牛和瘦馬在逗主人公「我」的新生孩子講話作為結尾：

> 胖牛正在客廳裏教孩子講話：
>
> 「你是哪裏人？」
>
> 「三都（山東）。」
>
> 「對！」胖牛哈哈大笑一陣，然後讚美的說：「好小子，比你爹強，將來別忘了，你是山東萊州府，不，青州府，可不能受你媽媽的影響說：『哇是山東臺灣人！』」〔註9〕

小說中的三個人不論輾轉多少地方仍然對養育自己的中國山東懷有深切的感情，甚至在臺灣已經組建了新的家庭並有了新生兒的主人公「我」也仍然默許了昔日戰友對懵懂嬰孩的家鄉觀念教育「我是山東人」，暗示著這種故鄉情懷要在遷臺第一代外省人的子孫後輩中綿延傳承。然而小說也就此擱筆，小說的主人公日後是否能夠重返家園這個命題，從作家本人的經歷上也可以知道結局，在這個意義上反觀小說的結尾，更顯悲劇意味。

與此同時，作家田原也在回望故土的同時反思作為臺灣的「外來者」在身處現世異質環境的時候面臨怎樣的困境，在作家的另一篇短篇小說《被征服的一群》中，主要角色是住在臺灣眷村中的吳處長與鄰居馮先生兩人及妻子兩個家庭，吳處長的妻子向他要打牌的錢而受阻，憤而「痛說革命家史」指責吳處長忘記了曾經自己跟隨他到處漂泊的辛苦奉獻：「想我抗戰跟著你在重慶受罪，吃不到龍蝦醉蟹，勝利了同你只到了上海、南京、北平，連日本都沒有到，沒有出過國門一步，被人笑作土包子。到了臺灣，衣服樣子一天三變，總是跟不上時代，穿的如同老祖母。憑這些年來的七遷八搬的受活罪，你要是有良心，這點打牌的錢，總得供給我。」〔註10〕眷村是國民政府敗退臺灣後為安置隨軍遷臺的各省各地國民革命軍人及軍眷而興建的村落，作為外省族群聚居地的眷村生存條件較為簡陋，而因為眷村內外環境差異造成從

〔註9〕田原：《田原自選集》，臺灣：黎明文化事業股份有限公司，1982年，頁209。

〔註10〕田原：《田原自選集》，臺灣：黎明文化事業股份有限公司，1982年，頁183。

大陸逃奔臺灣卻居住於此的軍屬軍眷與臺灣社會普通民眾的正常融合非常困難，也就不難理解小說中借太太之口面向臺灣社會說出的充滿心理落差的埋怨。但是，這種家庭和社會的雙重擠壓作用在男人身上則更為嚴重，在妻子雙雙相約打牌後，兩位先生在投入到繁瑣而繁重的家務勞動中前，進行了一段語重心長的對話，其中馮先生說道：「過去在大陸，大家都有家有業，有可靠的三朋四友。第一生活不成問題，第二就是萬一有了問題，親友也可以救助一二。到了臺灣便不成了，兩肩抬著一張嘴，親友們救急救不了窮，慢慢的人情也就薄了，一切得靠自己。我們自己的收入又有限，不太夠養家糊口，老爺的架子無法擺得硬朗，便想以精神來彌補妻的物質不足，處處讓著點兒。」〔註11〕從中國大陸的熟人社會轉入相對陌生的臺灣環境中，舊有的人情關係網絡因此崩潰而亟待重建，但是作為臺灣社會中的外來者居住在眷村之中，就算街坊鄰里也都是同命相連的人們，每個人心中都積壓著深不見底的生存焦慮，過去大陸的生活感受就更難以重新找回了。故事發展到後半段，兩位先生便都回到各自家中忙碌，午夜剛剛睡下，只聽門外兩位太太打畢麻將言不合，在眷村巷口叫罵吵鬧起來，這時作家以旁觀者的口吻寫下這樣幾句富有諷刺意味的話：「在臺灣有一個『最佳』風氣，不管來自大陸或者本省人，都有愛看打架，不勸架的癖。雖然是深更更（筆者注：初版印刷有誤，應只有一個「更」）半夜，好戲上演也絕不錯過，這時巷口已圍滿了穿各式各樣不同睡衣的男女觀起戰來。」〔註12〕非常有意思的是，作家筆下塑造的人物並沒有在臺灣尋找到能重建故鄉感的積極因素，卻在眾人圍觀兩位家庭婦女吵架的時候，發現了本省人與外省人在圍觀雜事的熱情方面具有的共性特徵，如同魯迅小說《藥》中的民眾像一群捏著脖子的鴨一樣圍觀處死革命者夏瑜一樣，在國民劣根性方面反而將兩岸民眾以某種神秘的共性連結在一起，豈不悲哉。

　　翻閱幾位小說家在50～70年代間的散文作品，不難發現隨著時間的推移與經歷的沉澱和積累，作家對於人事物的看法確有成長和變化，但是不變的是對於自己從故鄉到異鄉遷移經驗的感懷。這種念念不忘的感懷表現在散文中大致有時間與空間兩種不同情境：在時間方面，幾位作家則不約而同地表現出一種共性，即偏好年月的計算，這似乎已經成為某種潛移默化的語言習

〔註11〕田原：《田原自選集》，臺灣：黎明文化事業股份有限公司，1982年，頁186。
〔註12〕田原：《田原自選集》，臺灣：黎明文化事業股份有限公司，1982年，頁190。

慣。陳紀瀅追憶在「南山寄寓六年」〔註13〕時候，感歎居於南山時自己「纔三十多歲」，而如今已經「過花甲之年」〔註14〕；田原在有機會重返大陸金門之際寫道「離開金門十三年了」，並感慨「這別離後的四千多個日子」〔註15〕讓人備受熬煎；姜貴在應邀為臺南撰文時忍不住回憶起「睽隔四十年的故鄉風物」，一直認為能稱得上自己第二故鄉的上海「先後也不過居留十年」，「而以前做夢也想不到的臺南，卻已經住滿十四年，看樣子還要住下去」〔註16〕。幾位作家如耄耋鄉老般反覆追念離開故鄉時間的增長變換，自己年歲漸老而親友往生彌久，進而在計算中感慨人非物是，不知何時能夠重返故土。這種掐指默念時間流轉，從黑髮念到白髮，其個中辛酸滋味，旁人又孰能知曉？

在空間方面，作家對自己因時局所迫攜家眷隨國民政府遷移至臺灣經歷的追述經常在不同篇目段落中反覆出現，如姜貴在《我怎樣寫旋風》中寫道：「三十七年冬，避赤禍來臺，所業尋敗」〔註17〕；陳紀瀅在《我的母親》中亦提及：「三十八年秋，因紅禍逼臨，又離廣西來臺灣」〔註18〕；田原在《蘭陽之戀》中則有：「民國卅九年，剛過中秋節，我們從戰地金門調回臺灣」〔註19〕。看似平實樸素的說書人句式「某年某月因某事來臺」，在自傳、懷親憶友、借景抒情等各種題材的散文篇目中屢次被重提。遷臺經驗對於幾位作家而言是痛楚也是財富，姜貴、陳紀瀅在大陸時期僅各有兩本小說出版，大量優秀的作品都創作於遷臺以後，而田原則是來臺以後纔開始真正從事文學創作，換言之，1949 年前後從大陸遷至臺灣對於三位作家而言是文學生涯與現實生活重要的轉振點。來臺二十年間，他們仍然不斷咀嚼當年離開故土使得精神與心靈上烙印的創痛，這樣沉重的情感落於紙面，僅剩下感情節制的一句「某年某月因某事來臺」，背後隱藏著多少因生存與生活空間的置換，多少生離死別的扼腕歎惋與難收覆水的頓足感歎。這種心理撕裂在遷臺作家群體帶有溫度的散文中彼此相互參照，或許對於個體的作家而言，反芻這種彌久難忘的時代經驗在某種意義上也是期待能夠從其他外省作家的文字中與有所

〔註13〕陳紀瀅：《憶南山》，臺灣：重光文藝出版社，1977 年，頁 132。
〔註14〕陳紀瀅：《憶南山》，臺灣：重光文藝出版社，1977 年，頁 133。
〔註15〕田原：《田原文集‧散文卷》，臺灣：水芙蓉出版社，1976 年，頁 20。
〔註16〕姜貴：《無違集》，臺灣：幼獅文藝出版社，1974 年，頁 109。
〔註17〕姜貴：《無違集》，臺灣：幼獅文藝出版社，1974 年，頁 214。
〔註18〕陳紀瀅：《憶南山》，臺灣：重光文藝出版社，1977 年，頁 6。
〔註19〕田原：《田原文集‧散文卷》，臺灣：水芙蓉出版社，1976 年，頁 1。

共鳴的讀者的閱讀中尋找到回應與理解。除了對遷臺經驗的反覆追溯以外，幾位小說家的散文中還總能讀到「故鄉異於臺灣」或近似的表述，觸發作家這般對故鄉風物的思念，原因大都是身在他鄉卻目及與家鄉類似的情境進而觸景生情，以作家田原為例，他的幾篇回憶性抒情散文都以這種故鄉與異鄉的錯落參照來開篇或是收束，如在《故鄉之秋》中他寫道：「每到秋天，都對家鄉無比的懷念。故鄉的秋天有秋天的樣兒：氣候漸涼，楓葉紅似火，草木現金黃。不像臺灣一年四季熱烘烘的，樹木大部分只塗抹著一層綠的顏色」〔註20〕；在《臘月寒天憶趕集》中寫道：「故鄉不像臺灣，有店鋪林立的小鎮。買賣東西，全靠趕集」〔註21〕；而在《看戲記趣》中談到自己出生在標準的戲迷家庭，對「曲子戲」、「漢調二簧」、「秦腔」、「越劇」如數家珍，但來臺之後由於戲曲文化的差異而很少看戲，某次偶遇居民酬神演出的「歌仔戲」，感歎「真妙極了！要教當年靠劈紡起家的名伶童芷苓看到，也會自歎息弗如」〔註22〕；在《我的四十歲》中提及過生日的習俗時寫道：「故鄉有個風俗，過九不過十……離家廿多年，家鄉風俗大多忘得精光，唯有這件事記得清楚……可是故鄉的風俗與臺灣不完全一樣」〔註23〕諸如「故鄉不比臺灣」此類的感情流露其實並不好簡單評判作家對於故鄉和臺灣孰喜孰惡，倘若從表面意義上理解，上述選文中的「不比」、「不像」似乎是「不如」、「不及」之意，那大約是指故鄉的風物比不上臺灣豐富精妙，生活也不及臺灣便利，只是在氣候舒適方面略勝一籌罷了。深究起來其實卻並非如此。男性作家往往偏好在小說中將敘述主體雕塑得冷酷堅硬，而內心中的細膩柔軟卻通過數量不多的散文作品得以管窺。在田原這幾篇散文中出現兩條時間線索，一條是在對家鄉的懷念中徐徐展開的過去時間線索，字裏行間填滿回憶中的童年故鄉發生的趣聞趣事；另一條是在對他鄉的適應中緩緩推衍的現在時間線索，時時從童年往事跳脫出來回歸現實生活情境。散文不長，回憶舊時風物佔據了很大篇幅，而這種甜蜜的回憶是建立在舊日快樂生活一去不返的基礎上的，作家的感情正如他在《故鄉之秋》的結尾寫道的那樣：「故鄉的秋色實在迷人，童年的往事情趣深長。在心理上總覺得哪裏的秋天都比不了故鄉，值得愛戀，值

〔註20〕田原：《田原文集‧散文卷》，臺灣：水芙蓉出版社，1976年，頁1。
〔註21〕田原：《田原文集‧散文卷》，臺灣：水芙蓉出版社，1976年，頁9。
〔註22〕田原：《田原文集‧散文卷》，臺灣：水芙蓉出版社，1976年，頁28。
〔註23〕田原：《田原文集‧散文卷》，臺灣：水芙蓉出版社，1976年，頁84。

得懷想」〔註 24〕，這裡提到的哪裏都比不了的故鄉已經不簡單是實體的大陸某地，而是有生之年難以重返的精神桃源。

第三節　不如歸去與不知歸處——情感鄉野與想像故土的重建危機

　　隨著離鄉時歲愈來愈久，遷臺作家必然難以逃避內心深處關於故鄉何處的追問，從一開始對於他鄉生活的不適應，發展到深陷於對故鄉生活的眷戀，再演化為期待某天能夠重返故鄉與海峽對岸的親友相聚，這也許是許多作家都經歷的心理過程。作家陳紀瀅因在大陸與臺灣兩個時期的雙重報人身分而在遷臺男作家群體中呈現出較為特殊的創作風格，30 年代的陳紀瀅活躍在中國東北，1928 年在哈爾濱民辦報紙《國際協報》文藝副刊《國際公園》的主編趙惜夢的支持下，與賓州（現哈爾濱市賓縣）作家于浣非和哈爾濱政法大學同學、滬籍作家孔羅蓀等一同組織「蓓蕾文藝社」並成立社團同名週刊《蓓蕾》，作為《國際協報》副刊附頁形式出版的四種純文學週刊〔註 25〕之一，不僅系統翻譯介紹舊俄古典主義文學家作品，而且吸納是時活躍關外的第一批東北作家，如滿人作家金劍嘯便曾在《蓓蕾》雜誌發表過作品〔註 26〕，不久之後，關內作家如許蹟青也曾在《蓓蕾》第 12 號發表散文《在大連丸上》〔註27〕，成為當時非常具有影響力而「超越地方性的文學週刊」〔註 28〕。1927 年上海籍作家孔羅蓀隨父親來到哈爾濱生活，在郵局工作時結識了工友陳紀瀅，通過往《國際協報》副刊投稿而與副刊主編趙惜夢相識。兩人與鐵弦（張秋子、哈爾濱工業大學學生）、馮文蔚（亞細亞火油公司英文打字員）、尤致平（東特區法政大學學生、青年劇作家）、任白鷗（哈爾濱醫專學生）、崔汗青

〔註 24〕田原：《田原文集·散文卷》，臺灣：水芙蓉出版社，1976 年，頁 4。

〔註 25〕《國際協報》副刊下屬四種純文學週刊分別為《蓓蕾》、《燦星》、《綠野》和《薔薇》，中國共產黨員、左翼作家白朗在 1934 年春創辦了另一下屬於《國際協報》副刊的純文學週刊《文藝》，成為以蕭紅、蕭軍、白朗等為代表的東北作家群發表小說作品的主要平臺之一。

〔註 26〕平石淑子，石永菁：〈金劍嘯在哈爾濱的抗日文藝活動述評〉，選自金倫，里棟編：《塵封的往事》，哈爾濱：北方文藝出版社，2009 年，頁 288。

〔註 27〕張連俊：《黑龍江省志文學藝術志·第 46 卷》，哈爾濱：黑龍江人民出版社，2003 年，頁 206。

〔註 28〕陳紀瀅：《三十年代作家記》，臺灣：成文出版社有限公司，1970 年。

（東三省官銀號職員）、于浣非等業餘文學愛好者組成了新文學社團「蓓蕾社」。社刊為《國際協報》副刊《蓓蕾》週刊，兩年間出百餘期，除卻社團同人贈閱以外，大都交於哈爾濱書店和笑山書店代為發售。

　　陳紀瀅與于浣非等其他作家以國民黨人身分創辦的社團雜誌成為第一代東北文壇作家發表文章與文學創作的重要刊物，而《國際協報》副刊也為後起的東北作家群作家，如蕭紅、蕭軍、端木蕻良、白朗、羅烽等提供了文學平臺，可以說陳紀瀅30年代在東北的文藝活動為後期左翼文學東北作家群的成長奠定了非常重要的文學環境。當時作家陳紀瀅的表面身分是黑龍江省哈爾濱市郵政管理局職工，而實際身分是為天津《大公報》報館撰寫與中國東北有關新聞通訊的特聘記者，並在1933年12月《大公報》的「九·一八」紀念特刊上以「生人」為筆名撰寫了聲名遠播的長篇通訊《東北勘察記》，以「無黨派」為創報立場的《大公報》儘管有許多國民黨身分成員，卻並未在新聞的黨派傾向上做出明顯的選擇，仍對中共革命實踐尤其是工農紅軍長征予以真實報導和公允評價。由此可見，陳紀瀅早年儘管以國民黨員身分在大陸從事文藝活動，卻都在客觀上為中共文藝發展提供了事實性的促進與助力。當我們翻閱陳紀瀅的文學作品時候，這種對中國文藝的熱情和對中國命運的關注同樣並沒有沾染過多的黨派或者政治色彩，比如在1944年9月建中出版社初版的散文、小說、報告文學合集《新中國幼苗的成長》中，收錄的第二篇〈我幾乎做了失掉祖國和父母的嬰兒〉（爸爸的第一信）是作家為自己的孩子穆珍寫的一封信，信中作家回憶了孩子剛剛出生的時候，由於抗日戰爭的戰火硝煙使得作家幾乎將新生兒託付給他人而攜其他家眷逃離淪陷地，但是最終仍然決定帶著孩子一起逃亡，文中有這樣一段富有暗示和象徵意義的話：「我被良知的苛責和憤慨的激動，在一刹那間，改計前議，決計帶你這隻已決定丟棄不屬於祖國的離兒，仍回到祖國的大地去哺養」〔註29〕此時文中所說的「不屬於祖國的離兒」，當然指的是作家懷中尚在襁褓裏的嬰兒，因為還是嬰兒的穆珍差一點被父母遺棄在已經被日敵佔領的淪陷區。但是結合作家幾年後隨國民政府撤退臺灣後的經歷，這「不屬於祖國的離兒」何嘗不是在指代作家自己呢？儘管作家在信中諄諄教導自己的孩子穆珍「我們的領袖是蔣委員長」，但是對於祖國和中華民族千萬同胞命運的痛心和憂慮，根本沒有因為黨派或政治立場的差異而存在絲毫區隔，滿腔對於中國的熱愛和深切關

〔註29〕　陳紀瀅：《新中國幼苗的成長》，南京：建中出版社，1947年，頁12。

懷也絕不輸任何一位共產黨員。這與前文提到過的作家吳濁流在他的《亞細亞的孤兒》中借人物之口所做的感歎「我們為建設中國而犧牲的熱情，並不落於人之後啊」〔註30〕，可謂是殊途同歸。聯想起女兵作家謝冰瑩在 1946 年創作的自傳性回憶散文《女兵十年》中，曾反覆地強調自己在中國黨派政治爭鬥越來越嚴重的局面下，不願意再承認過去的自己加入過什麼黨派，也不想表露現在的政治傾向或者未來將要選擇什麼黨派，因為目睹了報紙雜誌上面兩派文人的唇槍舌戰與口誅筆伐，卻沒有看見他們「放棄成見共同為國家民族前途努力的文章」〔註31〕。我們在進行文學研究的時候總是不斷地想要挖掘作家或顯露或隱秘的政治身分，這對於分析作家心態與思想立場來說的確不失為一種有效的策略，但也許更值得我們關注的是在剝離掉這種政治標籤和身分以後作家們仍然具有哪些精神與思想層面的共性特質。遷臺作家陳紀瀅就是具備這種品質的代表之一，他在《新中國幼苗的成長》一書的另一篇文章〈萬里還鄉記〉〔註32〕（周末故事之一）中飽含深情地講述了 1940 年 7 月，一位十三歲少年苗秀為了見到母親，獨自一人從重慶附近的保育院回到被日軍佔領封鎖十年的偽滿新京吉林長春的故事，在這個故事的敘述語言中我們看到不到帶有明顯政黨政治傾向的話語表述，只能感受到在抗日戰爭民族矛盾激化的特殊歷史時期，不論有怎樣的年齡身分、不論身處於哪個角落，對於每個中國民眾來說，最重要的感情並不是黨派鬥爭的政治選擇，而都是國家情感與家國情懷。

然而參照作家陳紀瀅隨軍遷臺後進行創作的文學作品我們不難發現，這種原本並不執念於特定政治黨派立場的文藝情懷由於政治局勢的變化和生存空間的置換而逐漸出現裂痕以至於難以維繫，分別於 1951 年和 1955 年由作家陳紀瀅自創的臺灣重光文藝出版社初版的兩部長篇小說《荻村傳》和《赤地》中，都不約而同地反映出作家在經歷隨軍遷臺的政治變革以後，因當時的中央政府失去中國大陸的政治話語權而受到了巨大的精神刺激，進而產生強烈的「反攻大陸」去拯救淪陷在「赤禍」中的百姓來重建國民政府失樂園的想像性心理，這種政治欲望和野心附著在文學創作上就使得文本本身帶有強烈的意識形態色彩。在《赤地》小說前附的〈著者自白〉中，作家陳紀瀅非

〔註30〕吳濁流：《亞細亞的孤兒》，北京：人民文學出版社，1986 年，頁 97。
〔註31〕謝冰瑩：《女兵十年》，上海：北新書局，1947 年，頁 165。
〔註32〕陳紀瀅：《新中國幼苗的成長》，南京：建中出版社，1947 年，頁 42～81。

常清晰地表露了自己遷臺後的文學創作心態：「至於我為什麼要寫書內這樣一段故事？我會說這樣的話：抗戰八年是中華民族空前的一樁大事……勝利後……不到四年工夫，赤禍蔓延大地……若不是在海外孤島上，有志復故土的八百萬居民，有酷愛祖國的一千三百萬忠義同胞僑居各地，真理與正義，究竟什麼時候纔能復現？……今天大陸上雖然是赤地千里，紅禍泛濫……但我們堅信：由於有我們在，不久的將來，必會使大陸再變為沃野萬頃，人間樂園，使同胞重見光明，恢復了中華民族的光榮面貌！」〔註33〕《赤地》這部小說的時間限定在 1945 年抗戰勝利到 1948 年中國共產黨贏得政治權利之間，並構設了兩個家族的家業在經歷抗戰日本侵略者的破壞後在戰後艱難重建又在中共「奪取」政權以後走向徹底衰落的故事，結合前述引文中的作家自述，這一故事的發展走向可以說非常準確地描述出作家陳紀瀅在島嶼對大陸故土的想像性重建方式，但是這種想像的政治懷鄉卻非常真實地暴露了作家心中的歸鄉渴望。正如在五十年代的大陸文壇，以《保衛延安》的作者杜鵬程為代表的共產作家通過「大眾」、「人民」、「解放」等宏大敘事建構出中國工農革命的破舊立新符合歷史發展規律，為新政權的確立與穩固尋找文學論述上的合理性，與此同時，活躍在五十年代臺灣文壇的所謂「反共作家」群體也會通過另一種敘事策略證明國民政府「反攻大陸」的政治前景指日可待。

　　因此這並不是作家陳紀瀅的個體性特殊行為，這種文學處理方式對於同時期的遷臺作家群體來說是具有普適性意義的，比如作家王藍在 1960 年由臺灣純文學出版社初版的長篇小說《長夜》中，構設了一對在抗日戰爭中加入不同黨派的戀人，康懇與畢乃馨，小說以男主人公康懇的第一人稱視角敘述，在寫到兩個人因為政治站隊問題而出現齟齬時候的對話與心理活動：「『康懇，在感情上，我相信你。在思想上，我相信組織。』我清楚曉得：她所指的組織是民先，是共產黨，是和我參加的組織不一樣的。只要都是抗日的，不一樣又有什麼關係呢？」〔註34〕由於環境的限縮，少年時代的主人公「我」不僅對中國共產黨知之甚少，而且就算是對國民黨的認識也非常模糊，因此最初並沒有因為戀人與他的黨派不同而表示出過分排斥的激烈情緒，男主角康懇自述對於國民黨所有的認識和知識全部來自於中學時代的歷史課本還有一部

〔註33〕陳紀瀅：《赤地》，臺灣：重光文藝出版社，1960 年，頁 3。
〔註34〕王藍：《長夜》，臺北：純文學出版社，1988 年，頁 90。

名叫《密電碼》〔註 35〕的國產影片，認為國民革命軍在北伐時期貢獻了極大的力量，這種認識雖然比較簡單化但是的確並不違背歷史真實，並且小說中的人物還積極反思自己的「幻想也許夾雜了『英雄主義』的色彩」〔註 36〕，這種帶有青春稚嫩氣息的純樸革命青年是非常可貴的。但是隨著敘事時間的推延，主人公「我」開始發現所謂共產黨的諸多弊端，而小說中塑造了以共產黨員「趙崇東」為代表的一系列反面人物形象，不僅開始從根本上質疑共產黨員的抗日積極性，而且認為他們有更大的政治野心。在這時候，作家假託主人公康懇的一段自述隱秘地表達了自己的想法：「我竟怨恨起自己不該生在今日。我和畢乃馨本是一對真摯相愛的好戀人，偏偏生在這個光怪陸離的年月裏……現在正是千載難逢的大好機會，國家要從我們手裏重建，時代要從我們手裏改觀！」〔註 37〕故事的最終結尾講到畢家姐妹的命運是被驅逐出大陸，而是時押解她們的共產黨員幹事是基督徒，出於對同是基督徒的姐妹兩人的同情而將其釋放，並借牧師的口吻暗示由中共統治的中國大陸政權即將被越來越多的地下教會及反共教會成員顛覆。不能不說王藍在《長夜》這部小說後半段中政治意識形態化的故國想像性重建是有著很幼稚的一面的，在「反攻大陸」的政治神話催眠下歸鄉的欲望過於強烈，卻又難以在對海峽對岸並不瞭解的狀態下編織出合乎情理的歷史發展走向，這種掙扎和無力感在小說中展現得淋漓盡致。再比如在女作家潘人木遷臺以後第一部公開出版單行本的中短篇小說《如夢記》中，小說第一部分〈夢魔〉的結尾處借女主人公的友人「競成」之口說出這樣一句話來安慰她：「共產黨人的殘暴固為人人所知，但能夠知道他們瘋狂的心理的能有多少？你那痛苦的記憶為大眾負擔之後，你自己就會真的『解放』出來！把過去扔在黑暗的深遠，讓我們奮鬥將來！」〔註 38〕，由此扮演戲劇腳本中類似「楔子」的作用來暗示後文即將進入的故事敘述就是講述共產黨人的殘暴行為和瘋狂心理為主人公造成的身心重創，而這部中短篇小說也就是要寫出因他們之中像男主角「龍莫飛」一樣的殘暴行為而夜夜遭受夢中惡魔齧噬的女主人公「愛真」的成長經歷，的確由於作家認識的幼稚病而充滿了對所謂「赤黨」的有意污名化文學想像。

〔註 35〕 《密電碼》這部影片的原創劇本作者是張道藩，以 1926 年北伐時期作家在貴州的真實歷史事件為內容，完成時間是 1936 年年初。
〔註 36〕 王藍：《長夜》，臺北：純文學出版社，1988 年，頁 91。
〔註 37〕 王藍：《長夜》，臺北：純文學出版社，1988 年，頁 108。
〔註 38〕 潘人木：《如夢記》，臺灣：重光文藝出版社，1951 年，頁 6。

結合前述多位遷臺作家的創作實踐，倘若想要為他們對於這種故土想像性重建的執念做出合理的解釋，或許只能如海外學者王德威所言「只有國民黨政權纔有能力治癒這種想像的鄉愁」〔註39〕，作家在小說中重塑自己並未親身經歷過的國家歷史來滿足自己背離原鄉時的政治幻想，這又何嘗不是一種絕望之中的自我麻醉呢？

　　而隨著作家事漸高，熟悉的故鄉在記憶中沉澱得越來越深，也慢慢適應現實的異鄉生活，而此時的故鄉也經歷了翻天覆地的變化，那種不如歸去的希冀慢慢轉化為不知歸處的失望，甚至於為了保全記憶中純美故鄉的完整性而演變成在現實生活中繃緊脆弱神經避而不談故鄉。姜貴曾應報人趙君豪之邀，為《臺灣新聞報》副刊《西子灣》撰寫一篇主題為「家在臺南」的散文，但值得玩味的是，這篇意欲以「異鄉」為「故鄉」做主題的散文最終成形為《臺南‧濰水‧巴山》（1962），文中過半篇幅著墨全然不在臺南，而意在追憶數十年前出生成長的濰水西岸平原上一座鞋子裏「巴」（筆者注，踩踏之意）出來的無名小山，頗有借題發揮之感。作者在文中回溯了自己故鄉的遷移變化過程，他在故鄉出生地濰水巴山僅生活到十二歲半，成家立業的上海前後居留十年，而「以前做夢也想不到的臺南，卻已經住滿十四年，看樣子還要住下去」〔註40〕。當要具體而微地寫一寫心目中已經成為新的故鄉的異鄉的情味之時，作者卻「臨紙躊躇」不知如何下筆，禁不住頻頻反身回望暌隔山十年仍「不時地挨上前來，有似鬼影幢幢」〔註41〕的故鄉風物。作家在文末對自己在情感上如此執著故土抒發了非常感性的解釋：「從臺南到巴山，在地理上，是一個遙遠的距離。但就我的感情而言，則是像差不多的。一個是我的故鄉，一個是我的又一故鄉。在我的憶念中，它們要互爭短長，擠來擠去，那就難怪了。」〔註42〕儘管關於居住時間短暫的故鄉的記憶已經漸行漸遠，在飄搖遠鄉的遊子心中仍然可以與居住時間更長的現實地方平分秋色，這種憶念中難以取捨的「鄉情」是一種不易言說的奇妙議題，在其他作家文中也有相似的表現。陳紀瀅在回憶自己於重慶巴縣南山（學名塗山）六年寄寓生活時候，亦感慨當時由於戰事時值非常，於南山留下特多感懷。南山就像一

〔註39〕王德威，余淑慧譯：〈傷痕記憶，家國文學〉，選自陳思和，王德威：《文學‧2013春夏卷》，上海：上海文藝出版社，2013年，頁166。
〔註40〕姜貴：《無違集》，臺灣：幼獅文藝出版社，1974年，頁，109。
〔註41〕姜貴：《無違集》，臺灣：幼獅文藝出版社，1974年，頁，110。
〔註42〕姜貴：《無違集》，臺灣：幼獅文藝出版社，1974年，頁，112～113。

個符號，象徵著作家對於舊日故土生活的眷戀：

> 偶然夜夢，往往以南山為背景，在夢中仍過的是抗戰簡樸生活，
> 所遇多是老友，所談都是當年的話，醒後倍感悵然。不僅許多有前
> 輩相繼遠離塵寰，就是同輩之人多半遺留大陸，能跟自己共話當年
> 者有幾？下一代遠走高飛，於役異邦，已做化「內」之民。臺灣雖
> 好，真正能享受天倫之樂的又有幾家？想起抗戰時期大家共甘同苦
> 患難的情況，焉不悲傷？〔註43〕

對於陳紀瀅而言，母親與妻子相繼辭世，兒女都奔赴海外深造，儘管現在身
處臺灣的生活自然比流徙於戰亂中的南山生活安定富庶得多，但是作家還是
認為以生活情趣而言，抗戰時期不論身居何地的生活都要比現在好得多。究
其原因，並不是年齡增長與環境舒適造成情趣匱乏，而是只有「在苦難中纔
知樂趣」〔註44〕，除此之外，想必也是晚年作家孤家寡人為異鄉羈旅，實在
內心寂寥，進而懷念起苦難中卻有母親、妻子、兒女相依為命的天倫之樂，
和同輩知己親故秉燭共話的親密往事。身在臺灣，偶然夢回，仍是抗戰時期
大家患難與共的顛沛生活。他在懷念自己往生於紐約根市的妻子蕙蘭時，曾
多次感慨「有朝一日，我們倘能回到故鄉」，為的是能夠「到岳父母墳前致敬」，
告慰已經安眠於故鄉的親眷，替亡妻「償還夙願」，也是為自己生命的完整「努
力畫成一個圓」〔註45〕。這也就不難理解為何作家在1970年仍會寫下「但願
我回大陸後能寫『憶臺灣』」〔註46〕。我們可以看到，作家們即使離鄉年歲已
久，仍然懷抱著還鄉的祈願，聊以寄託在異鄉未能實現的願望。不過，這種
還鄉的祈願可能會導向的兩種結果卻不盡然是令人樂觀的。其一是，本滿心
期待以為歸期在即，其實身不由己。姜貴在懷念妻子的散文《七燭臺雙影》
中寫道：「三十七年冬天，舉家遷臺⋯⋯我們以為不久就會回去的⋯⋯臺逾十
年，吾妻竟病逝於此。她永不能再見到上海，再見到洋涇」〔註47〕。其二是，
即使有機會得以重返故土，所見亦並非所想。田原在遠離金門十三年後，因
機緣陪同婦女寫作協會得以重返，此次重逢第一時間給作家帶來的並不是熟
悉、親近與喜悅之感，田原曾隨部隊於民國三十八年十月從汕頭乘船轉進到

〔註43〕陳紀瀅：《憶南山》，臺灣：重光文藝出版社，1977年，頁132。
〔註44〕陳紀瀅：《憶南山》，臺灣：重光文藝出版社，1977年，頁127。
〔註45〕陳紀瀅：《憶南山》，臺灣：重光文藝出版社，1977年，頁37。
〔註46〕陳紀瀅：《憶南山》，臺灣：重光文藝出版社，1977年，頁133。
〔註47〕姜貴：《無違集》，臺灣：幼獅文藝出版社，1974年，頁，175。

金門，對是時所見小島身處戰事中彌漫硝煙、黃土漫天、生活艱苦的絕地之境印象深刻，而重返之日更為十三年間金門在血淚之中的成長感到震撼，進而「深深覺得在這別離後的四千多個日子中，它是變了。如同面對功成名就、凱旋歸來的老友。產生了高不可攀、不敢相信的感覺」〔註48〕。

　　從不如歸去的還鄉愿景轉變為不知歸處的寂寞無依，遷臺作家們面臨著故鄉與異鄉認同選擇的掙扎，在尋找家鄉感的撕扯角力之中，我們其實不難發現，作家們執念的故鄉已經脫離了現世的地理意義的故鄉，上升為理性層面的精神原鄉。換言之，遷臺作家們不斷尋找又不斷想要回歸的是想像中能予以離家的人們最需要的歸屬感和平和感的精神原鄉，而這種原鄉是無法在現實生活中尋找到實體寄託的，這注定是一場沒有結果的尋找。這絕不是僅屬於前述幾位作家的個體性經驗，而是整個遷臺作家的群體性迷失。這種情緒在 1949 年先隨父母逃港而 1950 年輾轉赴臺念書的「江南人」余光中的回憶性散文中同樣存在：「海峽雖然壯麗，卻像一柄無情的藍刀，把我的生命剖成兩半，無論我寫了多少懷鄉的詩，也難將傷口縫合……無論在大陸、香港、南洋或國際，久矣我已被稱為『臺灣作家』。我當然是臺灣作家，也是廣義的臺灣人，臺灣的禍福榮辱當然都有份。但是我同時也是，而且一早就是中國人了……我只有一個天真的希望：『莫為五十年的政治，拋棄五千年的文化。』」〔註49〕再比如素與朱西寧、司馬中原並稱為「軍中三作家」的蘇籍遷臺軍旅作家段彩華，仍在新世紀初出版的散文集《北歸南回》中感念心中故園的徹底失落：「那邊雖是我的故鄉、故土，卻不是我的國家了……我心目中的國家，絕不是那個樣兒……我們心目中的中國，只剩下地理名詞了。」〔註50〕而最能表現遷臺作家群體這種情感故鄉與想像故土的艱難重建的心理過程的散文作品應當屬遷臺散文泰斗魯籍作家王鼎鈞的散文《水心》，鼎公飽含眼淚地寫道：「故鄉只在傳說裏，只在心上紙上。故鄉要你離它越遠它纔越真實，你閉目不看見最清楚。……光天化日，只要我走近它，睜開眼，轟的一聲，我的故鄉就粉碎了，那稱為記憶的底片，就曝光成為白版，麻醉消褪，新的痛楚佔領神經，那時，我纔是真的成為沒有故鄉的人了。」〔註51〕前述幾

〔註48〕田原：《田原文集・散文卷》，臺灣：水芙蓉出版社，1976 年，頁 20。
〔註49〕余光中：《從母親到外遇》，臺北：聯合文學，1998 年 10 期，頁 48～49。
〔註50〕段彩華：《北歸南回》，臺北：聯合文學出版社，2002 年，頁 142。
〔註51〕王鼎鈞：《左心房漩渦》，北京：生活・讀書・新知三聯書店，2014 年。

位作家的相似性表述只是隨國民政府與軍隊遷臺一批文人大量具有共性的文藝創作中滄海一粟，他們共同經歷了最初剛到臺灣時不久可以重回大陸的希望，發展到在臺灣羈旅時日已長而仍然返鄉遙遙的失望，再到戒嚴解除後重新懷著新的希望踏上故園土地，卻發現自己已然被烙印上「臺胞」或「臺灣作家」的身分，在這一瞬間，他們的心理狀態正如學者古遠清所說的那樣：「一直以『中國作家』代表自居的自豪感，在探親那一刻便化為烏有了」〔註52〕，也是自此這批文人纔真正痛失了長久以來維繫他們的精神原鄉，也就是所謂充滿悲情和無奈的「不知歸處」。

第四節　何為我們，何為他者？——文化主體的認同態度與歸屬選擇

自 50 年代初期到 60 年代中葉，國民政府在臺積極推進反攻大陸的國光復國計劃，這種政治情緒的薰陶與浸染對於 1949 年前後隨軍遷移臺灣的作家群體來說，在一定程度上彌補了因離開大陸被動遷臺帶來的集體性精神家園失落衍生出的無依感。通過「反共復國」的政治神話，國民政府為遷臺文人編織一場不久的將來就能夠順利重返大陸的美夢，進而鞭策作家為了實現這場美夢而積極投身到「反共」文學創作及光復政治運動的浪潮中去。翻閱幾位作家的散文作品，關於反攻大陸戰爭場面和光復成功場景的想像性描述並不鮮見。田原曾在《訪金門・憶往事》中以旁觀者的眼光審視如今戰後重建的新金門，以親歷者的敘述視角追憶戰爭時期硝火紛飛的舊日金門，寫下這樣充滿戰鬥熱情的話：「把中華兒女憤怒的火焰、堅強的戰力蘊於地下，形成龐大的火藥庫，隨時爆發出無比的威力，向大陸進軍！」〔註53〕遷臺作家中除了如田原這般感情澎湃並對國民政府反攻大業成功充滿熱切期望的人之外，也有如陳紀瀅一樣理智分析海峽兩岸時局情況，並對為了實現光復成功民眾未來的努力方向做出判斷，如他在散文《憶南山》中寫道：「今天我們建設臺灣的基本精神說起來還是從抗戰中養成。我們今天實應在進一步地發揚抗戰精神，使我們自己改變，與改變大陸現狀，纔有復國復國（筆者注，初版

〔註52〕古遠清：《當代臺港文學概論》，北京：高等教育出版社，2012 年，頁 60。
〔註53〕田原：《田原文集・散文卷》，臺灣：水芙蓉出版社，1976 年，頁 25。

印刷可能有誤，第二個『復國』或為『復民』）之望」。〔註54〕姜貴在 1960 年曾就亡妻與夭女寫過一篇回憶性散文《白髮》，其中寫到這樣一個細節：「生命是一種責任。自三十七年冬間來臺，我覺得我有兩件事情要作，反攻，撫養兒輩成人。我於窮忙之中，仍然鞭策自己，寫出兩本『反共小說』，就為這個緣故。」〔註55〕作家將來臺以後的人生使命分為兩件事情，反攻大陸是自我價值的實現，撫養兒輩成人是自我生命的延續，作家能夠在困窘的生活狀態下仍然以此來不斷鞭策自己堅持所謂「反共」的文學創作。由幾位作家的散文作品可以印證政治情緒的浸染與薰陶對動盪中作家的信仰形塑和文學創作的維繫起了相當重要的作用，但筆者以為，從另一層面上來看，這種所謂的「反共復國」潛移默化地影響了作家群體對於異鄉臺灣的文化認同的建立，也在某種程度上加深作家群體對於自我文化主體的歸屬選擇困惑。隨著來臺時間愈久，「反共復國」的政治神話愈顯現出裂痕，其造成的這種負面的影響也會越來越嚴重。在還鄉無望與信仰危機等複雜情緒一併侵襲之際，身分尷尬的遷臺作家群體在自我認知與故鄉認同等方面會面臨著嚴峻的反躬叩問。

以作家田原為例，出生於濱渤海農村家庭的田原自幼生長在戰亂之中，從小在大陸生活顛沛流徙，一歲至十一歲之間因逃避戰亂三度流落中國東北吉林省長春市及松花江畔，十三歲時又再度離鄉至安徽流亡學校學習〔註56〕，連在某一個村或者市鎮居住時間都少有久於一年以上。來臺以後仍逃不過宜蘭、楊梅、屏東、臺北等各地輾轉，但是他卻在散文《蘭陽之戀》中表示「在以往所經過的鄉村市鎮中，唯獨對宜蘭具有無比的懷念」〔註57〕，因為初識宜蘭，見到的「完全是江南水鄉蘇杭風味」，讓剛剛離開故土的田原產生一種「疑心又回到離開不久的江南」的錯覺，因此初見便「頓時愛上這座揉合了蘇杭風光、浙閩建築、熱帶風貌的小城」〔註58〕。第一次感受到蘭陽三角洲的雨天，作家自是不如本地人那般習以為常，但是作為他者的田原，卻表示「我這外鄉人，對雨有點喜愛，在雨聲中，可以體會到淒涼況味。儘管戰亂流浪中需要鋼鐵般堅強，但，有家歸不得，尋覓一點淒涼以為調劑情緒，也

〔註54〕陳紀瀅：《憶南山》，臺灣：重光文藝出版社，1977 年，頁 99。

〔註55〕姜貴：《無違集》，臺灣：幼獅文藝出版社，1974 年，頁，163。

〔註56〕田原：《田原自選集》，臺灣：黎明文化事業股份有限公司，1982 年，頁 1。

〔註57〕田原：《田原文集・散文卷》，臺灣：水芙蓉出版社，1976 年，頁 36。

〔註58〕田原：《田原文集・散文卷》，臺灣：水芙蓉出版社，1976 年，頁 37。

是好的，總不能天天象拉滿了弦的弓」〔註59〕。儘管作者在文中甚至已經吐露心聲說「把宜蘭當成了難捨難分的第二故鄉」〔註60〕，但我們能夠很清楚地感受到，作家之所以將宜蘭當作故鄉，原因是宜蘭與作家心目中真正的大陸故鄉蘇杭有著類似的風光景貌，不過「當做」故鄉似乎仍然不能「替代」故鄉，因此只能在竹風蘭雨的淒涼況味中卸下那些自欺欺人和堅強偽裝。正因如此，我們在細讀這篇本應寫滿感念宜蘭在異鄉臺灣給予自己故鄉般的溫暖和依戀的散文時候，卻在字裏行間捕捉到作者無意間流露出的內心深處身為異鄉人的焦慮與迷惘。這種困惑自然不是作家田原一人的個體性特異現象，在其他作家的作品中也有類似的表現。姜貴曾經圍繞自己居留臺南時候的書齋寫過一篇散文《看雲樓記》，該文以書齋幾度更改命名為線索，串聯出不同時期作家心態的微妙變化。散文開篇追溯 1948 年冬天從上海移居臺南，次年便目睹大陸沉淪，進而深感「有家歸不得」的漂泊寂寥，因白樂天詩云「晨起秋齋冷，蕭條稱病容」，始有齋名曰「秋冷」〔註61〕。臺灣南部的秋天自然並無冷意，作家是時「紅光滿面」也談不上「病容」，所以「秋冷」齋名意大約並不在此。筆者以為，此時齋名或許是指向樂天詩的末兩句「生涯別有處，浩氣在心胸」，儘管經歷從大陸移居異鄉的流離顛沛，也希望能夠「浩氣在胸」地揮毫自己的「別處生涯」，或許是一種在如冷秋般寂寥的心境中聊以自慰的期許。後來，作家對這個名字感到不滿，而生活也過得並不耐煩，進而常常想「這要是還有老家在，我就告老還鄉了。此病近乎思鄉」，於是有了另一個齋名，叫做「春雨樓」，此名起因在於曼殊詩云：「春雨樓頭尺八簫，何時歸看浙江潮？破缽芒鞋無人識，踏過櫻花第幾橋」。姜貴表示，直用曼殊詩開頭三字，而實著重在「何時歸」〔註62〕上。這一時期的作家將齋視為自我「精神上的桃花源」〔註63〕，從字面上來看「春雨」相對於「秋冷」似乎多了幾分盎然生機，但倘若將連綿陰沉的「春雨」結合「何時歸」來理解，則明顯是作家對現實生活的更深一層絕望的表現。日後，姜貴覺得「春雨連綿，永不放晴，也不是養生之道」，藉機再幾易其名為「看雲樓」，取自王維「行到水窮處，坐看雲起時」。作家表示是欽佩右丞「無欲無求，一任自然，並與自然結

〔註59〕田原：《田原文集·散文卷》，臺灣：水芙蓉出版社，1976 年，頁 38。
〔註60〕田原：《田原文集·散文卷》，臺灣：水芙蓉出版社，1976 年，頁 42。
〔註61〕姜貴：《無違集》，臺灣：幼獅文藝出版社，1974 年，頁，187。
〔註62〕姜貴：《無違集》，臺灣：幼獅文藝出版社，1974 年，頁，187。
〔註63〕姜貴：《無違集》，臺灣：幼獅文藝出版社，1974 年，頁，188。

合為一的精神境界」〔註64〕，但我們不妨將目光再移至詩的末兩句「偶然值林叟，談笑無還期」，順承前兩次為書齋命名時作家極富隱喻性的闡釋方式，我們可以大膽揣測此處的「看雲樓」所真正指涉的亦不是天人合一的精神境界，而是「無還期」，也就是說，這一時期作家真正意識到時代已經更迭，也徹底粉碎了重返故土來尋求自我文化認同完整的祈盼。因此，作家在文末寫到齋的周圍圍繞著許多嘈雜的市井聲音，而「幸好這些聲音來得都遠，看雲樓的寧靜不被破壞。下流女人的肉，廉價的酒，數百年業葬的冢中枯骨，遠遠包圍著。而我正在這裡渡其寂寞的餘年」〔註65〕，通過齋名的變化，我們見證了作家從滿懷希冀陷入徹底絕望的心理變化過程，從「生涯別處」到「何時歸」再到「無還期」以至於「寂寞餘年」，作家最終無法在何為我們，何為他者的追問中得到清醒的答案，只能在幻想的桃源中度過自己寂寞的餘年。

　　姜貴的小說作品在對於故土的想像性重建方式方面顯得稍為另類。雖然在大部分大陸學界研究專著中也將姜貴與他在五十年代創作的小說歸併入臺灣反共文藝浪潮中的一脈，但是值得注意的是，姜貴在遷臺後於1952年1月完成長篇小說《旋風》的初稿，雖然被研究者定名為「反共文學」的代表作，卻在事實上鼓吹反共文藝浪潮的五十年代臺灣文壇出版無門，直至1957年作家自費印刷《今檮杌傳》500本，分發贈送給友人學者並獲得了一定的影響，進而繞在友人的推薦下於1959年由臺北明華書局出版單行本，並更名為《旋風》，以致後來多次再版仍保持這一書名。究其原因需要聯繫到是時的文壇出版生態和文學消費品位，姜貴的小說創作並非如潘人木、王藍等作家一樣是在中華文藝獎金委員會的獎金刺激下進行的，因此較於是時臺灣官方正統意識形態呼籲的純正反共思想意圖之間存在著一定的距離，這必然導致出版商選擇書稿時的猶豫，這種猶豫既包含對於官方意識形態的畏懼，也包含對書稿出版後帶來的商業回饋的憂慮。但就是這樣一部最初與主流意識形態格格不入而出版受阻的小說，卻在更名為《旋風》正式進入臺灣文壇以後迅速贏得文評界的廣泛關注與研究，鋒芒遠遠蓋過了五十年代其他反共文藝作品。姜貴的《旋風》幾乎可以算作數十年來遷臺小說家作品中受到最高關注的一本，從海外漢學家夏志清《中國現代

〔註64〕姜貴：《無違集》，臺灣：幼獅文藝出版社，1974年，頁，188。
〔註65〕姜貴：《無違集》，臺灣：幼獅文藝出版社，1974年，頁，191。

小說史》中專設附錄單論姜貴與《旋風》並將其評價為「現代中國小說中最偉大的作品之一」〔註 66〕開始，到王德威的〈蒼苔黃葉地，日暮多旋風——論姜貴《旋風》〉一文中認為姜貴能夠超越特定時期歷史侷限，並對中國政治歷史革命問題提出深刻檢討，值得稱為「最不八股的反共作家」〔註 67〕，然而反觀中國大陸學界對於姜貴及其作品的評價則對與其他反共作家基本無二致，大都是指責其對中共革命的歪曲和醜化完全基於想像與無知，這種反差反映的問題是很值得我們深思與反省的。姜貴與前文討論過的女兵作家謝冰瑩類似，都經歷了遷臺前後思想的微妙轉折。高小畢業後，姜貴成為五伯父伯母的嗣子，在回憶性文章中作家追述五伯母常對他說「記住你五大爺是民黨！」，並解釋道「民初，一般都習慣稱國民黨為民黨……她要我繼承五伯父的革命路線，為國民黨的一員。我一生辜負她的地方太多太多，只有這件事，我尚能一直遵守她的慈訓」〔註 68〕，青年時期的作家姜貴在南京國民黨中央執行委員會秘書處任《中央黨務月刊》編輯，由此從政治身分上看姜貴確實與國民黨集團關係密切。但是著名左翼作家王統照與原名王意堅的姜貴是山東琅琊王氏同族，根據作家自己的回憶，王統照是姜貴重要的文學領路人與啟蒙者，他不僅在少年時代就曾拜訪過已經成名的王統照〔註 69〕，而且早期創作的第二部中篇小說《白棺》〔註 70〕也曾由他代為尋找出版機會〔註 71〕，近年來，經姜貴的同族親人學者王瑞華的論證，王統照與姜貴這兩位作家的文學作品有著人物原型和家族寫作等多重複雜的隔海對應關係〔註 72〕。根據學者周怡在山東青島的《青潮月刊》上

〔註 66〕夏志清：〈姜貴的兩部小說〉，選自《中國現代小說史》，香港友聯出版社，1978年，附錄三。

〔註 67〕王德威：〈蒼苔黃葉地，日暮多旋風——論姜貴《旋風》〉，選自陳義芝編：《臺灣文學經典研討會論文集》，臺北：聯經出版事業股份有限公司，1999年，頁 23〜34。

〔註 68〕姜貴：〈我的家世和童年〉，選自封德屏，應鳳凰：《臺灣現當代作家研究資料彙編·28·姜貴》，臺灣：國立臺灣文學館，2013年，頁 78。

〔註 69〕應鳳凰：〈姜貴自傳〉，選自《姜貴中短篇小說集》，臺灣：九歌出版社有限公司，2003年，頁 221。

〔註 70〕1978年 5月由臺北聯亞出版社初版長篇小說《白棺》，原為 1978年連載小說《失獵者》，與姜貴早年的同名中篇小說《白棺》內容並不一樣。

〔註 71〕姜貴：《旋風·自序》，臺灣：九歌出版社有限公司，2003年。

〔註 72〕王瑞華，〈隔海相敘：王統照、姜貴海峽兩岸的家族寫作〉，《文學評論》，2010年 06期，頁 177〜184。

發現的《白棺》〔註73〕片斷，我們可以發現早期姜貴的文學創作其實與當時活躍在中國文壇上的左翼青年作家風格差異並不大，想必與左翼作家王統照在文學上的影響難脫干係，由此就不難理解作家姜貴遷臺後期轉入所謂「反共文學」創作陣營，但實質上仍然保持著對自由中國文學生態的反芻與五四新文化運動後期餘韻的反思，也因此形成與其他同時期反共作家不同的文學面貌。姜貴作為遷臺作家中的特例，似乎在一定程度上避免了在「我們」和「他者」中做出非此即彼的抉擇，然而已經充分展現出作家對於政治鬥爭與戰爭的普遍意義上的反思的小說《旋風》，仍然在大陸文學史著與研究中面臨著尷尬的「反共」意識形態指謫，不得不令人扼腕惋惜。

〔註73〕周怡：〈姜貴遺失小說《白棺》前兩章的發現〉，《現代中文學刊》，2014 年 04
　　　　期，頁 24～38。（該文章最初發表於臺灣《文訊雜誌》2012 年 12 月第 325
　　　　期）

第三章　真實家國與想像故土的鎔鑄
——以謝冰瑩與《女兵自傳》為例

　　在對顯性懷鄉書寫中的遷臺作家群像進行勾描的基礎上，我們將研究視野進一步深入到難以被普遍意義的表層懷鄉書寫所統攝的深層懷鄉，在大陸時期即已經成名並在遷臺後將自己的文學寫作融入五十年代臺灣懷鄉書寫中的作家中，謝冰瑩是最有代表性的一位。她親身經歷過北伐戰爭，對中國革命有著非常真實而深刻的認識，並且在大陸時期即以個人從軍經歷為素材，將自己這種對於中國革命的認識鎔鑄在文學作品中，遷臺後，又將描寫自己早年參與中國革命體驗的作品帶入臺灣文學視閾中，並在修改作品的時候與其他遷臺作家一樣面臨著國家民族認同的危機。基於這種文學經歷的豐富與曲折，她在臺灣時期對早年描寫中國革命的文學作品進行的修改也顯示出更為複雜的可能性。通過這種修改我們可以看出作家是如何將自己原初的革命認識與去臺後的想像鄉愁相結合，並重新建構一個新的想像性的故園的。

　　謝冰瑩自幼叛逆，因爭取讀書求學和反對包辦婚姻而與舊式家庭抗爭乃至決裂；少而從軍，洗去閨秀脂粉和小姐做派而在行軍作戰中鍛鍊出去性別化的性格與體魄；隨軍遷臺，在動盪漂泊的歷史環境中經歷人生選擇與思想重塑的雙重轉向；僑居美國，晚年審慎檢閱自己過往著作與言說，攜一顆佛心而終老異鄉。我們重新審視謝冰瑩的一生顛沛，不難捕捉到求學、從軍、遷臺和旅美成為她人生成長與轉向的幾個關鍵時期，而蜚聲中外的自傳性散文《女兵自傳》的成書和再版過程成為能夠投射作家前述幾個時期思想變化

的重要參考，因此本文以《女兵自傳》為主要參照文本，通過比對兩岸多地不同版本篇目的增刪與內文的修訂，試圖貼近女兵作家謝冰瑩在人生關鍵時期的思想轉變與心態波動。

第一節　真實家國時空下的思想認識流脈

　　回溯謝冰瑩的革命經歷與政治思想轉變路程，許多學者都認為謝冰瑩的思想轉變以 1948 年赴臺為分界線，在大陸的前期她是充滿戰鬥精神的革命女兵，在臺灣的後期則不僅諱言自己早年的革命經歷，而且對曾經加入共產黨組織和左聯的事實加以否認。但通過梳理作家對《女兵自傳》不同時期版本的不同修改情況，我們不難發現謝冰瑩體現在文學作品中的思想變化並不完全是突然出現在遷臺後版本中的，可以說很多細節的修訂都是通過 1936、1943、1947、1949 年幾個前期版本中間循序漸進的逐漸增補和刪改而緩慢成型的，這也就在一定程度上證明了謝冰瑩的思想轉變也不是劇烈驚人的一蹴而就，而是循序漸進的層層推衍。通過對謝冰瑩遷臺前輾轉多地的革命歷程的細緻耙梳，筆者認為作家的政治和文藝思想的轉變軌跡以 1931 年和 1948 年兩個關鍵時間為轉捩點，這兩個時間節點將謝冰瑩從 1926 年到 2000 年間的思想變化情況離析成前、中、後三個階段的分野，從 1931 年到 1948 年間這段重要的思想過渡期反而是很多學者並沒有予以足夠關注的。

　　1926 年到 1930 年左右，前期的謝冰瑩以非常積極的姿態參與左翼革命活動及多地地下黨工作，並作為主要執行委員籌備北方左聯的組織與文藝活動：1926 年 11 月 25 日謝冰瑩進入中央軍事政治學校武漢黃埔分校女生隊就讀，1927 年北伐初期，北伐軍從黃埔分校女生隊中挑選一批優秀隊員組成宣傳隊隨軍北上河南前線，謝冰瑩成為第一批受選成員參與以共產黨員為骨幹的國民革命軍第四軍葉挺獨立團女兵救療隊。北伐失敗後，謝冰瑩所在的女生隊被迫解散並將成員遣返回家，經歷四次逃奔終於從家庭監獄和包辦婚姻的牢籠中逃脫出來，暫時住在長沙的大哥和大嫂家裏，並與蕭明登報解除婚約。在《一個女兵的自傳》第五章〈家庭監獄〉的首篇〈歸來〉中，謝冰瑩講述了當女兵隊解散以後的曲折經歷，自己同幾位同鄉好友脫下軍裝換上常服離開武昌踏上返回家鄉的旅程。四人在李先生的幫助下順利到了長沙，在走投無路想要暫時借住在同鄉蘭的家裏的時候，上海良友版、桂林良友版與上

海晨光版均有一致的表述:「誰知我們一走進門,蘭就發抖起來,她忙附在我的耳邊輕輕地說道:『你們為什麼在這個時候回來?這裡是個恐怖世界,殺人比宰雞鴨還多。』」〔註1〕在臺北力行書局版中將「這裡是個恐怖世界,殺人比宰雞鴨還多」這一句刪掉,作為替代增加了一個無意義的感歎句「太可怕了!」〔註2〕作家是借同鄉蘭之口將當時作為北伐戰爭國民革命軍與北洋軍交戰的主要戰場之一長沙的緊張局勢形容為殺人比宰雞鴨還多的恐怖世界,並不違背歷史真實,而在臺版改為一句很模糊的感慨「太可怕了」,是意圖將行义背後特定歷史時期原有的意識形態性抹去。

　　不久,在前往書局為翔寄送進步書籍時候,謝冰瑩與武漢時期的夥伴艾斯、莫林偶遇,並以共產黨員思想嫌疑犯的罪名被捕入獄,後在人哥擔保下轉危為安。1928年春天,謝冰瑩在大哥的友人湖南省立第五中學校長張先生的引薦下,進入衡陽五中附小任國文講師,而後由於和男性進步教師交往較為密切而受到個別教員排擠,因此憤而辭職來到上海投奔孫伏園先生,後在錢杏邨先生的介紹下得以進入上海藝大就讀國文系,是時遭遇法租界電車罷工,由於進步學生活動活躍上海藝大被迫遣散學生。在走投無路的時候,三哥託孫伏園先生轉來掛號信勸謝冰瑩去北平投考女師大。1929年謝冰瑩應約北上,和當時的丈夫符號一同乘船先抵天津後達北平,到達北平後,謝冰瑩最初住在位於北平的河北省婦女協會,一星期後便搬到《民國日報》報社去與親共國民黨人士陸晶清合辦了為期兩個月的日報副刊。儘管她加入共產黨組織的確切時間與契機仍難以尋覓確鑿的佐證材料,但根據是時北平地下黨工作成員的回憶,謝冰瑩當時是北平黨組織女師大支部的支書,如平傑三曾回憶道:「我分工爭取女師大支部的工作,還去過師大兩次。女師大當時的支部書記是謝冰瑩」〔註3〕,吳化之也曾回憶道:「北平黨的組織情況……女師大支部(支書謝冰瑩)」〔註4〕。

〔註1〕謝冰瑩:《一個女兵的自傳》,上海:上海良友圖書印刷公司,1936年,頁222。
〔註2〕謝冰瑩:《女兵自傳》,臺北:力行書局,1956年,頁82。
〔註3〕平傑三:〈我在北平從事黨的地下工作的回憶〉,選自中共北京市委黨史研究室編:《北京革命史回憶錄·第2輯》,北京:北京出版社,1991年,頁65。(1981年5月16日回憶,北京市社會科學研究所梁湘漢、趙庚奇整理,原載《北京黨史資料通訊》1983年05期)
〔註4〕吳化之:〈1930年前後北平黨的一些情況〉,選自中共北京市委黨史研究室編:《北京革命史回憶錄·第2輯》,北京:北京出版社,1991年,頁28。(1981年11月23日回憶,趙秀德整理,原載《北京黨史資料通訊》1983年05期)

謝冰瑩當時的丈夫符號（原名符業奇，又名符浩）在大革命時期與她同是武漢軍事政治學校的在校學生，在謝冰瑩被北伐軍選中編入女生宣傳隊的同時，符號被編入特務連，後以共產黨組織成員和左翼青年詩人身分為大家所熟知，曾為歌頌共產黨員周鐵忠而創作敘事長詩《鐵大姐》，該詩集引起國民政府警惕而成為禁書。兩人在武昌結婚後一同輾轉武漢、上海、北平多地，謝冰瑩在北平積極籌備北方左聯成立工作的同時，也是兩人的女兒符冰（乳名小號兵）剛剛出生不久而生活舉步維艱的時候，1930 年 8 月符號為了「想到天津北方書店找點公開的糊口工作」〔註5〕而離開北平。作為禁書詩集《鐵大姐》的作者，8 月 15 日符號在詩集的出版址同時也是中共地下工作機關地址的天津北方書店流連的時候，「因手持自著詩集為禁書，被在書店臥底的偵探逮捕，判了兩年半徒刑」〔註6〕，由此可進一步確證，謝冰瑩與當時的丈夫符號均為中共成員並參與地下工作。值得注意的是，當時謝冰瑩還與丈夫符號一同參與了天津左翼活動，李俊民曾在《「北方左聯」的發起與籌備工作》中寫道：「謝冰瑩常去天津，和她的愛人符浩以及馮潤章（謝在黃埔軍校的同學）等聯繫。」〔註7〕儘管兩人並未在 1932 年天津左聯成立時候加入組織，但有材料顯示謝冰瑩在 1929 年前後天津左聯成立前夕參與天津左翼文學組織活動：「星星文藝社是天津第一個左翼文學團體，成立於 1929 年初，主要成員有符號、謝冰瑩、綺茵、玉生、天麟、小罕、亦川、洪勳等（部分是筆名或化名）。」〔註8〕而謝冰瑩作為該文藝社團中最成熟的成名作家，她於同年在光明書局出版的早期作品《從軍日記》也受到天津左翼文壇的極大重視：「1929 年 12 月 1 日，夜鷹文藝社創辦的《夜鷹》月刊由天津書局出版發行。《夜鷹》月刊十六開本，52 頁……刊底特別注明夜鷹文藝社社友謝冰瑩女士的《從軍日記》。」〔註9〕

不僅如此，謝冰瑩還是北方左聯成立初期籌備階段的核心人物之一，作

〔註 5〕符號：〈謝冰瑩和我的一段婚姻〉，《世紀行》，1997 年 07 期，頁 30～31。

〔註 6〕董振修：〈中共黨史上的鐵大姐——周鐵忠〉，《天津史黨史探微》，寧河印刷廠，1998 年，頁 77。

〔註 7〕李俊民：〈北方「左聯」的發起與籌備工作〉，選自《左聯：紀念集 1930～1990》，百家出版社，1991 年，頁 158。

〔註 8〕中國人民政治協商會議天津市委員會和文史資料委員會：《天津文史資料選輯》，天津：天津人民出版社，2005 年，頁 245。

〔註 9〕中國人民政治協商會議天津市委員會和文史資料委員會：《天津文史資料選輯》，天津：天津人民出版社，2005 年，頁 247。

為北方左聯成立大會後組成的執委會成員之一，位於段雪笙、潘訓之後名列第三名〔註 10〕，組成三人領導核心小組，中國左翼作家聯盟北平分會理事劉尊棋曾在關於「北平左聯」的回憶性文章中證實了這一點：「翌年（1930）夏天，謝冰瑩告訴我，北平準備成立中國左翼作家聯盟的分盟……謝介紹我認識了剛從上海到北平不久的留蘇歸來的鄭文波和比我們都年長很多的潘訓及段雪笙等同志。他們正是積極籌備組織北平左聯的同志們。」〔註 11〕北方左聯主要發起人孫席珍也曾在文章中證實謝冰瑩的確在當時以北方左聯發起人之一的身分活躍在北平：「謝冰瑩也不約而同地到我家裏來了，她也是（北方左聯）發起人之一……那時因為符號被捕入獄，她把他倆的孩子名叫小號兵的寄養在我家，所以經常跑來，一來就很起勁地同我和楊剛討論左聯的工作。」〔註 12〕而根據楊纖如回憶，他曾在謝冰瑩位於浚水河的家裏參加過北方左聯的籌備會：「北方左聯開過多少次籌備會，我記不清了。我只參加過兩三次，一次是在輔仁大學張鼎和宿舍裏，一次是在浚水河謝冰瑩家裏……我是在籌備接近成熟的階段，謝冰瑩纔邀我參加的，她說：『你剛從上海來，把中國左翼作家聯盟活動的情況介紹一下吧。』」〔註 13〕也就是說謝冰瑩當時冒著比較大的政治風險而將自己的住所作為北方左聯領導成員召開組織籌備會的重要據點，這不僅意味著她個人有很大的勇氣，同時也意味著她在很大程度上爭取到了組織成員的充分信任。除了發展北方左聯的活動以外，謝冰瑩還作為有資歷的老黨員，為黨組織審核和發展新的成員。根據楊秀怡的回憶，她在迷茫時不知道如何能夠加入黨組織的時候想到了謝冰瑩，而最終她得以加入中國共產黨就是通過了謝冰瑩的考察和介紹：「可到哪裏去找黨呢？……這時我想起了謝冰瑩……以後又知道她對國民黨的統治發過牢騷，我認為她是進步的，就去找她。我向她講我要參加革命，她開始不信任我……我第一次去她不相信，我就第二次、第三次去找她……謝冰瑩考驗了我許多次，最後纔給我看一本黨的刊物。這些刊物宣傳黨的主張……每看完一本書，我就向謝冰瑩談我的感想和認識。經過一段時間的考驗，1930 年 4 月，謝介紹我參加

〔註 10〕楊纖如：〈北方左翼作家聯盟雜憶〉，《新文學史料》，1979 年 04 期，頁 221。

〔註 11〕劉尊棋：〈關於「北平左聯」〉，選自中共北京市委黨史研究室編：《北京革命史回憶錄·第 2 輯》，北京：北京出版社，1991 年，頁 152。（1982 年 8 月 16 日回憶，原載《北京黨史資料通訊》1984 年 09 期）

〔註 12〕孫席珍：〈關於北方左聯的事情〉，《新文學史料》，1979 年 04 期，頁 240。

〔註 13〕楊纖如：〈北方左翼作家聯盟雜憶〉，《新文學史料》，1979 年 04 期，頁 218。

了黨的周邊組織『普羅文化運動大同盟』，我直接和她聯繫……一天上午，我們正在上課，謝冰瑩敲敲玻璃，打個手勢把我叫了出去。她對我說：現在有一個任務，要我們派 2 個代表，以普羅文化大同盟的身分到上海參加『互濟會（或是左聯，記不清了）全國代表大會』……希望我能去。」〔註 14〕由當年活躍於北平的左翼進步人士於 80 年代初相繼發表的系列關於北方左聯早期活動經過的回憶文章，可以編織出謝冰瑩在 30 年代前與天津左翼陣營、北方左聯以及北平共產黨組織之間千絲萬縷的聯繫。

1931 年年初，謝冰瑩隻身離開北平，但關於她這次南下的原因似乎頗為撲朔迷離，甚至曾經與謝冰瑩有過較為密切交往的人如孫席珍，都表示並不清楚她為何悄然離開北平，只知道：「有一天她突然把孩子送到符號的母親那裡，獨自悄悄地到南方去了，後來長期在海外流浪，音信杳然。」〔註 15〕她當時的丈夫符號在回憶自己和謝冰瑩感情往事的時候，將謝冰瑩南下的原因解釋為由於作為丈夫的自己郎當入獄，妻子一人無力支付自己和幼女的生活，走投無路之下她被迫南下離開北平：「我的入獄，使冰瑩生活更陷入絕境。她抱著孩子來探監，知道我短期內沒有出獄希望……我對冰瑩說，我們是革命伴侶，結婚是沒有條件的，現在我們不能生活在一起，她願意採取什麼樣的生活方式有她的完全自由，我對她是無條件地贊同……冰瑩怕她母親逼她嫁，或者禁錮起來，只好支身出走上海。」〔註 16〕與符號的表述相似的還有同他相關的中共文獻中的記錄：「陷入困境的妻子謝冰瑩，帶著當年出生的女兒符冰離他而去！」〔註 17〕符號的文章是站在丈夫的角度從愛情挫折和婚姻生活層面解釋謝冰瑩離開北平的緣由，而中共文獻中的記載則是暗示謝冰瑩在作為共產黨員的丈夫被捕入獄以後為求自保離他而去。根據前述兩種解釋，謝冰瑩是在符號入獄後不堪忍受生活的重壓，在符號的寬容理解和懇切勸說之下最終離開北平南下謀生。而謝冰瑩在《女兵自傳》中也記錄了符號入獄後她抱著孩子探監時兩人的交談和談後感受：「他（筆者注：文中名字是『奇』，

〔註 14〕楊秀怡：〈北平革命互濟會的早期活動〉。選自中共北京市委黨史研究室編：《北京革命史回憶錄‧第 2 輯》，北京：北京出版社，1991 年，頁 91～94。（1984 年 4 月 10 日回憶，謝蔭明整理，原載《北京黨史資料通訊》1983 年 05 期）

〔註 15〕孫席珍：〈關於北方左聯的事情〉，《新文學史料》，1979 年 04 期，頁 242。

〔註 16〕符號：〈謝冰瑩和我的一段婚姻〉，《世紀行》，1997 年 07 期，頁 31。

〔註 17〕董振修：〈中共黨史上的鐵大姐——周鐵忠〉，《天津史黨史探微》，寧河印刷廠，1998 年，頁 77。

實指符號）在獄中並沒有反省他對我的態度，還在寫很長的諷刺詩寄給一個
在漢口編報的友人，說我是個如何有虛榮心，如何殘酷的女性，我之所以和
他破裂，為的要去和一個有錢有地位的人去結婚……我情願忍痛和他做最後
的絕交，但是當他正在獄中受難的時候，我能給他一個這麼大的打擊嗎？」
〔註18〕按照作家自己的說法，當時身為丈夫的符號不僅沒有他在90年代的回
憶性文章中表述的所謂對她自由選擇生活方式的支持，而且還沉浸在對謝冰
瑩與其他男性友人的誤解之中，在作家離京前最後一次探望丈夫時，面對丈
夫「為什麼那樣傷心，是不是你要離開北平？」的詰問，謝冰瑩卻欠口否認
道「不，我想帶著孩子住到監獄附近來」，這就更進一步證明夫妻兩人當時並
未就作家離開北平的選擇達成某種共識。由此可見，前述兩種解釋都帶有出
於不同目的的修飾色彩，顯然並沒有觸及真正促使謝冰瑩離開北平南下上海的
最核心的原因。

　　而翻閱謝冰瑩自己的作品，雖有多篇涉及此時段南下離京的事件，但作
家對此的解釋不僅較為模糊且並不盡然相同，甚至有時諱莫如深，比如在次
年出版的散文集《麓山集》中，作者非常隱晦地暗示自己由於某些難以言說
的特殊原因而被迫匆忙離開北平：「『三八』過了之後，我便離開北平了，我
永遠忘不了走時的匆忙，以及五六位好友為我當衣服、借錢籌備旅費的一幕
別離慘劇，至於為什麼我要離開北平？這只有我自己和那些與我極親近的朋
友纔知道。在武昌我將近住了一月，每天只是看看書寫寫文章賣幾個錢以維
持生活。」〔註19〕而在1947年北新書局版《女兵十年》第四章的第一篇《南
歸》中作者又表示自己是因參與文化團體、戲劇公演和婦女月刊被定罪而逃
離北平：「真的，社會太殘酷了，它不能讓一個純潔有為的青年去發揮他的能
力，處處予優秀的青年以嚴重的打擊，一直到使他們不能生存為止。我就是
這群青年中之一，為了參加一個文化團體的工作，參加幾次戲劇的公演，為
了曾主編過一個婦女月刊，這些竟都被視為犯罪的主因。」〔註20〕由於環境
逼仄，謝冰瑩在1932年所作的回憶性文章中不得不有意遮蔽自己南下的真正
原因，隨著時間的延宕和政治氣氛的沉澱，在1947年的文章中作家略微提及
自己是因為在北平時期參與過進步活動而被定罪，但是謝冰瑩離開北平的最

〔註18〕謝冰瑩：《女兵十年》，上海：北新書局，1947年，頁78。
〔註19〕冰瑩女士：〈關於麓山集的話〉，《麓山集》，上海：光明書局，1932年，頁11。
〔註20〕謝冰瑩：《女兵十年》，上海：北新書局，1947年，頁90

重要原因是她捲入了一場政治風波，而因此被迫疏離北平方面黨組織及左翼
進步陣營。1931 年春，謝冰瑩由於與北平黨組織內部非常委員會領導下的「北
平新市委緊急會議籌備處」事件關聯而被作為「右派籌備處分子」被北平黨
組織除名，因此被迫南下，疏遠了北方的左翼陣營和北方左聯的活動。根據
楊織如回憶：「1931 年初，北平黨組織內發生了一次有關『緊急會議籌備處』
問題的鬥爭，工作一度停頓了，組織也因此大部分潰散了。北方緊急會議籌
備處，是在六屆四中全會後產生的……上層領導大部分都參加了籌備處……
基層組織就多得不可數，像謝冰瑩、張郁棠、楊秀怡……1931 年春，大概過
了春節不久，黨內傳達上海中央四中全會及非常委員會事件，……接著又在
一次會上宣布北方緊急會議籌備處事件，稱參加者為『右派籌備處分子』。後
來又在一次會上，宣布北平市方面開除趙作霖等數十人的黨籍，並要我們與
這些人斷絕聯繫……其中有些人如謝冰瑩、楊秀怡、張郁棠都是朝夕相處的
人，一旦視為敵人，不管怎麼說，感情上總是有點不平靜的。」〔註21〕同謝
冰瑩一起名列「右派籌備處分子」之一的楊秀怡曾在文章中透露出自己與謝
冰瑩的交往直至「1931 年初，批判立三路線時，我與組織中斷了聯繫為止」
〔註22〕，在時間上也與此次「緊急會議籌備處」事件後謝冰瑩南下而與北平
黨組織中斷聯繫相吻合。

　　1931 年 3 月，謝冰瑩帶著孩子從北平離開以後先抵達了武昌，回到了符
號的母親身旁，暫住在一間「又矮又黑暗的樓房」中，然而她逃亡南下的消
息很快傳到武昌，為了保全個人和家庭成員的人身安全，一個月後她不得不
「含著憤恨和隱痛」〔註23〕倉促離開武昌，「像一個被通緝的逃犯」〔註24〕似
的偷偷回到湘江對岸的長沙嶽麓山昆濤亭隱居修養。在嶽麓山住了十餘天之
後，由於三哥和父親來信的催促，謝冰瑩回到家鄉新北看望母親。在母親的
照顧和自我的調節之下，作家慢慢從愛情挫折和政治風波帶來的精神苦海中
醒悟過來了，她想「如果不好好做人，整天在苦悶裏消磨日子，不但對不起

〔註21〕楊織如：〈三十年代初北平地下黨鬥爭片斷錄〉，選自中共北京市委黨史研究室編：
　　　　《北京革命史回憶錄‧第 2 輯》，北京：北京出版社，1991 年，頁 41～42。(1984
　　　　年 4 月 10 日回憶，謝蔭明整理，原載《北京黨史資料通訊》1983 年 05 期)
〔註22〕楊秀怡：〈北平革命互濟會的早期活動〉，選自中共北京市委黨史研究室編：《北
　　　　京革命史回憶錄‧第 2 輯》，北京：北京出版社，1991 年，頁 91～94。(1984
　　　　年 4 月 10 日回憶，謝蔭明整理，原載《北京黨史資料通訊》1983 年 05 期)
〔註23〕謝冰瑩：《女兵十年》，上海：北新書局，1947 年，頁 90～91。
〔註24〕謝冰瑩：《女兵十年》，上海：北新書局，1947 年，頁 92。

自己的良心和社會，主要的是對不起母親」，於是在情感和理智的反覆角力之後，作家下決心「要到上海去尋找出路，把孩子交與奇的母親撫養」〔註 25〕。終於，在 1931 年夏天一個「漆黑的深夜」，謝冰瑩噙著熱淚吻別自己剛滿一歲的女兒，僅「提著兩件破舊行李」，獨身一人從武漢「孤零零地踏上了開往上海的瑞和輪船。」〔註 26〕來到上海以後的謝冰瑩，在一位與符號熟識並非常仰慕她的文藝青年顧鳳城（謝在文中將其化名為「紉」）的幫助下暫住在黑宮，在不到三星期的時間內完成了兩部十四萬餘字的著作中篇小說《青年王國材》和書信集《青年書信》。不過，值得我們注意的是，顧鳳城是左聯「總盟」即上海左聯的成員之一，謝冰瑩來到上海以後受到他的照顧並與他有過一段短暫的感情，是否意味著此時的謝冰瑩也加入了上海左聯呢？近年來，的確有學者據此作出了自己的解釋和猜測，認為謝冰瑩「很可能是經顧鳳城介紹，恢復了『左聯』成員的身分」〔註 27〕，而謝冰瑩於「1931 年 7 月份在《小說月報》上發表的小說《清算》」（筆者注：全名為《愛的清算》）表面上是對「幾年裏與她交往的諸多男性的感情糾葛作了一次總的『清算』」，實際上是以「恢復了我一切工作關係」〔註 28〕暗指「謝冰瑩又重新加入了上海『左聯』」〔註 29〕。這一解釋顯然是學者根據作家虛構性的文學創作試圖與當時作家的現實經歷建立某種可闡釋性的聯繫，其中的真實性很值得懷疑。查閱目前可以尋找到談及謝冰瑩與上海「左聯」關係的證明材料，除了因顧鳳城的身分而引發的合理猜測以外，主要來自於艾蕪寄給研究者們的兩封回憶信，一則是 1979 年 12 月對上海師範學院圖書館的回信：「據艾蕪一九七九年十二月六日給我館信：『就我參加的小組來說，組員中有錢杏邨、茅盾、顧鳳城、謝冰瑩。這是參加第一次、第二次小組的情況。』」〔註 30〕另一則是 1980 年 5 月對學者張大明的回信：「艾蕪同志五月十七日回信：名單看了之後，有應

〔註 25〕謝冰瑩：《女兵十年》，上海：北新書局，1947 年，頁 97。
〔註 26〕謝冰瑩：《女兵十年》，上海：北新書局，1947 年，頁 98。
〔註 27〕徐續紅：〈謝冰瑩與「左聯」——從魯迅致王志之的兩封信談起〉，《新文學史料》，2013 年 03 期，頁 95。
〔註 28〕謝冰瑩：《謝冰瑩文集·下》，合肥：安徽文藝出版社，1999 年，頁 75。
〔註 29〕徐續紅：〈謝冰瑩與「左聯」——從魯迅致王志之的兩封信談起〉，《新文學史料》，2013 年 03 期，頁 95。
〔註 30〕上海師範學院圖書館資料組：〈中國左翼作家聯盟盟員考錄〉，選自《中國現代文藝資料叢刊·第 5 輯·「左聯」成立五十週年紀念特輯》，北京：新文藝出版社，1980 年，頁 61。

增加的人……如謝冰瑩（作《女兵日記》的），她是顧鳳城的愛人，我和他們編入過一個小組，由錢杏邨領導。這大約開小組會，只一、二次，我先前忘記了，後來纔記起的。」〔註31〕顯然，就艾蕪一人時隔多年後與 1979 和 1980 年間兩封信的回憶來確認謝冰瑩的確加入過上海「左聯」這一論斷其實是有些孤證難明的，但是這的確可以在一定程度上說明，謝冰瑩在被黨組織除名而離開北方「左聯」後並沒有脫離上海的左翼活動和左翼陣營，並與上海左聯的顧鳳城、錢杏邨等人保持較為密切的聯繫，也很有可能參與過由左聯組織的小組會議。

　　謝冰瑩用在上海時候寫出的兩部書稿換來的稿費共六百五十元做為資本，於 1931 年 9 月乘皇后號輪船東渡日本東京留學，時值「九一八」事變發生兩天。謝冰瑩與同學組織中華留日學生抗日救國會，召集全東京的中國留日學生在青年會舉行追悼東北死難同胞大會，該集會不僅被日本偵探和軍閥武力鎮壓，而且所有與會的學生被要求在三天內離開東京，謝冰瑩也因此被遣送回國，重新回到上海。謝冰瑩在日本東京積極參與抗日組織，緊張籌辦抗日集會，這進一步表明作家在離開北平以後並沒有因此而中斷進步活動。不僅如此，我們還可以看到可證明謝冰瑩加入上海左聯分盟東京左聯的相關材料。謝冰瑩曾在《郭沫若印象記》一文中記錄了自己在 1931 年 11 月與郭沫若於東京的一次會面，兩人此次會面的原因是謝冰瑩「為了東京一個文藝團體成立的緣故，想徵求他的意見以及對於工作方針的指示」〔註32〕，而當時在日本行動被監視的郭沫若由於與大陸革命情況隔膜已久，已「完全不知道國內的情形」了，謝冰瑩則「告訴了他關於上海及北平一切的文化運動狀況，他高興得幾乎說不出話來。」〔註33〕這一段文章反映出了兩個信息，一是謝冰瑩因東京某文藝團體的成立事宜而向郭沫若徵求意見，根據時間吻合情況，這裡的「文藝團體」指的很有可能就是「東京左聯」；二是謝冰瑩作為後輩向上海左聯的老前輩介紹上海及北平的文化運動狀況，也從側面暗示了

〔註31〕張大明：〈對左聯成員名單（未定稿）的回聲〉，選自《左聯回憶錄》編輯組：《中國文學史資料全編‧現代卷‧左聯回憶錄》，北京：知識產權出版社，2010 年，頁 654

〔註32〕美蒂：〈郭沫若印象記〉，選自黃人影編：《郭沫若印象記，文壇印象記》，樂華圖書公司，1932 年，頁 33。

〔註33〕美蒂：〈郭沫若印象記〉，選自黃人影編：《郭沫若印象記，文壇印象記》，樂華圖書公司，1932 年，頁 36。

作家不僅熟悉北平左聯的情況，也對上海左聯文藝活動並不陌生。根據日本方面第一個指出東京左聯成立時間和成員的學者近藤龍哉在《中國現代文學事典》中「東京左聯」條目中含納的信息：「東京左聯是由盧森堡（任鈞，太陽社東京支部成員）、華蒂（葉以群）等會同九一八後來日的謝冰瑩（北方左聯創始者之一）等人發起成立的」〔註34〕，也就是說，謝冰瑩、任鈞和葉以群三人是東京左聯的發起人。根據日本學者小谷一郎分析，近藤龍哉所依據的材料應是任鈞的回憶，在上海師範學院圖書館資料組編寫《中國左翼作家聯盟會員考錄》一文中有這樣一段話：「一九七九年十二月三十一日我館訪問任鈞談話記錄：『在一九三一年初，我在日本東京和葉以群、謝冰瑩等不到十人組織東京分盟，記得還有樓適夷，九一八後，我們都回國，這組織也停頓。』」〔註35〕但是這兩則材料中出現了時間差上的矛盾，前者表示謝冰瑩是「九一八後來日」然後參與東京左聯的成立，後者表示謝冰瑩是在「一九三一年初」參與東京左聯的成立，「九一八後返國」。根據謝冰瑩自己在《女兵十年》相關文章中的表述，她的確是在「九一八」發生以後纔來到日本的，由於參與了紀念活動而與日本武裝力量產生衝突，進而在年末被遣返回國。那麼是否說明，謝冰瑩在「九一八後來日」因此而沒有參與過東京左聯的成立活動呢？胡風在其回憶文章〈回憶參加左聯前後（一）〉中寫道：「我又參加了左聯東京支部。記不起是誰介紹的。開了一次會，參加的共三個人。謝冰瑩（大革命時期入武漢中央軍校，寫過《女兵日記》），我，還有一個姓阮的。」〔註36〕結合謝冰瑩與郭沫若在東京會面的原因和前述幾則材料，我們可以得出，謝冰瑩的確參與東京左聯的早期活動，但在東京左聯創辦時候她並沒有來到日本，由於東京左聯作為分盟的建立務必得到上海左聯總部的授權和認可，因此或許我們可以就此大膽推測，謝冰瑩在上海時候已經參與到與東京左聯建立的相關事宜中來，在來到日本以後又在實際活動中推動了東京左聯的發展壯大，因此纔會出現前述兩則材料在事件內容並沒有錯誤的情況下存在時間節點的錯位。

〔註34〕小谷一郎：〈東京左聯成立前史・其一〉，選自吳俊編譯：《東洋文論──日本現代中國文學論》，杭州：浙江人民出版社，1998年，頁226。

〔註35〕上海師範學院圖書館資料組：〈中國左翼作家聯盟盟員考錄〉，選自《中國現代文藝資料叢刊・第5輯・「左聯」成立五十週年紀念特輯》，北京：新文藝出版社，1980年，頁61。

〔註36〕胡風：〈回憶參加左聯前後（一）〉，《新文學史料》，1984年01期，頁34。

　　綜上所述，謝冰瑩從 1929 年到 1931 年末間，輾轉於天津、北平、上海、東京多地左聯組織和左翼陣營中積極參與文藝活動，然而值得玩味的是，魯迅卻在 1932 年末至 1933 年初與北方左聯青年成員王志之的信件往來中否認了謝冰瑩與左聯的關係。1932 年 11 月 25 日，是時師範大學左翼進步青年王志之、張松如等幾人與剛至北平探母的魯迅先生會面。在邀請先生次日赴學校講演之餘，進而與之商討正在籌備出版的文藝刊物《文學雜誌》相關事宜。為了雜誌的起步，王志之等人四處募集左翼進步人士相關稿件，謝冰瑩也是他們關注的對象之一。魯迅離平後，王志之曾專門寫信懇請先生就此事寄予幫助，而魯迅在 1933 年 1 月 9 日回信中寫道：「冰瑩女士近來似乎不但作風不好而已，她與左聯亦早無關係，所以我不能代為催促。」〔註 37〕又於 1933 年 2 月 2 日回信中再次提及：「謝小姐和我們久不相往來，雪聲兄想已知之，而尚託其轉信，何也？她一定不來幹這種事情的。」〔註 38〕其中冰瑩女士、謝小姐，即指謝冰瑩；雪聲，即段雪聲，曾任北方左聯黨團書記。魯迅信中表示，在 1933 年初謝冰瑩已與左聯「早無關係」，並與左聯人士「久不往來」，這與可見史料中呈現出來的謝冰瑩從 1929 年到 1932 年間與各地左聯和左翼陣營非常密集的活動情況是不相吻合的。更值得注意的是，魯迅日記中記錄了魯迅先生與謝冰瑩 1930 年 4 月至 1932 年 11 月之間 5 次書信往來，其中 4 次得信，1 次覆信，分別為：

　　　　一九三零年四月十六日「午後得冰瑩信」，十八日「午後覆冰瑩信」

　　　　一九三零年五月十三日「下午得謝冰瑩信並稿。收冰瑩所寄周君小說稿。」

　　　　一九三零年八月二日「得謝冰瑩信。」

　　　　一九三二年十一月三十日「見謝冰瑩信。」

也就是說，一九三二年十一月三十日魯迅日記中記錄有「見謝冰瑩信」，這是魯迅日記中可查證的最後一次與謝冰瑩通信的時間〔註 39〕，這與魯迅寫給王志之的覆信日期僅相差短短 3 個月，更進一步證明魯迅所稱的「早無

〔註 37〕魯迅：《魯迅全集‧第十二卷》，北京：人民出版社年版，2005 年，頁 359。

〔註 38〕魯迅：《魯迅全集‧第十二卷》，北京：人民出版社年版，2005 年，頁 365‧原件「幹」字破損，不可辨認，據王志之作《魯迅印象記》所載補入

〔註 39〕魯迅：《魯迅全集‧第十六卷》，北京：人民出版社年版，2005 年，頁 192、196、207、336。

關係」與「久不往來」是名不副實的，換言之，魯迅認為謝冰瑩感情生活複雜且「作風不好」，而且她與林語堂、林庚白等是時與自己意見相左的人交往過密，再加上經過「籌備處」事件以後黨組織和北方左聯及北平左翼陣營對身為「籌備處份子」的謝冰瑩的冷處理，由此多方複雜原因的綜合作用，魯迅纔有意與謝冰瑩保持距離，而他的態度又代表了當時北方左翼陣營中相當一部分人的普遍態度。由此也就不難理解，1931 年 8 月，在上海的謝冰瑩是在一種怎樣的心境的驅使之下，寫出了《〈從軍日記〉的自我批判》。這篇文章中有這樣幾句話：「無論在什麼環境裏，我從沒有灰過心，我常奇怪一般消極的人為什麼不能繼續他往日一般的精神前進。在寫在後面裏所表現的似乎消極的話不過為了應付環境而寫的，自然朋友們不會想到我是為應付環境而寫。不過和我在藝大同過學的人總知道我那時的行動和說話完全是兩樣的……一九二七年以後，我曾經過比那還有意義的生活，在艱苦中我負著沉重的使命衝向黑暗的環境……假如我把幾年來的生活在鬥爭中得來的經驗與血的教訓寫點出來，未始不是部超過從軍日記的作品，然而寫了能有力法使讀者見到嗎？這是我的恨惘，憤恨，也是一般與我同命運者的恨惘憤恨。」〔註40〕謝冰瑩並沒有主動疏遠左翼陣營和進步文藝活動，也沒有如部分學者所言「疏遠了同『左聯』的關係」〔註41〕，反而被以魯迅為代表的左翼作家群陣營有意疏遠。

在這樣一個備受擠壓的環境中，痛苦和抑鬱的情緒佔據了她的內心，這種因環境的限縮而潛滋暗長的抑鬱情緒，和因境況的逼仄鬱而不發的內心苦悶，經歷時代的震盪、環境的擠壓和內心的焦慮，謝冰瑩因這一段不愉快的經歷而漸漸開始對左聯和左翼革命進行初步的反省與憂思。

在《女兵自傳》的中卷《女兵十年》中，謝冰瑩詳細記述了從東京返回上海以後重新參與革命工作的經歷，這一時期的謝冰瑩正在經歷信仰和認識的劇烈波動。1932 年「一‧二八」事變發生後，謝冰瑩積極投身國民革命軍十九路軍在上海的抗日工作，參加寶隆醫院救護隊到前線救助傷患，同幾位友人創辦《婦女之光》週刊，計劃於 1932 年 3 月 8 日舉行「三八遊行」，卻在前夜遭到巡捕鎮壓。作家在上海文人組織起來的「上海著作人抗日救國會」

〔註40〕冰瑩女士：〈從軍日記的自我批判〉，《從軍日記》，上海：光明書局，1932 年，頁 135～137。
〔註41〕李夫澤：〈謝冰瑩與「左聯」〉，《婁底師專學報》，1999 年 03 期，頁 44。

中擔任主要的宣傳工作，並時常跟隨慰勞軍部隊到前線去搜集材料〔註 42〕，並在這一時期結識了白薇、柳亞子、林庚白、丁玲等人。按照作家自述，這時期的上海文人是「不分黨派」〔註 43〕地結合在一起進行抗戰活動的，因此此階段在與謝冰瑩交往密切的人中我們既可以看到國民革命軍十九路軍的靈魂人物之一、也是閩西善後委員會的負責人徐名鴻（在文中化名為「鴻」），也可以看到曾任國民政府鐵路局長、與魯迅關係緊張的文壇狂士林庚白，還可以看到進步左翼作家白薇、丁玲和當時親共民主人士柳亞子。「一‧二八」淞滬抗戰結束以後，由蔣光鼐、蔡廷鍇領導的國民革命軍第十九路軍退回福建並在閩西建立新社會，堅持反對蔣介石對日妥協的態度的主要政治立場，在北新書局版《女兵十年》第六章〈在動盪中〉倒數第二篇《民眾大會》中，謝冰瑩記錄了在福建省寧德市古田縣參加民眾大會的經歷：「在古田，我們參加了一次民眾大會。蔡廷鍇將軍由龍巖來到古田了，他們提出來一個新的口號：『打到東北去！』他們沒有忘記『一二八』的血痕，隨時隨地都在發動民眾抗日，這次到古田來，也是為的要喚醒古田的民眾認識日本帝國是我們中國唯一的大敵人……」〔註 44〕，讓民眾認識到反日的必要性並認同日本是我們中國唯一敵人正是當時十九路軍在閩西人民群眾之間的基本政治思想。

　　關於在福建這一時段的生活情況，謝冰瑩在北新書局版《女兵十年》中有著比較清晰的記錄，儘管作家並沒有將特殊歷史時期詳實具體的關鍵信息完全暴露，但從這本書第六章的幾篇文章中可以大致勾勒出閩變時期謝冰瑩的主要經歷和遭遇，也能夠從臺北力行書局版對這部分材料的大幅度刪改透析出這段時期作家身處環境的複雜性。作家在第六章〈在動盪中〉的第四篇《沒有目的底旅行》的開篇回憶了自己隨十九路軍退守福建的初期情境：「我又開始過漂流的生活了。十九路軍退回了福建之後，他們在閩西建設了一個新的社會，這是過去＊軍的根據地，他們曾在這兒盤踞了整整四年，小航和鴻要我去參觀一次，我抱著一個旅行的目的答應了他們，就在這年的四月旅行到了閩西一個偏僻的縣城——龍巖。」〔註 45〕龍巖是中國革命老區和中央蘇區的組成部分，也是長征出發地之一，第十九路軍退守閩西之前，這裡是

〔註 42〕謝冰瑩：《女兵十年》，上海：北新書局，1947 年，頁 124。
〔註 43〕謝冰瑩：《女兵十年》，上海：北新書局，1947 年，頁 124。
〔註 44〕謝冰瑩：《女兵十年》，上海：北新書局，1947 年，頁 149。
〔註 45〕謝冰瑩：《女兵十年》，上海：北新書局，1947 年，頁 130。

中國共產黨工農紅軍的閩西根據地，其七個縣（市、區）均為中央蘇區縣，因此這裡作家寫的「＊軍根據地」指的就是「紅軍閩西根據地」。而臺北力行書局版將首段回憶性文字僅縮改為一句話「誰會料到呢？我居然跑到閩西的龍巖來了」〔註46〕，刪去了自己是跟隨十九路軍退守福建的細節。在北新書局版同篇文章的同一頁還介紹了此時負責福建十九路軍工作的幾個核心人物：「那時候，在這兒負主要責任的是蔡廷鍇將軍，鴻是閩西善後委員會的負責人，他已經生了個男孩，太太也是廣東人，曾做過看護。」〔註47〕而臺版刪去蔡廷鍇將軍為「閩西政府負責人」和徐名鴻為「善後委員曾負責人」兩處信息，改為「那時候，鴻也在這裡做事，他已經和一位廣東護士小姐結了婚，而且生了個可愛的男孩。」〔註48〕徐名鴻與當時為十九路軍女護士的廣東豐順籍同鄉黃郁青結婚，他因曾經在北伐時期加入共產黨而被任命作為與中央紅軍談判的代表，於1933年10月期間到達江西瑞金與中國工農紅軍領導人毛澤東等人簽訂反日反蔣的初步協定，因此當時蔡廷鍇、徐名鴻所代表的閩西國民革命軍是與曾在閩西根據地的中國工農紅軍站在同一戰線上的。而謝冰瑩作為徐名鴻的故交也曾擔任過「福建人民政府」的「婦女部長」，在第六章〈在動盪中〉的第五篇《跛子校長》開篇一段中，作家談到自己在閩西龍巖市的時候曾有一次秘密的升職：「會裏早已發表我做科長，因為怕我不答應，又加之初來到龍巖，應該讓我休息幾天，所以沒有告訴我」〔註49〕的事情，隱晦暗指自己擔任「婦女部長」一事，而在該書第七章〈海濱故人〉末篇《意外之災》中，作家又一次談到自己當初去福建的原因時候，提及有人質疑自己「人民政府的婦女部長」的身分，同時在文中清楚地表露出自己無黨派的政治立場：「到福建去，完全因為我過去受的刺激太深……而且來到福建，原來沒有一定目的……沒想到一些戴著有色眼鏡的人，竟造出無稽之謠來，說我是什麼社會民主黨，人民政府的婦女部長。其實呢？我還是我，既沒有加入任何黨派，更沒有當過什麼部長，只是一個廈門中學的教員而已。」〔註50〕值得注意的是，作家在文章中的這一番暴露心聲的自白有兩個目的，一是解釋自己不是「社會民主黨」，即與中國共產黨已經沒有黨派從屬關係；二是解釋自

〔註46〕謝冰瑩：《女兵自傳》，臺北：力行書局，1956年，頁241。
〔註47〕謝冰瑩：《女兵十年》，上海：北新書局，1947年，頁130。
〔註48〕謝冰瑩：《女兵自傳》，臺北：力行書局，1956年，頁241。
〔註49〕謝冰瑩：《女兵十年》，上海：北新書局，1947年，頁132。
〔註50〕謝冰瑩：《女兵十年》，上海：北新書局，1947年，頁165。

己不是「人民政府的婦女部長」，即表示自己並沒有參與閩變的實際工作，以此來表示自己當時是很清白的，不應該在蔣介石鎮壓福建事變時候受到政治牽連。當時的政府秘書長徐名鴻差人送信給謝冰瑩，讓她即日離開廈門。儘管作家認為自己沒有參加過他們的工作，與之絲毫不相干，沒理由偷偷逃走，但最後仍在廈門中學校長的勸告和護送下於1934年春悄悄乘船離開廈門去往上海。

　　在該書第八章〈再渡扶桑〉首篇《謠》中，作家表示自己在來到上海以後隨著情勢越來越嚴重，又得知「申報上一批通緝閩變分子的名單裏面有我的名字在內」，素來對她關照有加的柳亞子先生勸她：「你還是趕快躲避一下吧。最近的局勢緊張得很，你雖然並沒有參加過他們的組織，但你過去曾參加過十九路軍的抗戰工作，而且又去龍巖跑了一趟，你究竟是個年輕人，你不懂社會上的許多花樣，明知你是冤枉，但在這個時候，是沒有人和你講理的。你不能在上海久住，還是悄悄地回到你的故鄉去休息一個時期再出來吧。」〔註51〕因此謝冰瑩沒有在上海久留，很快返回老家湖南長沙安心休養。將前述這三處細節結合在一起，我們可以拼湊出謝冰瑩曾經在閩西被晉升為福建人民政府婦女部長一職的事實情況，而且在閩變失敗後身為中學老師的她仍然因此受到政治牽連，謝冰瑩的自我辯白其實是基本屬實的，根據前文所述，在1931年她離開北方左聯時候已經被共產黨除名，在事實上與共產黨組織沒有政治意義上的黨派從屬關係，但是在第六章倒數第三篇《土皇帝》中，作家寫到自己在閩西古田時候曾結識當地一位農民領袖，也就是在閩西特區被稱為「土皇帝」的傅伯翠先生，「他本是農民出身，一字不識，但他生來就有一副慈悲心腸。他的思想是屬於社會主義的，可是他並不主張用激烈的手段來槍殺地主，沒收土地，他是主張用和平的手段來解決社會一切糾紛的……在他的鎮上，早已實行了平均地權，耕者有其田的主義，而且沒有一個人（不論男女老幼，富農，貧農，佃農）不擁護他的，說得過火一點，他在古田，人們簡直是把他比做神……＊軍在這裡時，也不敢攻擊他，儘量和他拉攏……」〔註52〕，這裡作家又一次以「＊軍」替代「中國工農紅軍」來儘量避免自己的文字中出現與中共直接相關的字句，但是「土皇帝」本人秉持的社會主義理想和平均地權理念都與中共不謀而合。也就是說，雖然1931年以後謝冰瑩已被共產黨除名，但是閩西時期她所跟隨的國民革命軍十九路軍是與中國工

〔註51〕謝冰瑩：《女兵十年》，上海：北新書局，1947年，頁173～174。
〔註52〕謝冰瑩：《女兵十年》，上海：北新書局，1947年，頁142。

農紅軍之間達成反蔣抗日的統一陣線的，在閩西當地接觸的人和事也與紅色革命在有著比較密切的精神聯繫。除此之外，有材料表示謝冰瑩在自己不知情的狀態下秘密地「被出任」為所謂的「婦女部長」很可能只是閒職：「謝冰瑩出任婦女部長之職，完全由徐名鴻一手操辦，即僅是由徐向『政府』的主要領導人請示後補充設立，且記錄在案的虛職而已。據考證，當時謝冰瑩實際上沒有真正參與『福建事變』的活動。」〔註53〕但是，在臺北力行書局版作家還是非常謹慎地刪掉了《跛子校長》中關於閩變升職這一部分細節的表述，不僅刪掉了《土皇帝》、《民眾大會》、《別矣古田》這三篇涉及中國⊥農紅軍精神理念的人物和事件的文章，而且也刪掉了《意外之災》和《謠》這兩篇僅涉及此時個人生活經歷的文章，並增加《再渡扶桑》一篇，用寥寥幾語寫道：「在廈門中學只過了半年的安定生活，又是一個意想不到的風浪襲來了。我負著莫須有的罪名，含著悲憤，離開了使我留戀的廈門和三百多個天真可愛的學生」〔註54〕，將閩變時段作家因政治風波而於多地辛苦輾轉的經歷用非常混模糊的字句覆蓋起來。

　　1935 年 5 月，謝冰瑩再次東渡日本東京，進入早稻田大學文學院學習，師從日本作家本間久雄。作家在北新書局版《女兵十年》第八章〈再渡扶桑〉的第三篇《公開的秘密》中寫到了在日學習時兩個值得注意的細節，一是作家在青年會聽陳文瀾講授左翼作家短篇小說集《我們的成果》的小說課程，二是作家與導師本間久雄之間曾有一段關於白克夫人《大地》小說描寫中農村的飢餓到了極點，不得已只好殺掉一頭老耕牛的細節並不符合農村真實情況的探討，小說中原是這樣寫的：「太太阿蘭就用菜刀在牛的頸子上一割就死了，立刻她把牛皮剝了，一家人把所有的肉，肝肺，腸肚⋯⋯吃得精光」〔註55〕，謝冰瑩認為「從表面上看來，她描寫得的確很細膩，但是未免形容過火。一條老耕牛那麼大，幾個人怎麼一下吃得完呢？尤其以阿蘭一個弱女子決不能殺死一條牛⋯⋯非有人幫忙不可⋯⋯看到這些也許完全由想像而構成的描寫時，我覺得一個作家無論對一件什麼事情，非親自經歷或者親自觀察不可。」〔註56〕臺北力行書局版雖然將這篇文章中關於跟隨本間久雄求學的知識性介

〔註53〕黃羨章：《潮汕民國人物評傳》，廣州：廣東人民出版社，2008 年，頁 119。
〔註54〕謝冰瑩：《女兵自傳》，臺北：力行書局，1956 年，頁 155。
〔註55〕謝冰瑩：《女兵十年》，上海：北新書局，1947 年，頁 179。
〔註56〕謝冰瑩：《女兵十年》，上海：北新書局，1947 年，頁 180～181。

紹部分融入補寫的〈再渡扶桑〉一文中，卻將前述這兩個細節刪掉了。1947年北新書局版這兩處細節展示出作家在 1935 年再渡日本的時候，儘管經歷了幾年間政治局勢波動帶來個人思想的劇烈震盪，但仍然對左翼作家作品和 30年代左翼作家非常關心的農民生活和農村題材小說的真實性問題保持很高的文學敏感和熱情。1936 年 4 月，謝冰瑩在日本偵探兩三次來訪詢問她是否要參與歡迎「滿洲國」皇帝溥儀來日的活動時候嚴詞拒絕，怒斥「我不但不去歡迎，而且根本反對他，根本不承認有什麼『滿洲國』。」〔註57〕因此激怒日本當局，於 12 日晚將謝冰瑩非法逮捕至目黑區員警署關押三星期，受到了非人的折磨和虐待。在第八章〈再渡扶桑〉末篇《脫逃》中，作家提到自己關入日本獄中以後，日本方面媒體是如何為自己加上「合理」罪名的：「關於我坐牢的事，日本帝國主義者不但在他們本國的每一家報紙上故意大肆宣傳，說我如何如何，是國際社會主義者的活動份子，他還想把我置之於死地，所以把這消息發到上海，結果上海的各報，也都登載著這個新聞。」〔註58〕在臺北力行書局版中，作者將「是國際社會主義者的活動份子」這一暗示自己當時的罪名是被懷疑為共產黨組織成員的半句替換為為「他不說我是為了愛國，故意加我一個反動的罪名」〔註59〕。由此可以看出，在 1956 年去臺以後版本對上述這幾處細節的修改暴露出了作家在遷臺以後對自己曾經表露出對左翼革命活動的關注進行有意地模糊化處理，而且故意遮蔽了自己在日本入獄時被日媒冠以「社會主義活動者」的罪名大肆宣傳的事實。1936 年 5 月，在柳亞子先生和日華協會同仁的幫助下，謝冰瑩從日本東京重返祖國大陸，經過上海，取道香港回到桂林三哥那裡去休養一段時間。在《女兵十年》第八章〈再渡扶桑〉的末篇《脫逃》中，記錄了當時上海對作家來說並不是久居之處的原因：「有一部分人不但不同情我的遭遇，不瞭解我的坐牢是為了『愛國』，卻像日本軍閥似的用一種敵視的眼光加在我的身上，於是我只好迅速地離開了上海。」〔註60〕臺版將這段能夠代表作家二次東渡日本前後上海環境的劇烈變動的描述性細節刪掉。

　　1937 年 7 月抗戰爆發，謝冰瑩尚未從母親離世父親重病的接連打擊中恢

〔註57〕謝冰瑩：《女兵十年》，上海：北新書局，1947 年，頁 186。
〔註58〕謝冰瑩：《女兵十年》，上海：北新書局，1947 年，頁 188。
〔註59〕謝冰瑩：《女兵自傳》，臺北：力行書局，1956 年，頁 258。
〔註60〕謝冰瑩：《女兵十年》，上海：北新書局，1947 年，頁 188。

復過來，就在 9 月 14 日趕赴長沙發動婦女到前線為傷兵服務，在四天內組織成立「湖南婦女戰地服務團」，最初成員為 17 人，兵分四組跟隨國民革命軍第四軍奔赴淞滬會戰前線。9 月 19 日帶領服務團成員隨第四軍赴嘉定並參與五十九師、九十師的野戰醫院工作。當時與謝冰瑩並肩組織戰地服務團的著名女作家還有率領「西北戰地服務團」的丁玲和組織「上海勞動婦女戰地服務團」的胡蘭畦。11 月 12 日奉旨離開嘉定同傷兵一道退守蘇州，經歷了三天三夜的大轟炸後又奉命撤退無錫，停了兩天又退常州，幾乎未作整修便繼續退到鎮江，最後退到南京，又在當日乘船逃難似的回到漢口。在北新書局版《女兵自傳》第十章〈在烽火中〉的第一篇〈出發〉裏面，作家勾描了湖南婦女戰地服務團隨軍奮戰在前線時候激動人心的場面：「我們都穿著灰色軍服，打裹腿，青色鞋襪，一切都是自備……長沙怒吼了！每天晚上收音機放送著戰事和雄壯的義勇軍進行曲……我高舉著鮮紅的團旗，走在隊伍的最前面，我們十七個人人聲唱著義勇軍進行曲……一同叫著：『打倒日本帝國主義，中華民族解放萬歲……』的口號。」〔註 61〕然而，在 1956 年臺北力行書局版中作家對這一段做了全面的修正，將前一處「義勇軍進行曲」改為「進行曲」，將「鮮紅的團旗」改為「國旗」，將後一處「義勇軍進行曲」改為「抗戰歌曲」，將「中華民族解放萬歲」的口號改為「中華民國萬歲」〔註 62〕。又在同一章第四篇《我們的生活》中呈現了湖南婦女戰地服務團工作檢討會議的開展過程：「在工作檢討會議席上，和自我批評的時候，我們是這麼毫不客氣地用最嚴肅的態度來檢討每一個人的思想，言語，行動，有時批評得太過火了，甚至使對方大哭起來，但我們並不因此而對這個同志寬容；相反地，我們還要責備她：『革命者是只流血不流淚的！』」〔註 63〕臺北力行書局版改為「在工作檢討會議席上，我們是這麼不客氣地用最嚴肅的態度來檢討每一個人的言語，行動；有時批評得太過火了，甚至使對方大哭起來」〔註 64〕，刪去「自我批評」、「並不因此對同志寬容」、「革命者是只流血不流淚的」等字句。根據前述關於謝冰瑩帶領湖南婦女戰地服務團參與抗日活動過程的篇目細節的修改，我們可以看到遷臺以後的作家不僅審慎地隱匿了與社會主義革命直接

〔註 61〕謝冰瑩：《女兵十年》，上海：北新書局，1947 年，頁 213。
〔註 62〕謝冰瑩：《女兵自傳》，臺北：力行書局，1956 年，頁 268
〔註 63〕謝冰瑩：《女兵十年》，上海：北新書局，1947 年，頁 220。
〔註 64〕謝冰瑩：《女兵自傳》，臺北：力行書局，1956 年，頁 273。

相關的全部的敏感語詞，而且將其中的部分巧妙地置換為能夠體現新的國民革命意識形態的字句，通過修改將舊文賦予了新的意識形態意味。

1938 年年初，謝冰瑩應南京新民報負責人陳銘德先生邀請，去重慶編寫短時期的副刊——《血潮》，後因不滿足於居於後方同眾多文人一起組織文化工作，而應那時在第五戰區司令長官部任職的三哥之邀，重返徐州臺兒莊前線參與抗戰工作，在臺兒莊戰爭局勢變化後隨著十一集團軍總部又回到了漢口，暫住在十一集團軍的辦事處。1939 年春，謝冰瑩重返重慶，並帶領十二個女青年參加了前文提到過的後勤部和重慶基督教負傷將士服務協會合辦的傷兵招待所的工作。1940 年初，到西安籌備創辦西北國統區大型文藝刊物《黃河》月刊，並與賈伊箴結為夫妻。1948 年，應臺灣師範學院（今國立臺灣師範大學）的邀請聘任，攜丈夫赴臺灣任教。1957 年 7 月，攜小女兒賈文蓉赴馬來西亞太平華聯高中國文科任教，從事漢語教學 3 年後重返臺灣。1974 年秋，謝冰瑩同丈夫一起定居美國三藩市，在讀書與寫作中安度晚年生活，直至 2000 年與世長辭。

綜上所述，謝冰瑩的思想是伴隨她的政治遭遇而逐漸發生變化的，倘若我們將她的思想變化軌跡簡略復述一番，大略會得到這樣的線索：謝冰瑩早年積極參與天津、北平左翼文藝活動和多地地下黨組織活動的共產黨員，到1931 年因成為籌備處份子而被黨組織除名，但在 1931 年到 1932 年間仍然沒有脫離上海、東京等地方左聯的進步活動，「一・二八」事變後隨與中國工農紅軍達成統一目標的國民革命軍第十九路軍在福建組織開展反蔣抗日活動，仍然保持著與中共比較一致的思想動向，但在 1937 年抗戰爆發後組織湖南婦女戰地服務團跟隨國民革命軍第四軍繼續奮戰在抗戰前線，1939 年作為國民政府陣營一員負責重慶地方基督教負傷將士服務協會積極配合抗日戰爭後援活動，1940 年後在西北國統區組織籌備文化宣傳工作，並與一貫反共的賈伊箴結為夫婦，後於 1948 年兩人結伴赴臺。後期謝冰瑩一改早年的思想認識，不僅矢口否認年輕時期參與中共革命和共產黨組織的經歷，而且抗拒承認自己在早些版本的作品中呈現出的關於工農紅軍的意識形態細節的真實性，思想變化的程度和情況我們可以通過後文對不同版本《女兵自傳》之間修改和增補的具體對比分析來進一步把握和瞭解。

第二節　隱性懷鄉散文《女兵自傳》的多重面貌

　　在學界的普遍研究視野中，《女兵自傳》屬於作家謝冰瑩創作於中國大陸1930年代的自傳體回憶性散文，其創作以作家隨軍北伐的女兵經歷為背景，這種立足於是時生存空間的寫作與一般意義上的懷鄉書寫存在距離。倘若純粹以1936年上海良友版的《一個女兵的自傳》和1946年紅藍出版社版的《女兵十年》兩部初版本散文作品為對象，的確難以簡單將其劃歸為懷鄉性敘事作品，但是當我們將1949年上海晨光版本與1956年臺北力行書局版本的《女兵自傳》納入到研究視閾中來的時候，我們就可以看到自作家1948年遷臺以後，對早年立足於中國大陸進行的回憶性散文寫作做出了具體事實性與思想感受性細節等多處重大改動，作家因遷臺而出現時間與空間的措置，進而以新的作家心態和思想認識對原本注重自我真實性表露的回憶性散文做出想像性修飾，在這個意義上來看，《女兵自傳》其實就是一種隱性的懷鄉敘事模本，它的修改方式也就是作家想像故土方式變遷的投影。

　　追述謝冰瑩的自傳體散文《女兵自傳》的成書過程頗為曲折，作家在上卷初版本序言中也回憶道：「這本書正如我的命運似的多災多難，它是這樣地難產，論起時間來的確有點驚人，在六年前就已經寫好小學時代和中學時代的生活了」，但那時我絕沒有想到要出什麼自傳的。」〔註65〕正如作家自述，謝冰瑩在1930年代初以「冰瑩」為筆名於雜誌發表系列信筆短文，後經過較大增刪與修改最終整理成為上卷初版本的部分章節篇目，如《讀書月刊》1931年第3期發表〈我幼時的學校生活〉，後改為第二章〈小學時代〉的第二篇《近視眼先生》；《讀書月刊》1931年第3卷第5期發表《我的少年時代生活的一斷片》，後改為第六章〈飄流〉的第二篇《小學教員》；又如《現代學生》1932年第6期發表《我的中學生生活》，後修改為第三章〈中學時代〉；《燈塔》1934年第1期發表《兩個逃亡底女性》，後改為第六章〈飄流〉的第三篇《恐怖之夜》。自1935年起，謝冰瑩在《人間世》、《宇宙風》、《逸經》等多個雜誌連載系列文章，而後幾乎未經過多修訂而成為初版本的其他重要章節篇目，如《被母親關起來了！（一）（自傳之一章）》、《被母親關起來了！（二）》、《被母親關起來了！（三）》分別發表於《人間世》1935年第20、21、22期，後成為第五章〈家庭監獄〉的第二篇《被母親關起來了》；如〈第二次逃亡〉、

〔註65〕謝冰瑩：〈寫在前面〉，選自《一個女兵的自傳》，上海：上海良友圖書印刷公司，1936年，頁01。

〈第三次逃奔〉分別發表於《人間世》1935 年第 27、28 期〔註66〕，後成為第五章〈家庭監獄〉的第八篇、第九篇；如《自傳之一章》發表於《宇宙風》1936 年第 14 期，後成為第一章〈幼年時代〉的前兩篇，即《祖母告訴我的故事》、《我的家庭》；《一個女兵的自傳（一）》、《一個女兵的自傳（二）》分別發表於《宇宙風》1936 年第 15、16 期，後成為第一章〈幼年時代〉的後四篇，即《黃金的兒童時代》、〈採茶女〉、《紡紗的姑娘》、《痛苦的第一聲》；〈當兵去〉，發表於《宇宙風》1936 年第 17 期，後成為第四章〈從軍時代〉的第一篇；如〈夜間行軍〉，發表於《逸經》1936 年第 4 期，後成為第四章〈從軍時代〉的第十一篇。

　　1936 年 7 月 15 日，《一個女兵的自傳》作為由趙家璧編寫的《良友文學叢書》第二十七種，由上海良友圖書印刷公司出版，這也就是後來所通行的《女兵自傳》的上卷部分的初版本，這一版本於 1937 年 6 月 15 日由上海良友圖書印刷公司再版，除了裝幀外，內文並未作修改。1943 年 9 月，轉由桂林良友復興圖書印刷公司重新出版。而後來所通行的《女兵自傳》的中卷部分於 1946 年 4 月由作家本人在遷臺作家王藍和太太袁涓秋合辦的重慶紅藍出版社漢口分社自行出版初版本，書名為《女兵十年》，由於初版本是作家向友人借錢自費印刷的，因此只發行了三千冊〔註67〕，同年 9 月在重慶紅藍出版社北平分社再版〔註68〕，1947 年於上海北新書局三版，幾乎原樣照紅藍出版社版翻印，連原勘誤表也一併未改附於文末。1949 年上海晨光出版公司徵得作家本人同意，收回了上中兩卷的版權並合在一起重排出版，定名為《女兵自傳》。1949 年謝冰瑩隨國民黨政府遷臺後，《女兵自傳》便同作家一道從大陸文學環境中淡出轉而進入臺灣文學場域。1956 年，《女兵自傳》的臺灣初版本由臺北力行書局出版，而後再版十餘次。1980 年，由臺灣東大圖書出版

〔註66〕值得注意的是，據陳思廣的〈《女兵自傳》是這樣寫成的〉·《中華讀書報》，2013 年 7 月 10 日第 014 版指出，謝冰瑩的文章〈逃亡〉（即：〈第一次逃奔〉、〈第二次逃亡〉、〈第三次逃奔〉刊於 1935 年 4 月 20 日～5 月 20 日《人間世》第 26～28 期）；據李夫澤著《從「女兵」到教授──謝冰瑩傳》，長沙：湖南人民出版社 2004 年版，第 328 頁指出，謝冰瑩的文章名為〈逃亡〉發表於 1935 年 3 月 20 日《人間世》第 24 期。而筆者查閱 23～28 期的《人間世》並未查到這篇〈逃亡〉，因此這篇文章的情況還有待進一步考證。

〔註67〕謝冰瑩：《女兵十年》，上海：北新書局，1947 年，頁 1。

〔註68〕謝冰瑩：〈女兵自傳新序〉，選自《女兵自傳》，上海：上海晨光出版社，1949 年。

集團重新出版，裝幀和排版都做了較大改變，但內文並未做太大修訂。1985年，在謝冰瑩的故交魏中天等人的不懈努力之下，終於由四川文藝出版社出版了新時期第一版《女兵自傳》，使得這本見證著兩岸歷史變遷的作品以新的面貌重回大陸，而後中國大陸出版界關於這本書的多種選本以及謝冰瑩的其他散文小說作品也如雨後春筍般層出不窮了。

　　政治歷史的震盪必然帶來身處其中的作家思想和心態的波動，作家思想的變化過程也必然會在她不同時期的作品和同一作品在不同時期的版本中留下或顯性或隱微的痕跡。本文主要以《一個女兵的自傳》（1936年上海良友版、1943年桂林良友版），《女兵十年》（1947年上海北新書局版），《女兵自傳》（1949年上海晨光版、1956年臺北力行書局版）這幾個不同版本的增刪與修訂為研究對象，其內文修改情況在後文會做進一步地專門詳述，因此在這裡僅較為籠統地離析這幾個版本在章節和篇目方面的修改概況。

　　北伐時期，謝冰瑩曾以左翼進步人士身分參與北方左聯活動，1929年光明書局初版本《從軍日記》作為她的早期作品，充分體現了謝冰瑩的左翼社會主義革命進步思想，涉及到她以共產黨員身分組織或參加的多次公開或秘密活動。隨著社會局勢的變化，謝冰瑩前期積極參與左翼活動的革命態度也出現了微妙的震盪，當1931年末她離開北平而來到上海以後，謝冰瑩開始對左翼文藝運動逐漸冷淡，繼而與左翼陣營關係也逐漸疏遠。1936年初版的《女兵自傳》與《從軍日記》相比，已經部分褪掉了早期左翼思想的鋒芒，轉而以一種相對隱秘和婉轉的方式表達她對於當時革命運動的理解。謝冰瑩在初版本前言〈寫在前面〉中委婉地表示了自己由於環境限縮的無可奈何：「很想把自己那次演傀儡戲的經歷（筆者注：即第四次逃奔）也寫點出來，但為了某種環境所限制，只好留待將來再補寫。我最佩服《鄧肯自傳》和《大地的女兒》，她們那種大膽的赤裸裸的描寫，的確是珍貴的不可多得的寫實之作。然而中國的環境不比歐美，甚至連日本都不如……但我並不害怕，我將照著自己的膽量寫下去，不怕社會的詆謗與攻擊，我寫我的，管他幹什麼呢？……更努力創作有力的作品，獻給這將要到來的偉大底新時代！」〔註69〕1943年桂林良友版本的《一個女兵的自傳》與初版本相比，在篇目上刪掉了原第三章〈中學時代〉的第一篇〈鬥爭生活的開始〉一文，這篇文章講述的是「六

〔註69〕謝冰瑩：〈寫在前面〉，選自《一個女兵的自傳》，上海：上海良友圖書印刷公司，1936年，頁1。

一」慘案發生的第二天謝冰瑩與革命同伴開展遊行示威的經過；又刪掉了第六章〈飄流〉的四篇文章，儘管乍一看來這種刪改是同該版本封面換去初版本時使用的作者的戎裝照一樣，並「不知什麼原因」〔註70〕，但只要仔細比對閱讀即可發現，這種封面設計、篇目選擇和內文增刪的修改都向我們傳遞了這一時期謝冰瑩思想認識的變動，後文將展開詳述。

　　1946 年初版的中卷《女兵十年》因與上卷初版本相隔十年之久而呈現出更加隱晦的行文語言風格，謝冰瑩在 1947 年北新書局三版前言中婉言十年間國家政治局勢和環境的動盪：「國家經歷了一次空前，也許是絕後的災難，我也嘗盡了人間的艱難困苦。在十年的悠長歲月裏，該有多少可歌可泣的人間故事值得描述，值得歌頌的」〔註71〕，時代的變動給作家帶來了沉痛的創傷，而正是這些創傷為她中卷的創作增加了難度：「我過去的遭遇，有幾個時期實在太苦太慘，我來寫它，等於又要我重新再嘗一次那種生活的味道，未免太殘酷了！這是《女兵十年》遲遲到今年四月纔在漢口出版的原因。」〔註72〕作家在中卷的謀篇布局方面儘量努力與上卷保持連貫，比如上卷的末篇為〈一個奇異的茶房〉，作家為了「便於讀者銜接下文」，而在中卷開篇「特地加寫了〈最緊張的一夜〉」；又如上卷只寫到〈第三次逃奔〉為止，作家在中卷補寫了〈第四次逃奔〉，並解釋「第四次逃奔，本來也該在第一集發表的，但為了當時的印象太鮮明，寫來未免使精神上受刺激，所以特地留到現在纔發表。」〔註73〕至於行文的欲言又止則正如有學者指出的那樣：「一九四六年，在《女兵十年》中，她甚至連參加過左聯和福建人民政府的活動，都諱莫如深了。」〔註74〕隨著革命局勢的風起雲湧，身處其中的作家也面臨著許多因身不由己而不得不做出的規避與沉默。作家在 1949 年上海晨光版本的《女兵自傳》序言中表示：「這兩卷書都經過我仔細修改了一遍，增刪的地方很多」〔註75〕，不過由於這一版本與中卷出版時間間隔較短，因此對中卷的內容修改不多，但是由於與上卷初版本間隔時間十餘年，作家對許多問題的看法和理解都有

〔註70〕陳思廣：〈《女兵自傳》是這樣寫成的〉，《中華讀書報》，2013 年 7 月 10 日第014 版。

〔註71〕謝冰瑩：《女兵十年》，上海：北新書局，1947 年，序言。

〔註72〕謝冰瑩：《女兵十年》，上海：北新書局，1947 年，序言。

〔註73〕謝冰瑩：《女兵十年》，上海：北新書局，1947 年，頁 1。

〔註74〕劉嘉谷：〈謝冰瑩研究札記〉，《中國文學研究》，1987 年，頁 110。

〔註75〕謝冰瑩：〈女兵自傳新序〉，選自《女兵自傳》，上海：上海晨光出版社，1949年。

了很大變動，因此不僅在篇目上與桂林良友版一樣刪掉了原第三章〈中學時代〉的第一篇〈鬥爭生活的開始〉，而且刪掉了原第四章〈從軍時代〉中講述農民批鬥土豪劣紳的第十篇〈三個老囚犯〉，除此之外，內文中也有多處重要細節的修改。

　　謝冰瑩攜《女兵自傳》從大陸輾轉至臺灣後，作家本人出於對書中涉及到相對敏感的革命政治事件以及透露出她個人早期共產黨員身分的顧慮，因此《女兵自傳》的臺版本並未馬上得以出版。1956 年臺版初版本終於與讀者見面，作家在臺版序言中寫道：「近年來，許多朋友——尤其是青年朋友，希望我將本書在臺出版，我因顧到許多困難，老沒有勇氣重印；等到讀了幾冊『代印本』，內容錯誤百出，這纔下決心整理這部書，願意以它的本來面目與讀者相見。」〔註76〕通過比較閱讀不難發現，1956 年臺版初版本與大陸上卷及中卷初版本相比僅在篇目上的改動就很多。首先，在整體布局方面，臺版《女兵自傳》把大陸版本原有的上卷六章、下卷十章的章節劃分及章節名稱取消，只留篇目名稱。排列順序方面，除了將原中卷篇目〈第四次逃奔〉挪至原上卷篇目〈第三次逃奔〉以後，保持了敘述的連貫性之外，大體上仍然按照上卷和下卷的原有排列順序行义。其次，將部分篇目名稱做了或大或小的更動。其中上卷篇目方面：原第一章〈幼年時代〉的第四篇〈採茶女〉更名為〈採花女〉，但內文題目未改；原第二章〈少年時代〉的第一篇〈我幼時的學校生活〉更名為〈我進了私塾〉；原第六章〈飄流〉的第四篇〈奇異的茶房〉更名為〈奇遇〉。中卷篇目方面：原第一章〈來到了上海〉第四篇〈第二次入獄〉改名為〈入獄〉；原第二章〈窮困的大學生活〉的第五篇〈解散之後〉改名為〈學校被封了〉；原第三章〈在痛苦中掙扎〉的第三篇〈探獄〉改名為〈探監〉；原第四章〈南歸〉的第四篇〈母親的心〉改名為〈慈母心〉；原第六章〈在動盪中〉第四篇〈沒有目的底旅行〉改名為〈閩西之行〉；原第七章〈海濱故人〉的第一篇〈海濱之戀〉改名為〈海戀〉；原第八章〈再渡扶桑〉的第五篇〈第三次入獄〉更名為〈在日本獄中〉；原第九章〈母親的死〉的第三篇〈歸來〉改名為〈開始寫自傳〉；原第十章〈在烽火中〉的第一篇〈出發〉更名為〈忠孝不能兩全〉。第三，刪掉了部分篇目。其中上卷部分：原第三章〈中學時代〉刪掉第四篇〈同性愛的糾紛〉、第五篇〈情書貼在布告處〉、第七篇

〔註76〕謝冰瑩：〈女兵自傳臺版序〉，選自《女兵自傳》，臺北：力行書局，1956 年。

〈鬥爭生活的開始〉；原第四章〈從軍時代〉刪掉第六篇〈幾個不守紀律的男女兵〉、第七篇〈血的五月〉、第十篇〈三個老囚犯〉；原第五章〈家庭監獄〉刪掉第四篇〈朝南嶽〉；原第六章〈飄流〉刪掉第一篇〈入獄〉。中卷部分：原第一章〈來到了上海〉刪掉第二篇〈最緊張的一夜〉；原第六章〈在動盪中〉刪掉第三篇〈多難的三八〉、第六篇〈土皇帝〉、第七篇〈民眾大會〉、第八篇〈別矣古田〉；原第七章〈海濱故人〉刪掉第四篇〈意外之災〉；原第八章〈再渡扶桑〉刪掉第一篇〈謠〉、第二篇〈奧多摩的紅葉〉、第三篇〈公開的秘密〉、第四篇〈火山巡禮〉；原第九章〈母親的死〉刪掉第一篇〈桂林山水甲天下〉。第四，在刪掉部分篇目的基礎上，增加了其他篇目以保持行文的連貫性。上卷方面：增加〈這該不是夢吧？〉一篇，內容講述謝冰瑩從同學處得知自己的作品〈寄自嘉魚〉被林語堂先生譯為英文並在中央日報英文版上發表的喜悅心情；增加〈解除婚約〉一篇，內容是解釋第四次逃奔以後謝冰瑩的生存狀態，表示她與蕭明通信說服他解除婚約並在報紙上刊登啟事，逃出家以後暫時住在長沙的大哥和大嫂家裏。中卷方面：增加〈我愛作文〉一篇，講述自己初進女師大第一年國文老師上課要求學生們寫作文的經歷；增加〈再渡扶桑〉一篇，講述自己離開廈門中學第二次到日本留學，並以日本作家本間久雄做自己的導師。

　　這就是臺版《女兵自傳》相較於大陸版本在表層上的增刪狀態，謝冰瑩在序言中曾經解釋了自己對於臺灣出版的《女兵自傳》做出上述修改的因由，即「其中一部分描寫風景的文字，已經選在《冰瑩遊記》裏面了；還刪去了一些略帶遊戲性的文字，也增加了一些新的材料，在文字方面，比較過去似乎要精練一點」〔註77〕，顯見的是，作家的自我解釋並沒有針對具體篇目，倘若我們按照作家自述來努力歸類上述這些修改狀況，其中〈同性愛的糾紛〉、〈情書貼在布告處〉等篇屬於「略帶遊戲性的文字」，〈火山巡禮〉、〈桂林山水甲天下〉等篇屬於「描寫景物的文字」，〈這該不是夢吧？〉、〈解除婚約〉、〈我愛作文〉、〈再渡扶桑〉等篇屬於「增加了一些新材料」。按照作家本人自述回看篇目和章節上的修改情況，仍不能完全對應臺版本的全部變更，這正表明了其他無法歸類的變更背後隱藏著作家對於某些信息的選擇性呈現與遮蔽，而這些細節就是後文主要著力的切入點。

―――――――

〔註77〕謝冰瑩：〈女兵自傳臺版序〉，選自《女兵自傳》，臺北：力行書局，1956 年。

第三節　故土想像與家國記憶的交融

　　在前述關於謝冰瑩女兵作家身分與《女兵自傳》版本演變情況的論述基礎上，我們就可以相對容易進入不同版本修改情況的具體分析，其中上卷部分以 1936 年上海良友版《一個女兵的自傳》為底本，對照 1943 年桂林良友版、1949 年上海晨光版上卷章節部分內容以及 1956 年臺北力行書局版對應原上卷章節的篇目內容之間的差異性增刪情況；中卷部分以 1947 年北新書局版《女兵十年》為底本（因紅藍版未能找到，因此選擇與初版本內容完全一致的北新版作為代替），對照 1949 年上海晨光版中卷章節部分內容以及 1956 年臺北力行書局版對應原中卷章節的篇目內容之間的修改和變更狀態。

　　當我們將 1956 年臺北力行書局版的《女兵自傳》與 1936 年上海良友版、1943 年桂林良友版《一個女兵的自傳》、1947 年北新書局版本《女兵十年》和 1949 年上海晨光出版社版《女兵自傳》的內容對應起來，便可以發現大陸與臺灣版本之間仍存在著許多很多無法用作家人生經歷的時間線索來歸類或串聯的修改細節，概括來說主要有以下幾種方式，一是新舊環境的置換帶來作家生存空間和心態的變化，二是新舊宗教理念的差異而帶來認識的更動，三是對於意識形態相關細節的沉默和遮蔽，這一方面又有以下幾種表現形態，第一是對參與革命實踐活動時期個人的姓名身分和相關事件的包裹隱匿，第二是對與左翼革命活動密切相關的其他人物姓名和事件的有意模糊化處理，第三是刪去與中共革命相關的敏感詞語並在審慎隱匿社會主義革命語詞的基礎上，將原有意識形態巧妙置換為新的國民革命話語，以新的意識形態將其重新補全。

　　這些修改細節具有一定的共性，從表象上來看，本可以在 1949 年及以前的大陸版作品中出現的訊息在 1956 年臺版出版時候卻變成了諱言的敏感語彙，因此，面對謝冰瑩在遷臺前後多個版本的《女兵自傳》中對部分信息的選擇性呈現的時候，我們更應該追問作品中這些事出有因的沉默究竟背後想表達的是什麼內蘊，進而能夠勾描出時代洪流中的作家心態有怎樣微妙的震盪。

一、新舊環境帶來生存空間與心態的置換

（一）對過去生活細節的扭曲與遮蔽

　　《女兵自傳》中涉及很多作家個人的成長經歷與生活體驗，尤其是上卷

以幼年、小學、中學、從軍、逃婚、飄流這幾個重要的人生轉折時期為章節來
組織劃分篇目，充滿了謝冰瑩對於自我成長與認知過程的真實體悟，但是翻
閱不同版本涉及過去生活細節的文章時，卻發現作家在一些看上去似乎並無
明確修改意義的片斷處做了或多或少不易被人察覺的細微改動。比如在上卷
第一章〈幼年時代〉第一篇〈祖母告訴我的故事〉中，祖母懷抱著被母親痛打
的幼年謝冰瑩，回憶她出生時候母親的辛苦，上海良友版有這樣的描述：「誰
知這次生你經過一天一晚還是生不下」〔註78〕，桂林良友版也保持這樣的說
法，而在晨光版和臺北力行書局版中，作家將這一細節改為「三天三晚」和
「三天三夜」。與這一細節修改類似的還出現在第二章〈小學時代〉第二篇〈近
視眼先生〉中提及謝冰瑩父親的文人身分和著述數量時候，上海良友版與桂
林良友版寫道：「父親是一箇舊文學家（著書三十餘種）」〔註79〕，而上海晨
光版和臺北力行版改為「父親是一箇舊文學家（他有五十多種著作）」〔註80〕。
這兩處對於過去生活細節方面的修改都與數字有關，前者是母親難產的時間，
後者是父親著作的數量。雖然謝冰瑩母親難產的時間我們無法考證，但是她
父親的著作情況是有據可查的。謝冰瑩的父親謝玉芝譜名裔熏，字錫林，號
石鄰，清代光緒年間舉人，提倡舊學理念和傳統道德倫常，歷任新化資江、
武岡觀瀾、東安紫溪等書院山長，新華縣立中學校長等職，著作有《謝玉芝
鄉試朱卷》、《覆瓿文存》十一卷、《覆瓿文存二集》二卷、《覆瓿文存三集》八
卷、《修身教科書》五卷〔註81〕，共三十四卷本。由此可見，上海良友與桂林
良友版寫的父親「著書三十餘種」沒有知識性錯誤，為何在六年後出版的上
海晨光版中改為「五十多種著作」，並在臺版仍然沿用這種說法呢？一般來說，
自傳性文章創作時間的間隔愈久愈會增加回憶的不確定性，因此前兩版本與
後兩版本之間出現數字上的分歧，或許可以解釋為後兩版本出版時間較晚，
作家對往事的記憶模糊。但是我們也很可以推測，作家之所以刻意修改與自
己父母相關的細節，或許也是想藉此模糊自己的身世，通過製造錯誤的數字
信息為隱藏自我身分提供便利。

　　謝冰瑩還在第五章〈家庭監獄〉末篇〈第三次逃奔〉中，通過個別字眼

〔註78〕謝冰瑩：《一個女兵的自傳》，上海：上海良友圖書印刷公司，1936 年，頁 06。
〔註79〕謝冰瑩：《一個女兵的自傳》，上海：上海良友圖書印刷公司，1936 年，頁 39。
〔註80〕謝冰瑩：《女兵自傳》，臺北：力行書局，1956 年，頁 18。
〔註81〕尋霖，龔篤清：《湘人著述表 2》，長沙：嶽麓書社，2010 年，頁 1081～1082。

的修改模糊了過去生活的真實情形。文中描述作家第三次出逃被大哥和姐夫在一間鋪子門口攔下的時候，上海良友版與桂林良友版中寫道：「我立刻從懷裏取出早就預備好了的刺刀架在自己的頸項上」〔註82〕，而上海晨光版與臺版將「刺刀」改為「小刀」〔註83〕。這篇文章中關於作家最後仍然沒有被大哥和姐夫口頭勸服而終被武力壓制回家的細節也出現了多次反覆修改，上海良友版寫的是：「唯一的對付方法就是要那兩個預先雇好了的壯丁，用武力壓我回去！」〔註84〕，而桂林良友改為「用武力押我回去」〔註85〕，上海晨光版與臺版改為「用武力抬了我回去」〔註86〕。這種個別字眼上微妙的變動在給讀者帶來的閱讀感受方面卻激起巨浪。前兩版本文中，「我」拿著「刺刀」以死逼迫大哥和姐夫放「我」逃走，已經足以引人聯想起當時劍拔弩張的危急情形，而不論是「壓」還是「押」都是表示強制性的動詞，又帶有令人產生強烈脅迫感的心理效果，似乎「我」是作為這場激戰的失敗方的戰俘而被牢牢鎖上鐵鏈拷押回家庭監獄。但當在後兩個版本中經過修改以後，「我」是拿著「小刀」嚇弄大哥與姐夫放「我」逃走，逃走的決心和情勢的危急都大打折扣，進而兩個壯丁用武力「抬」我回去，更像是捉一個頑皮的小孩回家一樣，帶著輕鬆的玩鬧氣氛。可以說這兩個字眼上的修改，完全消解了作家懷著必死的決心再三逃婚的嚴肅性，而轉變為一場鬧劇似的游戲。此處修改能夠感受到作家經過時間的沉澱，對於自己年少時曾經激勵過許多青年男女的逃婚行為有了新的認識，謝冰瑩在民國60年8月29日一篇散文〈父親的遺囑〉中寫道：「我是個罪孽深重的人，是個不孝子。曾經為了出外求學和爭取婚姻自由，使父母痛斷肝腸。雖然後來兩位老人家都寬恕我了，既往不咎；可是我的心裏總覺得對不起他們，永遠有遺憾，永遠是個真正『有負於親』的罪人。」〔註87〕對自己當年行為的懊惱與悔恨，既是作家成熟以後真切體會父母辛苦的表現，也代表著作家對於自己早年勇於反抗包辦婚姻、積極參與革命實踐的進步活動的掩蓋與否定。

　　謝冰瑩對於過去生活細節的遮蔽還體現在第二章末篇〈在樓上示威〉中，

〔註82〕謝冰瑩：《一個女兵的自傳》，上海：上海良友圖書印刷公司，1936年，頁306。
〔註83〕謝冰瑩：《一個女兵的自傳》，桂林：桂林良友圖書印刷公司，1943年，頁222。
〔註84〕謝冰瑩：《一個女兵的自傳》，上海：上海良友圖書印刷公司，1936年，頁307。
〔註85〕謝冰瑩：《一個女兵的自傳》，桂林：桂林良友圖書印刷公司，1943年，頁302。
〔註86〕謝冰瑩：《女兵自傳》，臺北：力行書局，1956年，頁121。
〔註87〕謝冰瑩：《謝冰瑩文集·下》，合肥：安徽文藝出版社，1999年，頁69。

文章講到謝冰瑩去益陽信義女校念書時候性格開朗活潑，惹得同學和老師喜愛，上海良友版與桂林良友版中寫道：「同學們都稱我為快樂的王子」〔註88〕，而上海晨光版改為「快樂仙子」〔註89〕，臺北力行版進一步改為「戲稱我為神仙」〔註90〕。謝冰瑩從小表現出不同於一般女孩的性格剛毅耿直和叛逆倔強，而她在選擇從軍時期英姿颯爽的戎裝扮相也充滿陽性氣質，不僅如此，作家也曾在〈同性愛的糾紛〉一篇文章中回憶自己中小學時代與同性友人之間產生的模糊感情，在 1943 年 10 月 30 日於成都創作的散文〈平凡的半生〉中也回憶道自己「完全像個男孩，一點也沒有女孩的習氣，我喜歡混在男孩子裏面玩……我那時並不懂得什麼男女平等，只知道同樣是人，為什麼男人可以不穿耳不裹足，而這些苦刑只給我們女人受，男人有資格出外讀書，為什麼女人沒有呢？」〔註91〕換言之，早年的謝冰瑩是擁有男性氣質的女性，因此我們可以感受到儘管謝冰瑩作為女性作家，她的文學創作卻迴異於同時期其他女作家的溫婉陰柔。不過更重要的是，謝冰瑩這種模糊男女性別界限的性格和行為是建立在一種追求兩性平等的女性解放的無意識訴求基礎上的，也就是說，雖然作家自述當時並不知道何為所謂男女平等，但是她希望女人可以擁有和男人一樣不穿耳不裹腳、去讀書去從軍的平等權利，而作家本人也在自我性格的雕塑上以男性氣質來擦除女孩習氣。上海良友版與桂林良友版所寫的「快樂的王子」就是以男性來自比，但在上海晨光版將「王子」改為「仙子」卻很明顯將比喻對象的性別從男性轉為女性，而在臺北力行版不僅刪掉了涉及自己同性戀愛的文章〈同性愛的糾紛〉，而且將帶有性別區分意義的「王子」或「仙子」進一步改為無性別的「神仙」。這個細節的修改過程體現了作家從最初對自己心理帶有陽性氣質的性別的認同，轉變為努力用女性氣質語詞包裹自己，進而到完全模糊這種性別氣質的區分以掩蓋曾經自我意識的複雜變化過程，隨著時間的變化，作家似乎試圖將真實的自我用新的語詞遮蔽起來，建立一個去性別化的自我形象來與讀者保持距離。

（二）對過去生活心態的模糊化修飾

除了對涉及作家過去成長經歷的生活細節方面的修改以外，謝冰瑩也在

〔註88〕謝冰瑩：《一個女兵的自傳》，上海：上海良友圖書印刷公司，1936 年，頁 70。
〔註89〕謝冰瑩：《一個女兵的自傳》，桂林：桂林良友圖書印刷公司，1943 年，頁 53。
〔註90〕謝冰瑩：《女兵自傳》，臺北：力行書局，1956 年，頁 31。
〔註91〕謝冰瑩等：《女作家自傳選集》，上海：耕耘出版社，出版時間不詳，頁 224。

不同版本的《女兵自傳》中表現出對過去重要人生階段的心理狀態的塗改，這種修改以上海晨光版和臺北力行版兩個版本為主。比如作家在上卷第二章〈小學時代〉的第三篇〈未成功的自殺〉中寫道自己在和母親抗爭無果進而對於讀書完全絕望的時候，想到了以自殺來結束自己的生命，上海良友版、桂林良友版和上海晨光版中有這樣的表述：「在鄉村，我所知道的死法，只有以下幾種：（一）弔頸，（二）投河……第二投河的，肚子會被水漲得像鼓一般的大，而且會給男人脫出衣服把水抽出來，我不願這樣做。（可憐那時我的腦子裏已中了封建思想的毒！）」〔註92〕而在臺北力行書局版將作家以括弧補充說明自己對自我心態批判的一句話刪去。謝冰瑩這句括弧中的話原本針對的是，自己在對於和母親爭取讀書權利不得的絕望心境中想到了以死相逼，但是使得自己放棄尋思的既不是對於生存的渴望，也不是對於死亡的恐懼，而是由於淹死以後要被男人把衣服脫光而心生排斥。當然，這種幼稚的念頭被作家定義為「中封建思想的毒」未免過於侵染意識形態的味道，沒有考慮到年輕女孩對於異性的畏懼和排斥是有其合理性的，但筆者以為，作家更側重於反思自己對於男女有別的傳統觀念的顧慮竟高過對於生命本身的敬畏，是帶有強烈自我反省意味的。但在臺版將這一句話刪掉，在滿足作家赴臺以後對前期文本進行去意識形態化處理的需要的基礎上，也塗抹了作家早年對於自我心態批判的積極意義。與此相似的修改也出現在上卷第四章〈從軍時代〉的末篇〈解散的前夜〉中，由於北伐戰爭局勢變化，作家所在的女兵隊遭到就地遣散，她在回憶當時從排長口中得知革命失敗女兵隊即將解散的時候，上海良友版和桂林良友版寫道：「我害怕有什麼不幸的事發生，果然，他正宣布我們的命運，宣布我們的死刑了！」〔註93〕上海晨光版和臺版刪掉了「宣布我們的死刑」這後半句。仔細揣摩這處細節的處理，不難發現作家做出的修改是對當時特定歷史時代背景中個人心態感受的遮蔽，北伐時期作為葉挺獨立團女兵隊一員的謝冰瑩在得知革命尚未成功自己卻要被放逐回禁錮她的封建家庭和包辦婚姻的牢籠中去，當時的感受以「宣布死刑」來形容，恐怕是並不過分的。

　　謝冰瑩曾在後兩版《女兵自傳》中修改了自己逃婚時對故鄉滿懷排斥和

〔註92〕謝冰瑩：《一個女兵的自傳》，上海：上海良友圖書印刷公司，1936年，頁50～51。
〔註93〕謝冰瑩：《一個女兵的自傳》，上海：上海良友圖書印刷公司，1936年，頁213。

恐懼的兩處心理活動描寫，一處是在上卷第五章〈家庭監獄〉的倒數第三篇〈第一次逃奔〉中，作家和同命相連的少女翔一起離家出逃，在以為成功逃離家庭牢籠可以走向新的生活的時候，上海良友版和桂林良友版寫道：「快活呀！離開了黑暗的牢獄！永別了，充滿了封建臭氣的故鄉！」〔註 94〕而在上海晨光版和臺北力行書局版中，這一處心理活動被修改為「快活呀！離開了黑暗的牢獄！永別了，美麗的故鄉！」〔註 95〕另一處是在同是第五章〈家庭監獄〉的末篇〈第三次逃奔〉中，作家第三次獨自一人喬裝出逃，結果撞上前來捉她回去的大哥和姐夫，上海良友版和桂林良友版中這樣描寫作家當時的心理活動：「我有我自己的主張，寧可死在路上，不願再回到監獄裏去。」〔註 96〕而上海晨光版與臺版則將這一處細節改為「我有我自己的主張，寧可死在路上，不願再回家」〔註 97〕。第一處修改保留作家將家庭比作「黑暗的牢獄」而將故鄉的修飾語從「充滿封建臭氣的」改為「美麗的」，第二處更進一步將作家以「監獄」對應家庭的喻體也刪掉，只保留本體「回家」。正如我在前文所述，謝冰瑩經歷了前後期思想的轉向和變化，或許是由於早年革命幻夢的破滅和個人組建家庭為人父母后的漸臻成熟，後期的謝冰瑩已不會如少年時代一般做出為了參加革命而將病重的父親置於病榻而不顧的行為了。她不僅將自己早年勇於對抗家庭包辦婚姻的行為視為對父母的不孝和背叛，而且也修改了少年時候對於「囚禁」自己自由身的家庭和故鄉充滿惡意和仇恨的心理描寫，以自己晚年對家庭的愧疚和對故鄉的懷念為感情基調，對當年作品的情感氣氛做出了再度創作。

（三）舊環境的限縮與新世界的寬容

謝冰瑩《女兵自傳》的不同版本成書時間和空間的跨度與置換都相對較大，作家對文本的修改也必然受到所處時空的限制，由於這種時空錯位帶來舊環境和新環境的差異直接作用於文本，因此我們可以在文章中看到一些比較微妙的變化，主要表現在在舊環境的限縮中被小心隱藏的地點和事件在新的環境下反而得以顯露出其本來的真實面目。

上卷第六章〈飄流〉的第三篇〈恐怖之夜〉中講述了謝冰瑩遭受教員排

〔註 94〕謝冰瑩：《一個女兵的自傳》，上海：上海良友圖書印刷公司，1936 年，頁 288。
〔註 95〕謝冰瑩：《女兵自傳》，臺北：力行書局，1956 年，頁 111。
〔註 96〕謝冰瑩：《一個女兵的自傳》，上海：上海良友圖書印刷公司，1936 年，頁 307。
〔註 97〕謝冰瑩：《女兵自傳》，臺北：力行書局，1956 年，頁 121。

擠憤而從小學離職後的經歷，在上海良友版中作家感歎道：「一雙腳剛剛踏進社會之門，就受到一個這麼大的打擊，我明白了社會的黑暗，人心的可怕！呵，虛偽，笑裏藏刀的虛偽，是多麼可怕呵！由於這次的事……」〔註98〕，很明顯，「由於這次的事」指代的即是從小學離職這件事，按照前一篇〈小學教員〉中前幾段零散的信息可以推斷出，這個小學指代的是「省立第五中學附小」，而「省」的地點在「衡陽」，但在此處作家並未選擇明確重申這一件事具體指代為何，只是很模糊地稱為「這次的事」。在上海晨光版和臺北力行書局版中，將這個模糊的細節重新清晰化，改為「由於這次在衡陽五中附小的事」〔註99〕。這一處細節的處理相對簡單，作家原本是受人相助纔得以進入學校任國文老師教書，憤而離職也與伸出援手的介紹人毫無干係，因此如果在身處其中的情況下非常具體明確的指稱衡陽五中附小任教離職的事情，恐怕會被有心人解讀為暗含有責怪介紹工作的人的意味在裏面，因此作家在當時選擇以比較模糊的說法一筆帶過，而時過境遷之後再重新將細節清晰化，自然就不復當年顧慮了。

謝冰瑩作品修改細節體現新舊環境的矛盾選擇還表現在上卷第五章〈家庭監獄〉的首篇〈歸來〉中，講述了女兵隊解散後作家同友人在李先生的幫助下從武昌返回家鄉，在上海良友版和桂林良友版中文章對於他們返回的地點是這樣表述的：「到了 C 城，第一個困難，就是沒有住處。」〔註100〕而在上海晨光版與臺北力行書局版中，將這個隱晦的「C 城」直接改為了「長沙」。相似細節的修改也出現在上卷第六章〈飄流〉的首篇〈入獄〉中，作家同兩名好友因有反革命嫌疑被捕入獄接受審問，上海良友版的文章中關於他們受審的緣由有這樣的表述：「這是第四次的審問了，據說因了我們的供詞太倔強，又在艾斯的箱子裏抄家來一些有反動嫌疑的信件」〔註101〕，而在上海晨光版中將非常模糊的「有反動嫌疑的信件」改為「北伐時期的信件」〔註102〕，在桂林良友版和臺北力行書局版中將〈入獄〉這一篇文章刪掉。1936 年上海良

〔註98〕謝冰瑩：《一個女兵的自傳》，上海：上海良友圖書印刷公司，1936 年，頁 345。
〔註99〕謝冰瑩：《女兵自傳》，臺北：力行書局，1956 年，頁 146。
〔註100〕謝冰瑩：《一個女兵的自傳》，上海：上海良友圖書印刷公司，1936 年，頁 222。
〔註101〕謝冰瑩：《一個女兵的自傳》，上海：上海良友圖書印刷公司，1936 年，頁 328。
〔註102〕謝冰瑩：《一個女兵的自傳》，桂林：桂林良友圖書印刷公司，1943 年，頁 239。

友版本出版的時候正值北伐戰爭剛剛開始，1943 年桂林良友版本出版時候北伐戰爭的餘韻也仍然影響著如長沙、武漢、南京等重要政治地理樞紐，因此在前述兩處細節中作家選擇以長沙的首字母 C 作為這個城市的代名詞，用「反動嫌疑」代替「北伐時期」是為了既保證自傳性文章一定程度符合歷史的真實性，又能夠在特殊時期隱藏個人行蹤和身分，避免為自己與親友帶來不必要的糾紛。而隨著北伐時代的結束，北伐戰爭也變成歷史事件的名詞而交還給歷史本身去評判價值，作家在隨軍遷臺進入新的時空環境後，在 1949 年的上海晨光版與 1956 年的臺北力行書局版本中便可以洗去因舊環境的限縮而不得不諱言的細節。但值得注意的是，前述兩處細節又不盡然相同，後者將有意識形態色彩的「反動嫌疑」變為無意識形態的純粹歷史事件「北伐時期」，也有為了適應新的環境而去意識形態化的意圖。

二、新舊宗教理念角力帶來認識差異

（一）從抗拒佛禮到皈依佛門

青年時代的謝冰瑩是斷然不信鬼神的，在《女兵自傳》上卷第五章〈家庭監獄〉的第四篇〈朝南嶽〉中，講述了母親帶著冰瑩去南嶽衡山還生她難產時候祖母替母親許下的血盆香，意在希望虔誠還香後冰瑩腫痛的病腳可以好轉，而作家則對這種「無意識的迷信」嗤之以鼻，並表示自己「本來從小就反對的」。這次之所以隨著母親上山還願，並不是感恩於母親對自己病腳的擔憂或是相信菩薩能夠保祐自己康復，而是希望藉此從家庭牢籠中出來透透氣，並期盼借機能夠半途逃走。上山還願的過程中，作家不僅屢屢在言語上「冒犯神靈」，也並未遵守母親要求敬神時不能吃喝別人東西的要求，而且在還願的過程中也是三心二意，不僅和宣傳婦女協會的進步女青年石姑娘攀談，而且把大部分注意力都放在觀察各色還願香客上面，最終感歎「我看到了許許多多的怪現象，嘗到了一種人家沒有嘗過的生活滋味，——唉！那是多麼愚蠢得傷心的滋味啊！」〔註103〕這可以說是青年謝冰瑩對於世俗禮佛信仰看法的淋漓寫照。

然而，謝冰瑩在經歷了政治歷史變遷的風雨飄搖而隨軍遷去臺灣以後，思想出現了翻天覆地的轉變。她在 1966 年 9 月 3 日完稿的另一篇名為〈平凡

〔註103〕謝冰瑩：《一個女兵的自傳》，上海：上海良友圖書印刷公司，1936 年，頁269。

的半生〉的回憶性散文中寫道:「我在十年前,皈依了三寶,慈航老菩薩是我的師父。我有悲天憫人的心懷,可惜我缺少救世救人的力量,唯有將來在退休之後,以全心全力貢獻給佛教文學和兒童文學,讓我的心靈永遠是恬靜的,聖潔的。」﹝註104﹞十年前,即1956年,也就是臺北力行書局版《女兵自傳》初版的年份,這就不難理解為何在臺版將前文所述〈朝南嶽〉一篇文章全篇刪掉了。根據學者指出,謝冰瑩早年雖不信鬼神,但確實於1956年在臺灣拜師皈依佛教,並取「慈瑩」﹝註105﹞為法名,還在家裏立「佛堂」,供奉「觀世音菩薩」,佛桌上的白銀小塔裏放著來自印度的3顆「舍利子」,每天必須頂禮膜拜並念誦「佛經」﹝註106﹞。而作家在散文中提到自己退休後全心奉獻給佛教文學也的確得以踐行,她先後出版了《仁慈的鹿王》(臺中慈明月刊出版社1963年)、《善光公主》(臺灣慈航雜誌社1969年)等佛經故事,散文集《生命的光輝》(臺北三民書局1971年)、《觀音蓮》也充滿禪意,也偶作如《廣結墨緣一藝僧》等介紹廣元法師或其他僧人的散文。而關於謝冰瑩皈依佛門的原因,主要有二種解釋,一是作家在與學者閻純德交談時候,告訴對方自己是「從小受母親影響,纔信菩薩,皈依佛門」﹝註107﹞,根據〈朝南嶽〉中作家自己的表述,青年時期的作家不僅沒有受到母親的影響而相信菩薩,反而認為這些都是無意識的封建迷信,沒有任何可信度,因此這一解釋恐怕只是作家搪塞學者的說辭而已,並不是真正的原因;二是1954年作家為臺灣《讀書雜志》撰寫長篇小說《紅豆》的時候,遇到了創作瓶頸一時間難以繼續,走投無路時想起幼年母親拜佛求得保祐的往事,於是當晚去廟中住宿叩拜,幾天內便把長篇小說如期完成了。自此,作家便對佛法深信不疑,終於皈依佛門﹝註108﹞。這一種解釋帶有一些演義傳奇的色彩,乍一看的確很有感染力,但仔細揣摩以後便覺得漏洞百出。一個人對一種宗教信仰產生深切的認同感應該經過很長時間的積澱與準備,倘若將謝冰瑩皈依佛教解釋為因一

﹝註104﹞謝冰瑩:《謝冰瑩文集‧中》,合肥:安徽文藝出版社,1999年,頁60。
﹝註105﹞閻純德:〈謝冰瑩:永遠的女兵〉,選自閻純德,李瑞騰:《女兵謝冰瑩》,北京:人民文學出版社,2002年,頁148。
﹝註106﹞李夫澤:《從「女兵」到教授──謝冰瑩傳》,長沙:湖南人民出版社,2004年,頁217~218。
﹝註107﹞閻純德:〈謝冰瑩:永遠的女兵〉,選自閻純德,李瑞騰:《女兵謝冰瑩》,北京:人民文學出版社,2002年,頁124。
﹝註108﹞閻純德:〈謝冰瑩:永遠的女兵〉,選自閻純德,李瑞騰:《女兵謝冰瑩》,北京:人民文學出版社,2002年,頁148。

件事而突然興起，似乎於情於理都難以服人。三是謝冰瑩與賈伊箴結合後，由於不得不遷就先生帶有大男子主義的思想和行事風格，內心積鬱了難以訴說的苦悶，而「這種苦悶只有通過佛教來解脫」，因此「謝冰瑩信佛也是解脫老年心靈苦悶的一個法子」〔註109〕。這一種解釋倒的確很可能是謝冰瑩晚年投入佛門的情感根源，關於謝冰瑩的丈夫賈先生性格固執刻板在許多學者的文章中都有所體現，比如曾隨謝冰瑩參加抗戰的進步青年甘和媛在文章中回憶起賈伊箴的個性時表示他「為人固執，剛愎自用，很難採納別人的意見」〔註110〕，謝冰瑩老友魏中天先生寄給欽鴻的信中就寫到由於謝冰瑩畏懼丈夫強權而要求魏中天幫她在賈先生面前否認自己年輕時參與革命的經歷，又如遷臺後賈伊箴堅決不同意謝冰瑩同武漢的老朋友一起辦報等等。所以，我們不必將謝冰瑩皈依佛門的原因具體化到某一件事情上，她思想動向的轉變與晚年夫妻關係造成情感的壓抑有著密切的關係，而這種需要以某種宗教信仰來寄託的苦悶情緒很可以從某些具體事件中顯露出來，至於她中年以後對宗教的看法是否潛心和專注，則正如有學者對她信佛原因作出的解釋那般，是「信則有，不信則無」〔註111〕。不過，文學作品最能夠敏銳捕捉作家心態變化的蛛絲馬蹟，我們自然可以在前後期文本的修改中窺見謝冰瑩思想轉變的軌跡。

除了前文提到的臺北力行書局版《女兵自傳》中刪去作家充滿對佛法的不滿不敬不信的情緒的篇目〈朝南嶽〉以外，臺版還對以往版本文章中涉及到與宗教信仰相關的兩處細節做了佛教化的修改。在上卷第五章〈家庭監獄〉的倒數第二篇〈第二次逃奔〉中寫到作家一人在夜晚冒雨從家中出逃，在已經不辨方向身心俱疲的時候，上海良友版、桂林良友版和上海晨光版中有這樣一處細節描寫：「雨，稍為停止了，空中忽然現出一道灰白色的光輝來，也許真的是上帝賜給我的一線光明吧？」〔註112〕臺版將這一處細節中的「上帝」改為了「菩薩」。而在相隔幾段以後的第二處細節上，上海良友版、桂林良友

〔註109〕李夫澤：《從「女兵」到教授──謝冰瑩傳》，長沙：湖南人民出版社，2004年，頁217～218。

〔註110〕甘和媛：〈憶女作家謝冰瑩與戰地服務隊〉，選自周志華，易濤編：《武漢文史資料11》，2000年，頁18。

〔註111〕閻純德：〈謝冰瑩：永遠的女兵〉，選自閻純德，李瑞騰：《女兵謝冰瑩》，北京：人民文學出版社，2002年，頁149。

〔註112〕謝冰瑩：《一個女兵的自傳》，上海：上海良友圖書印刷公司，1936年，頁299。

版和上海晨光版的原內容為:「──上帝呵,救救我吧……我並不信仰上帝,
然而那時我卻對著茫茫的,黑暗的天空,默默地坐在地上祈禱著蒼天。」〔註
113〕臺版改為「──天呵,救救我吧……我對著茫茫的,黑暗的天空,默默地
坐在地上向蒼天祈禱」〔註114〕,將第一個「上帝」改為「天」,將「我並不信
仰上帝」這半句刪掉。綜合前述兩處細節的修改情況可以看出,1956 年臺北
力行書局初版的《女兵自傳》是在作家以一種已經皈依佛門的心態重新審視
過前期文本的基礎上成型的,因此前文中涉及宗教的詞句都經過了佛教化的
潤色,其中前一處非常明顯可以看出作家用佛教神明「菩薩」替代了基督教
神靈「上帝」,而後一處相對來說則體現了比較複雜的信息,以「天」來替代
「上帝」實際是並沒有明顯體現出新的宗教信仰對其他宗教語詞的覆蓋,而
將「我並不信仰上帝」這半句刪掉後,也並未以「我信仰菩薩」或類似的語言
來替代。由此我們可以看出,作家不僅潛心皈依佛教,而且對如基督教等其
他教派宗教信仰也產生了一種較為寬容的平視心態,這是與作家早年在教會
學校念書時候表現出來的對基督教的強烈反感和抗拒截然不同的。

(二)從反對上帝到理性尊重

14 歲時候,謝冰瑩得到母親的許可離開家鄉縣城到大哥所在的湖南省益
陽市攻讀益陽信義女校高中一年級,這所學校是由挪威基督教教士創辦的教
會學校,不僅對一般學生不收取學費而且對赤貧學生補貼生活費用,無論是
生活還是教學等各方面設備都非常完善。這時少年謝冰瑩初次接觸到基督教
教會氣氛並意識到基督教教義與自己原初的人生理解之間存在距離,因此儘
管她與老師同學相處融洽,但是仍然在內心深處暗含著對「帝國主義」國家
在祖國建立教會學校的排斥,也不願同其他同學一起遵從基督教禱告、頌歌
和信奉上帝等諸多宗教要求,還鼓動同學為紀念國恥而罷課示威遊行,這是
少年謝冰瑩初次與基督教發生聯繫。1939 年初,青年謝冰瑩來到重慶的時候
受到基督教界樊定憶博士的盛情邀請,擔任「基督教負傷將士服務協會」婦
女部的名譽主任。然而這個以基督教會為名的負傷戰士服務協會並不是當地
基督教會在重慶首次創辦的,而要追述到 1937 年「七七事變」以後,在國共
兩黨展開第二次合作的時候,西安基督教界積極參加抗日救亡運動,由張伯

〔註113〕謝冰瑩:《一個女兵的自傳》,上海:上海良友圖書印刷公司,1936 年,頁
300。
〔註114〕謝冰瑩:《女兵自傳》,臺北:力行書局,1956 年,頁 117。

懷牧師等宣導並成立了「西安基督教抗日負傷將士服務協會西北辦事處」，是在西北辦事處救亡工作的感召下，全國多地包括重慶，紛紛成立了「全國基督教抗日負傷將士服務協會」〔註115〕。謝冰瑩晚年在臺灣時創作的回憶性文章中也曾經提到青年時期參加「基督教負傷戰士婦女協會」的往事：「我從東戰場撤退後，在重慶編了幾個月的《新民報》副刊血潮，後來又重上征途，在第一、第五戰區參加後方勤務部和基督教合辦的負傷將士服務協會，從事救護傷兵工作。」〔註116〕由此可見，謝冰瑩所在的重慶「基督教負傷戰士服務協會」是在基督教會和後方勤務部聯合努力下創辦的西安總協會統攝下的地方分會之一，主要的日常工作內容是照顧和護理從戰場轉運來的傷兵戰士而實際上與基督教會關聯不大。但值得注意的是，謝冰瑩在重慶「基督教負傷戰士服務協會」工作的這段時間，認識了她最後一任丈夫賈伊箴。賈伊箴從燕京大學畢業後，曾在青島大學任教，此時作為「基督教負傷戰士服務協會」的總幹事下派到謝冰瑩所在團隊來配合地方工作〔註117〕。也就是說，這個組織的確與基督教素有淵源，但在謝冰瑩的實際工作中並未與基督教有非常密切的宗教性質的聯繫，那麼是否可以據此推斷謝冰瑩在青年時代對基督教秉持著較為寬容的態度呢？我們不妨以謝冰瑩遷臺前後對同篇作品的增刪修補為依據來窺之一二。

謝冰瑩在《女兵自傳》上卷第二章〈小學時代〉的末篇〈在樓上示威〉中，講述了自己初入益陽信義女校時內心的痛苦和矛盾，上海良友版、桂林良友版和上海晨光版中有這樣的表述：「我自從入校的那天起，就感到有一種深沉的苦痛壓在心頭。這就是我不信上帝，不高興讀聖經，以及什麼新約和舊約。我不願在每天吃飯時做著禱告：『我們在天上的父，願人都尊你的名為聖，願你的旨意降臨……』我高興唱歌，但我不願唱『上帝愛我愛無邊，及到離世必保全』的讚美詩」〔註118〕，臺北力行書局版將這一段縮略為一句話：「我自從入校的那天起，就感到有一種深沉的苦痛壓在心頭。這就是我不高

〔註115〕 袁明仁：《三秦歷史文化辭典》，西安：陝西人民教育出版社，1992 年，頁 339。

〔註116〕 中國國民黨革命委員會中央委員會，中國革命博物館編：《柳亞子紀念文集》，北京：中國文史出版社，1987 年，頁 187。

〔註117〕 甘和媛：〈憶女作家謝冰瑩與戰地服務隊〉，選自周志華，易濤編：《武漢文史資料 11》，2000 年，頁 18。

〔註118〕 謝冰瑩：《一個女兵的自傳》，上海：上海良友圖書印刷公司，1936 年，頁 70 ～71。

興讀聖經，以及新約和舊約。」〔註119〕作家還在同一篇文章的後半段透露了
自己對上帝的看法，上海良友版、桂林良友版和上海晨光版有同樣的表述：
「那時我的知識幼稚，腦筋也很簡單，我沒有什麼高深的理論反對上帝，我
只覺得上帝這東西是虛無的，『凡信上帝的人都能得救。』真是笑話！⋯⋯我
只曉得，人就是創造世界的上帝，什麼都是自己靠自己，而且我根本否認世
間有所謂上帝這東西存在。」〔註120〕臺北力行書局版將這一段改為：「那時
我的知識幼稚，腦筋也很簡單，我沒有什麼高深的理論來和同學們辯論，我
常常懷疑這句話：『凡信上帝的人都能得救。』⋯⋯我只曉得，人就是創造世
界的上帝，什麼都是自己靠自己。」〔註121〕綜合作家在臺北力行書局版《女
兵自傳》中對以上兩處與基督教有關的細節的修改，我們可以看出去臺以後
的謝冰瑩在努力將之前版本中表露出對基督教的排斥和反感的較為激烈尖銳
的語詞抹去，比如前一處修改中刪掉了「不信上帝」、「不願做禱告」、「不願
唱讚美詩」三處字眼及禱告文字和唱詩內容，後一處修改中刪掉了「反對上
帝」、「上帝是虛無的」、「信上帝能得救是笑話」和「根本否認上帝存在」等四
處文字內容，但是仍有選擇地保留了「不高興讀聖經、新約和舊約」、「懷疑
信上帝能得救」等比較委婉表示作家對於基督教義的懷疑態度的語詞，同時
保留了核心句「人就是創造世界的上帝」。除此之外，這篇文章還有另兩處與
基督教相關細節也經歷了多次修改。一處是中學時代的作家在五七國恥紀念
日到來的時候追問同學為何宗教學校不放假讓學生去參加遊行活動，上海良
友版中寫了這樣一段對話：

> 「那麼我們不去參加遊行嗎？」
>
> 「當然不能去」
>
> 「為什麼？」
>
> 「你想他本身就是一個帝國主義，而遊行的口號，是打倒帝國
> 主義，那裡有讓學生去喊打倒自己的事情呢？」另一個大同學這樣
> 回答我，她是師範二年級的學生。
>
> 「那我們非去不可！」我幾乎跳了起來。〔註122〕

〔註119〕謝冰瑩：《女兵自傳》，臺北：力行書局，1956年，頁32。
〔註120〕謝冰瑩：《一個女兵的自傳》，上海：上海良友圖書印刷公司，1936年，頁72。
〔註121〕謝冰瑩：《女兵自傳》，臺北：力行書局，1956年，頁32。
〔註122〕謝冰瑩：《一個女兵的自傳》，上海：上海良友圖書印刷公司，1936年，頁
　　　　74。

而在上海晨光版、桂林良友版和臺北力行書局版這三個版本中都刪掉了作者
發表關於教會學校本身就是「帝國主義」言論的一句話。第二處細節是作家
為爭取紀念五七國恥日的權利而帶領教會學校的部分同學在校內示威,她站
在樓上高呼口號,上海良友版中寫了口號的內容:

> 「打倒帝國主義!」
>
> 「反對基督教!」
>
> 「爭取言論自由!」
>
> 「加入學生聯合會!」
>
> 「誓雪國恥!」〔註 123〕

在桂林良友版和上海晨光版中均刪去了「反對基督教!」一句,臺北力行書
局版中不僅刪去「反對基督教!」一句,還將「爭取言論自由!」一句置換為
「打倒軍閥!」〔註 124〕。

　　可以看出前述兩處細節的改動僅出現在臺版,而後兩處細節則在初版本
以後的三個版本中都經歷了改動。根據修改內容我們不難發現作家主要處理
了兩種信息,一是對自己早期作品中如「反對」、「不信」等關乎基督教問題
的措辭激烈的細節進行軟性修訂,比較明顯的「反對基督教」等語詞的修改
從桂林良友版便開始進行,而相對溫和的「不信上帝」等字句的再修改則集
中在臺北力行書局版;二是對自己年輕時期如將「基督教」等同於「帝國主
義」等此類不成熟的革命思想的反省與重思,這類修改從桂林良友版便開始
出現,也就是說作家在去臺灣之前已經認識到自己早期思想的不成熟,但是
不能忽視的事實是作家在遷臺後選擇皈依了佛教而並不是基督教,也就是說
作家在根本上還是不認同基督教的教義和理念,所以儘管作家出於對平等的
宗教信仰的理性尊重,已經諱言「反對」和「不信」等絕對否定性的字眼,但
在臺版修改後的文本中仍然保持著與青少年時期相同的根本價值立場。

三、新舊意識形態博弈帶來思想巨變

(一)對自我姓名身分和革命實踐的隱匿

　　1936 年上海良友版《一個女兵的自傳》第四章〈從軍時代〉的第八篇〈出

〔註 123〕謝冰瑩:《一個女兵的自傳》,上海:上海良友圖書印刷公司,1936 年,頁 75
　　　　～76。

〔註 124〕謝冰瑩:《女兵自傳》,臺北:力行書局,1956 年,頁 34。

發〉中寫到作家得知自己作為女生隊第一批被選中參與北伐軍成員之一時候
非常激動興奮的心理狀態：「第二個就是我的名字，上帝！我應該沒有聽錯
吧？女生隊該沒有第二個謝冰瑩吧？我歡喜得發狂了！」〔註125〕，大陸另幾
個版本該篇文章也保持著與此一致的表述，在臺北力行書局版作家對前述表
達進行了這樣的修改：「第二個就是我。天，我該沒有聽錯吧？女生隊該沒有
兩個同姓名的吧？我喜得發狂了！」〔註126〕把「我的名字」改成了「我」，把
「沒有第二個謝冰瑩」改成「沒有兩個同姓名的」，隱去了與自己名字相關的
兩處細節。1936 年上海良友版《一個女兵的自傳》第六章〈飄流〉的末篇〈奇
遇〉（目錄標題為〈奇異的茶房〉）中，寫到謝冰瑩在逃亡的船上遇到的茶房
是舊時曾一同共事過的革命同志：「他開始叫我謝同志，並說出他在咸寧商會
曾經見過我，問我是否還認識他？……」〔註127〕，1949 年上海晨光版將左翼
革命紅色用語「同志」改為沒有特殊意識形態色彩的「先生」，但仍保留姓氏
「謝」，而 1956 年臺北力行書局版則進一步改為：「他開始叫我先生，並說出
他在衡陽曾經見過我」〔註128〕，不僅將作家姓氏「謝」字刪掉，而且將具體
的「咸寧商會」改為非常模糊的地名「衡陽」，根據作家回憶茶房的自述，茶
房本人曾任海員公會的執委，而兩人曾在衡陽咸寧商會開工農商學兵婦女代
表大會上相識，因此「咸寧商會」是能夠代表兩人曾為革命故交的重要信息，
以「衡陽」替換就將當時作家積極活動於婦女代表大會並廣為結交革命同志
的歷史事件模糊掉了。

　　與之相似的還有 1947 年北新書局版《女兵十年》第六章〈在動盪中〉
的第五篇〈跛子校長〉中作家介紹自己「我姓謝」，而學生們稱她為「謝先
生」，在臺版中作家小心地抹去了自己的姓氏「謝」字，改為了「我姓×」
和「先生」。在第七章〈海濱故人〉的第二篇〈粉筆生涯〉講述了自己在廈
門的教書經歷和偶遇之前曾經在三哥那裡做事的女傭李媽的故事，其中也
涉及到兩處自己被學生稱為「謝老師」，在臺版將「謝老師」的姓氏稱呼去
掉直接變為「老師」，內容上雖然保留了自己教書的經歷，卻刪除與李媽不

〔註125〕謝冰瑩：《一個女兵的自傳》，上海：上海良友圖書印刷公司，1936 年，頁
　　　　183。
〔註126〕謝冰瑩：《女兵自傳》，臺北：力行書局，1956 年，頁 69。
〔註127〕謝冰瑩：《一個女兵的自傳》，上海：上海良友圖書印刷公司，1936 年，頁
　　　　381～382。
〔註128〕謝冰瑩：《女兵自傳》，臺北：力行書局，1956 年，頁 165。

遠千里重新投奔舊主的故事這一部分。李媽曾經與在謝冰瑩三哥那裡做事，後來三哥回到湖南，李媽便與作家一起在上海照顧她的生活，後來由於上海政治環境發生變化，作家便在友人相助之下來到廈門教書，因此與李媽分離，而一個月以後李媽又來到廈門尋找舊主。女傭李媽與作家這一段時間的行蹤密切相關，很可能成為臺灣版本這段故事被刪改的原因。儘管謝冰瑩在出版臺北力行書局版本的時候並沒有用真名以外的其他筆名，對於讀者來說無論是否刪去「謝」的姓氏都無礙於對作家真實姓名的瞭解，但是以上這幾處看似無關緊要的細枝末節由於在無意間透露出作家的姓氏，仍然成為在臺版中遭到作家修改的因由。

（二）對他人姓名身分與革命經歷的模糊

如果說在臺灣版本中謝冰瑩是有意在隱匿與自己真實姓名相關的細節，那麼涉及到與左翼文藝活動相關的其他人物的時候，作家不僅會隱去其他人物的姓氏或名字，而且有意用其他諧音字或形近字對原姓名進行變形替換，在涉及到有的比較特殊的人物時甚至會完全憑空捏造一個新的名字附加在原有人物身上，假若沒有未經修改的原版本進行對照，讀者基本上無法分辨和判斷這些存在在文本中的相關人物的真實身分。比如在 1947 年北新書局版《女兵十年》第二章〈窮困的大學生生活〉的首篇〈開始和窮困奮鬥〉中，作家寫到自己 1928 年春天由於在湖南省衡陽五中附小任國文講師的時候，由於和男性進步教師交往密切而受到個別教員排擠憤而辭職來到上海，困厄苦悶中得到錢杏邨先生的介紹，得以進入上海藝大就讀國文系，並結識了當時上海文化界比較有名的革命者們的經歷：「為了做工的問題不能解決，我又陷在苦悶中了，幸而杏邨來，他介紹我去投考上海藝大……還有好幾位教授，也都是文化界有名的革命者……」〔註 129〕，上海晨光版將「杏邨」改為「查邨」，臺北力行書局版則將原文「杏邨」改為「楊華」，將「革命者」一詞刪掉，這篇作品涉及修改的人物是錢杏邨，又名阿英，太陽社成員，早期共產黨人，上海左翼作家聯盟常委。謝冰瑩在被共產黨組織除名後離開北京來到上海以後曾經與上海左聯關係密切，而錢杏邨就是謝冰瑩所在小組的負責人，又曾介紹她投考上海藝大，可以說在謝冰瑩 1931 年上海時期的生活中扮演著很重要的角色。在 1949 年上海晨光版中，作家將「杏邨」改為形似的「查邨」，

〔註 129〕謝冰瑩：《女兵十年》，上海：北新書局，1947 年，頁 32。

在臺北力行書局版中則直接改成讀音和字形完全不同的偽名「楊華」，作家的意圖非常明顯，是通過這種循序漸進的模糊甚至變形來淡化文本中對與自己革命時期經歷密切相關的重要人物信息的過分透露。與此相似的還有作家在大陸版和臺版中對與柳亞子和白薇的相關信息的不同處理，比如第六章〈在動盪中〉第二篇〈文人也上了前線〉中寫到「一·二八」事件以後，作家在上海參加「上海著作人抗日救國會」，並結識了進步作家白薇和柳亞子先生，臺北力行書局版直接將文中提到兩位作家的描述刪掉。在第八章〈再渡扶桑〉的末篇〈脫逃〉中又一次提到柳亞子：「後來亞子先生的電報來了之後……」〔註130〕，這一處細節是寫到作家自己在日本被投入獄中備受折磨摧殘之時，是柳亞子先生來電報為她爭取纏得以釋放，而臺北力行書局版將「亞子先生」改為「劉先生」。曾參與孫中山領導革命活動和反蔣抗日活動的柳亞子曾在謝冰瑩的關鍵時刻給了幫助，作家或是將能夠指涉他身分的「亞子先生」改為與姓氏「柳」音近的「劉先生」，或是完全刪除關於他的細節信息，也是在因自己與之產生交集的歷史時段和事件的敏感性而故意模糊這一重要人物的身分。相似的處理也出現在與孫伏園先生有關的細節修改上，比如在1936年上海良友版《一個女兵的自傳》第四章〈從軍時代〉第九篇〈從軍日記〉中，曾提到自己在隨北伐軍征戰救援傷兵時候，每晚記錄著自己一天的行軍生活，「寄給編中央日報的長鬍子老頭孫伏園先生」〔註131〕，在上海晨光版將帶有戲謔的親昵稱呼「長鬍子老頭」刪去，僅保留「孫伏園先生」〔註132〕，而在臺北力行書局版則進一步修改為「孫先生」。又如1947年北新書局版《女兵十年》的第二章〈窮困的大學生生活〉末篇〈偷飯吃〉中，寫到上海藝大由於因法租界電車罷工而起的進步學生活動而被迫遣散在校學生，謝冰瑩因此賦閒在家不知如何是好：「正在愁著出路問題的時候，突然由伏園先生轉來一封三哥寄自北平的掛號信。」〔註133〕臺北力行書局版將此處的「伏園先生」改為「孫先生」。在第十章〈在烽火中〉的首篇〈出發〉中，寫到抗戰剛剛開始，作家即將離開老家奔赴長沙發動婦女到前線為傷兵服務，有幾位故交「孫伏

〔註130〕謝冰瑩：《女兵十年》，上海：北新書局，1947年，頁188。
〔註131〕謝冰瑩：《一個女兵的自傳》，上海：上海良友圖書印刷公司，1936年，頁190。
〔註132〕謝冰瑩：《一個女兵的自傳》，桂林：桂林良友圖書印刷公司，1943年，頁142。
〔註133〕謝冰瑩：《女兵十年》，上海：北新書局，1947年，頁55～56。

園先生和陳惟中,席徵庸三位先生還有瑞林姐和美珍姐」〔註 134〕都趕來送行,在臺北力行書局版中作家將這一細節縮略為「孫、陳、席三位先生」。早年作為文學研究會發起人之一的孫伏園,當時任職武漢《中央日報》的編輯,也是鼓勵並促成謝冰瑩早期作品《從軍日記》出版的關鍵人物。在不同版本中,我們可以發現作家從對孫伏園非常親切的昵稱「長鬍子老頭」改為「孫伏園先生」已經經歷了一次去熟悉化,進一步改為「孫先生」則是在與對象人物又拉遠距離的基礎上,試圖以姓氏取代名字來模糊人物身分的修改策略。

　　對作家謝冰瑩來說,除了上述影響她人生重要時期的幾位關鍵人物以外,作品中還存在對自己特定時期生活中接觸較為密切的人物信息的修改,比如在公立學校長沙省立第一女師就讀時候的校長徐特立先生、在湘雅護士學校學習時候結識的好友王克勤女士,投考中央軍事政治學校時候認識的進步共產黨員周鐵忠大姐等,儘管這幾個人與作家只在特定的一段時間內有所交際,但王克勤曾在作家生活最為困窘的時候給予物質上的幫助,徐特立和周鐵忠對作家人生觀的養成起到了重要作用。比如在 1936 年上海良友版《一個女兵的自傳》中第三章〈中學時代〉的首篇〈中學時代的生活〉中,作家講述自己中學時代的生活在公立學校長沙省立第一女師度過,當時被她戲稱為「外婆校長」的是「思想前進,博學多纏的徐特立先生」〔註 135〕,1943 年桂林良友版、1949 年上海晨光版和 1956 年臺北力行書局版都將這一句刪掉。在第四章〈從軍時代〉的首篇〈當兵去!〉中,提到作家同一群志趣相投的女性同學一起立志投考中央軍事政治學校,當時只有「我們的校長徐特立先生贊成我們去當兵」〔註 136〕,桂林良友版保留了「我們的校長徐特立先生」這半句,而上海晨光版將其改為「我們的徐校長」,臺版則進一步修改為「徐校長」。通過這幾個版本循序漸進的修改,徐特立的形象在文本中從被學生戲稱為外婆的親切長者逐漸變成一個非常客觀冷漠的名稱「徐校長」,作家對姓名稱謂的變更是在刻意與人物保持距離並逐漸拉開距離的同時也逐漸將人物的姓名信息掩蓋起來。相似的情況也出現在關於共產黨人周鐵忠的細節信息修訂方面,比如在第四章〈從軍時代〉的第三篇〈被開除了〉中,寫到由於當時投考

〔註 134〕謝冰瑩:《女兵十年》,上海:北新書局,1947 年,頁 214。

〔註 135〕謝冰瑩:《一個女兵的自傳》,上海:上海良友圖書印刷公司,1936 年,頁 81。

〔註 136〕謝冰瑩:《一個女兵的自傳》,上海:上海良友圖書印刷公司,1936 年,頁 134。

中央軍事政治學校受阻，即將面臨開除命運時，學生中間自發地出現了能夠鼓舞人心的代表人物，其中之一就是周鐵忠：「其中尤以男同學李任伯和女同學鐵大姐一段話說得最激昂慷慨……鐵大姐還說：『這次我們來當兵，是下了犧牲的決心纔來的，我們脫離了家庭來投身革命，目的是在救出痛苦的群眾和痛苦的自己；尤其我們女同學從軍，是開中國破天荒的先例……』」〔註137〕臺版將前後兩處「鐵大姐」均改為「周大姐」。1947年北新書局版《女兵十年》第九章〈母親的死〉第三篇〈歸來〉中，寫到鐵大姐有孕在身時候被捕入獄，又在獄中度過四年艱難的生活後，終於出獄與作家重逢：「這時鐵大姐從天津歸來了，她在獄中整整地過了四年的生活，懷著大肚子進去，出來時孩子已有了四歲……鐵大姐是我在女師的同學，一個完全沒有正式受過教育的女子……她的年齡有三十多了……她是個了不起的人物，如果她受過高深的學問，對於社會一定有很大的貢獻。」〔註138〕謝冰瑩對鐵大姐堅定的革命精神和頑強的革命熱情非常欽佩，並對後來出獄以後鐵大姐的日漸消沉感到遺憾和可惜：「真沒想到一個那麼生氣勃勃的鐵大姐，後來竟消沉到什麼也不過問了。她整天帶著她的莎兒過著賣香煙瓜子花生的小販生活，她的那個曾經做過社會主義小領袖的丈夫再也不唱什麼民主和解放的高調了，他嫌鐵大姐太老太醜，常常拳打腳踢，他需要找年輕而漂亮的女人，終於遺棄她了。」〔註139〕臺版將這一篇〈歸來〉更名為〈開始寫自傳〉，並刪掉與「鐵大姐」相關的上述段落，添加一段關於寫作時候吃雞蛋補充營養的生活細節作為結尾。與謝冰瑩同為黃埔軍校女生隊員的周鐵忠參與過北伐戰爭、南昌起義等多場重要戰爭，被戰友們親切地稱為「鐵大姐」，曾在北方局秘書處任內部交通員，是資格很老的中共地下黨員。後來與陝西農民運動領導人喬國楨結為夫婦，在婚後不久有著身孕以政治犯罪名被捕入獄，在獄中仍積極參與建立以薄一波為負責人的黨支部工作〔註140〕，這個人物對於赴臺以後的謝冰瑩來說相當敏感，與她有關的細節代表謝冰瑩曾與中共地下黨員密切交往，因此也就不難理解為何臺版會將大家熟知的「鐵大姐」改為周鐵忠本姓「周大姐」，並進

〔註137〕謝冰瑩：《一個女兵的自傳》，上海：上海良友圖書印刷公司，1936年，頁146～147。

〔註138〕謝冰瑩：《女兵十年》，上海：北新書局，1947年，頁201～202。

〔註139〕謝冰瑩：《女兵十年》，上海：北新書局，1947年，頁201～202。

〔註140〕張穎：《刀鋒上的行走：親歷1911～1949》，天津：天津教育出版社，2013年，頁140。

一步刪改涉及到與她交往細節的全部片斷。

相似的處理也出現在王克勤這個人物身上，1947 年北新書局版《女兵十年》的第二章〈窮困的大學生生活〉的首篇〈開始和窮困奮鬥〉中，就涉及到與王克勤相關的片斷：「和我同時進去的，還有位在中學時代認識的朋友王克勤女士，也就是現在的電影明星王瑩，那時她和林斯泉女士住在一道……」〔註141〕，在上海晨光版中作家對關於「王克勤」女士的姓名並未做修改，而在臺北力行書局版中，作家卻將「王克勤」改為「汪克謹」，將她的影星藝名「王瑩」改為「汪櫻」，將「林斯泉女士」改為「林小姐」。同一章的第三篇〈破棉襖〉中又一次寫到在自己窮困潦倒只有一件薄棉衣凄慘過冬的時候，有一位贈予作家棉襖禦寒的王克勤女士，也就是「從前有一個時期，在話劇界很富有盛名」的女明星王瑩，臺北力行書局版也同前一處一樣把「王克勤」改為了「克謹」，又把介紹她就是話劇明星「王瑩」的這句話刪掉。曾在上海頗具盛名的話劇和影視明星王瑩，原名喻志華，又名王克勤，1928 年左右加入上海復旦劇社和藝術劇社，是早期共產黨人，與謝冰瑩在湘雅護士學校學習時候結識，並在作家生活困頓時候給予了物質上的幫助。作家在臺版中將人物原名「王克勤」改為音近的「汪克謹」，將藝名「王瑩」改為「汪櫻」，是與前文將柳亞子的姓氏「柳」改為「劉」類似的處理方式，即選擇以音近字替換原名字。刪改以上幾位在謝冰瑩生活的特殊時段扮演著比較關鍵的角色的人物信息，能夠從一個側面體現出遷臺以後的謝冰瑩轉向對自己早年革命經歷和共產黨員身分的有意遮蔽與隱瞞。

謝冰瑩在作品中不僅存在對他人姓名身分的有意遮蔽，而且也存在對與他人身分相關的事件信息的隱去和淡化，比如在 1936 年上海良友版《一個女兵的自傳》第五章〈家庭監獄〉的第五篇〈慘痛的噩耗〉中，謝冰瑩寫到自己的二哥和曾經與她有過一段曖昧感情的好友鴻當時在國民政府的工作情況：「二哥受到這個打擊，就立刻離開了長沙，跑去武昌參加革命。他那時擔任第四軍軍部的秘書，和他的好友鴻在一道。」〔註142〕謝冰瑩的二哥謝承章當時擔任國民革命軍第四軍軍部秘書，其好友徐名鴻則是國民革命軍第十九軍政治部主任。而在臺北力行書局版中作家將前述細節修改為「二哥受到這個

〔註141〕謝冰瑩：《女兵十年》，上海：北新書局，1947 年，頁 32。
〔註142〕謝冰瑩：《一個女兵的自傳》，上海：上海良友圖書印刷公司，1936 年，頁273。

打擊，就立刻離開了長沙，跑到武昌，生活過得很苦。」〔註143〕不僅刪掉了二哥當時的工作職位，並且也連帶刪去了好友鴻的工作身分。由此我們可以看出，謝冰瑩在去臺以後不僅會對涉及中共革命的關鍵人物進行身分修改，而且也會對與國民革命相關的人物信息進行隱瞞，換言之，有一種在為自己的作品去政治化、去意識形態化的嫌疑。又如，在第六章〈飄流〉的末篇〈奇異的查房〉（內文名為〈奇遇〉）中，作家寫到在逃難的渡輪上偶遇了聲稱是自己舊時革命友人的茶房，為了消除她的戒備茶房主動提起他們共同結識的革命同志：「『你還記得咸寧縣的錢遠潔吧』聽到錢遠潔三個字，他也許真的是個好人，因此疑雲便漸漸地消去了。」〔註144〕上海晨光版把這一細節擴寫了，進一步交代了共同結識的這位革命同志最後的命運：「『你還記得咸寧縣的錢遠潔吧』聽到錢遠潔三個字，他也許真的是個好人，因此疑雲便漸漸地消去了。『錢遠潔怎樣了？』我有意地問了一聲。『她嗎？太慘了！她做了壯烈的犧牲！』」〔註145〕錢遠潔是中國共產黨員，在大革命時期曾任咸寧縣的婦聯主席，因此與正在咸寧縣進行革命工作的謝冰瑩結識，但後來在謝冰瑩所在的部隊撤離咸寧後遭到敵人的報復性反撲而被俘處死，是一位為革命獻身的年輕烈士。而在臺北力行書局版中，刪掉了作家與茶房關於當年進步活動經歷回憶的大段對話，也刪掉茶房用以喚醒作家回憶的人物錢遠潔，包括晨光版對她後續結局的補充性說明。

這種修改情況在 1947 年北新書局版《女兵十年》中也出現過，比如在第二章〈窮困的大學生生活〉的末篇〈偷飯吃〉中原有這樣一段話：「到了北平，最初住在河北省婦女協會，一星期後便搬到民國日報去了。我和小鹿（即陸晶清）合編副刊……記得那時我最喜歡跑到喇叭書店買書，這是楊春洲先生兄弟開的。」〔註146〕這一段文章涉及作家在 1929 年應三哥之邀與當時的愛人符號一起北上，在北平結識的陸晶清和楊春洲兄弟等進步人士。其中陸晶清，筆名小鹿，雖為國民黨員但是親共人士，曾在武漢國民黨中央婦女部任幹事；楊春洲曾任國民革命軍第十六軍政治部科長，但與共產黨員素來關係

〔註143〕謝冰瑩：《女兵自傳》，臺北：力行書局，1956 年，頁 103。
〔註144〕謝冰瑩：《一個女兵的自傳》，上海：上海良友圖書印刷公司，1936 年，頁 381～382。
〔註145〕謝冰瑩：《一個女兵的自傳》，桂林：桂林良友圖書印刷公司，1943 年，頁 278。
〔註146〕謝冰瑩：《女兵十年》，上海：北新書局，1947 年，頁 55～56。

密切，其弟弟楊輝遠曾與謝冰瑩同為黃埔軍校的校友，後來加入中國共產黨並參加過南昌起義。兩人曾在黎錦熙的鼓勵和眾多友人的支持下在北平開了喇叭書店，由弟弟楊輝遠經營，還曾為雲南同鄉中共地下黨員李遇安和妻子儂瑟若提供過保釋〔註147〕。但在臺北力行書局版中，作家將原文括弧中補充的人名「即陸晶清」刪掉，只保留這位女作家的筆名「小鹿」，又將「喇叭書店」改為「文化書店」，將「楊春洲先生兄弟」改為「楊氏兄弟」。由於這幾個人物的身分比較特殊，因此刪掉陸晶清和楊春洲、楊輝遠兄弟的姓名這種修改方式是與前文隱匿敏感人物姓名身分一致的，但是將「喇叭書店」改為「文化書店」則根本沒有什麼根據，喇叭書店取名時是根據英國詩人雪萊的詩句「我願作預言的喇叭，將不醒的世人喚醒」〔註148〕而來的，後來還因名字太過特殊而引起特務的懷疑，經常受到武警排查，因此開設不到一年就關門了〔註149〕，從未有過「文化書店」這樣的曾用名，可以說完全是作家為了遮蔽自己曾經與中共關係密切的事實的目的而憑空編造出來以混淆視聽的名字。

（三）對意識形態的審慎處理與巧妙置換

由於所處的生活環境和政治空氣的置換，遷臺以後的謝冰瑩在作品中對於自己早年參與中共革命和左翼文藝活動等相關的信息細節處理非常謹慎，最基本的修改方式是僅刪去較為敏感的語彙和字句，並不做其他增補。比如在 1936 年上海良友版《一個女兵的自傳》第四章〈從軍時代〉的第六篇〈幾個不守紀律的男女兵〉中，作家寫到自己在北伐軍女生隊時候被連長指責「學文學的人是浪漫的，不能革命的！」，並沒收了自己喜愛的文學書籍和女生玩偶，作家表示自己在受了這一刺激以後「每天和眼睛接觸的盡是些農民革命問題，世界革命史，經濟學，政治學，軍事學……等，尤其是那本步兵操典，幾乎有大半可以背得出來！」〔註150〕1943 桂林良版友和 1949 年上海晨光版都把其中的「農民革命問題」一詞刪掉，1956 年臺北力行書局版則刪掉了全

〔註147〕李師程，雲南省政協文史委員會：《雲南文史資料選輯・第 62 輯・楊春洲回憶錄》，昆明：雲南人民出版社，2005 年，頁 73～74。

〔註148〕李師程，雲南省政協文史委員會：《雲南文史資料選輯・第 62 輯・楊春洲回憶錄》，昆明：雲南人民出版社，2005 年，頁 75。

〔註149〕楊春洲：〈儂瑟若同志在北京被捕的情況〉，選自《中國人民政治協商會議雲南省廣南縣委員會文史資料委員會・廣南縣文史資料選輯・第 5 輯》，1991 年，頁 7。

〔註150〕謝冰瑩：《一個女兵的自傳》，上海：上海良友圖書印刷公司，1936 年，頁 175。

篇文章。類似的較為簡單直接的基礎修改方式也在這本書同一章的第七篇〈血的五月〉中出現，這篇文章講述的事件發生於北伐軍進入武漢以後，1927 年 5 月，謝冰瑩所在的中央軍事政治學校學員總隊剛剛改編為國民政府中央獨立師，而她本人也參與了與中共密切相關的武漢學潮，呼籲打倒軍閥、打倒帝國主義、收回英租界。文中多次出現與「紅色五月」、「血的五月」相關的意象，比如「這鮮紅的，用革命先烈的血染成的五月呵，只有在一九二七年是這麼被我們熱烈地慶祝過……在鮮紅的五月裏，鄧肯跳舞團，也來到漢口的血花世界表演了。一群天真活潑，強有力的少女們，披上血紅的綢子，在淡綠色的燈光下唱著『想我們受過，多少努力，勞動的沉痛！』……那種整齊活潑的步伐，雄壯的歌聲，感動了每一個觀眾，鼓勵了每一個觀眾的熱情，大家也和著高唱起：『通紅的活路，烤乾盡了我們的血汗……』」〔註 151〕，上海晨光版不僅將此處「這鮮紅的」幾個字刪掉，而且在這篇文章後文多次涉及到同樣的表述時候將「鮮紅的」及與之類似的修飾詞如「血花」、「血紅」、「通紅的」等刪掉，在臺北力行書局版中則更為簡潔徹底地將〈血的五月〉這篇文章通篇刪掉。無論是「農民革命問題」還是「紅色革命性質」都直接指向了從軍時期的謝冰瑩思想傾向和革命理想是與中共革命一致的，尤其是「紅色」革命這一特殊的意識形態修飾詞史是在記錄武漢學潮時的這一篇中多次出現，尤其值得注意的是，這篇文章中有一句話只在初版本中出現過：「在鮮紅的五月裏，國際工人代表團來到革命中心地的武漢了，工農革命的領袖也來到武漢了，我們整天忙著歡迎，忙著操練閱兵，忙著出特刊，寫標語，傳單。」〔註 152〕如果說前述的細節還是較為含蓄地暗示著當時的革命形勢的話，「國際工人代表團」、「工農革命領袖」這兩個關鍵字則是非常直接地表示出當時謝冰瑩參與的革命活動的意識形態性質，因此這一細節在謝冰瑩被黨組織除名並開始反思自己早年革命理想，乃至於 40 年代思想傾向出現轉變以後，就再也沒有重新出現在包括 1943 年桂林良友版及以後的各個版本中了。

　　除了僅刪去較為敏感的語彙和字句而並不做其他增補這種最基本的修改方式以外，謝冰瑩更傾向於在刪去敏感詞語的基礎上，以新的話語方式將原文空缺處重新補全。比如在 1936 年上海良友版《一個女兵的自傳》第四章〈從

〔註 151〕謝冰瑩：《一個女兵的自傳》，上海：上海良友圖書印刷公司，1936 年，頁
　　　　176～178。
〔註 152〕謝冰瑩：《一個女兵的自傳》，上海：上海良友圖書印刷公司，1936 年，頁 178。

軍時代〉的倒數第二篇〈夜間行軍〉中寫到自己參與北伐軍女兵隊時候曾經
連夜行軍趕路的經歷:「因為看不見敵人的多寡,看不見血肉模糊的死屍,作
戰時一走更有精神,更加勇敢。夜的空氣是靜穆的,嚴肅的,緊張的!一想
到為真理而戰,為光明而戰,為全人類中的被壓迫階級而戰,就會精神百倍
起來。但同時我也想到過,晚上開戰,分不清敵人和自己的弟兄,一定會誤
殺多少人的。」〔註153〕這一處最後兩句是在描寫作家在行軍過程中內心對自
我信仰的革命理想的揣摩,這一細節在上海晨光版和臺北力行書局版中被一
致修改為:「一想到為真理而戰,為自由而戰,為全國父老兄弟姐妹而戰,就
會精神百倍」〔註154〕。顯見的是,作家將帶有中共社會主義革命理想色彩的
「全人類中的被壓迫階級」改為沒有特定意識形態意義的「全國父老兄弟姐
妹」。同一篇文章中還有另一個細節也值得我們注意,上海良友版該篇結尾中
寫道:「在那遙遠的山邊,發現幾點紅光了,這是黑暗中的曙光,我們的目的
地快到了!『走上前去呵,曙光在前,同志們奮鬥!』我首先放開嗓子唱著,
大家都一起唱了起來,雄壯的歌聲,衝破了黑夜的沈寂。」〔註155〕臺北力行
書局版中,作家將後一句描寫自己唱歌的行為和歌詞的內容完全刪掉,全篇
文章以「我們的目的地快到了!」〔註156〕為結束。其中作家高唱的「走上前
去呵,曙光在前,同志們奮鬥!」是北伐時期非常流行的紅色歌謠《少年先
鋒隊歌》,當時在中國少年先鋒隊和進步組織中流傳甚廣,作家在作品中並沒
有引用這首歌曲的全部歌曲,其中副歌部分反覆出現的句子是「我們是/這
就是工人和農人的少年先鋒隊」,歌詞結尾一段是這樣的:「看我們高舉鮮紅
旗幟,同志們快來,快來同我們努力建設工農的政權,工農作世界主人翁,
人類纔能走入大同。戰鬥呵!工人和農人的少年先鋒隊。」〔註157〕由此再結
合作家在〈夜間行軍〉這篇文章結尾處富有暗示意義的描述,遠處的紅光、
黑暗中的曙光昭示著軍隊充滿希望的目的地,雄壯的少年先鋒隊歌會衝破現
在短暫的黑夜,必將隊伍引領至能夠拯救全世界被壓迫階級的紅色的遠方。

〔註153〕謝冰瑩:《一個女兵的自傳》,上海:上海良友圖書印刷公司,1936 年,頁
208。
〔註154〕謝冰瑩:《女兵自傳》,臺北:力行書局,1956 年,頁 77。
〔註155〕謝冰瑩:《一個女兵的自傳》,上海:上海良友圖書印刷公司,1936 年,頁
211。
〔註156〕謝冰瑩:《女兵自傳》,臺北:力行書局,1956 年,頁 78。
〔註157〕中國作家協會江西分會編:《紅色歌謠》,南昌:江西人民出版社,2007 年,
頁 420。

這一段的描寫手法與十七年文學中的帶有模式化的紅色敘事有異曲同工之妙，充分反映了作家當時信仰的社會主義工農革命理想，因此遷臺以後的作家必然會在臺北力行版將這部分內容刪去。

　　關於作家對不同版本作品中意識形態語詞的修改問題，有一個特殊事件不可以忽略，現代文學研究界曾因謝冰瑩對自己在不同版本《女兵自傳》中意識形態方面細節修改態度的前後矛盾而引起一場關於《女兵自傳》的重版風波，事情發生在 1985 年，是時四川文藝出版社資深編輯徐靖委託謝冰瑩好友魏中天先生與當時漂泊海外的作家本人通信商議重新在大陸出版《女兵自傳》事宜，但遭到了謝冰瑩的拒絕。拒絕出版的原因是謝冰瑩認為新時期以來的大陸書籍在收納她的作品時候存在未經她允許的私自刪改情況，對此，謝冰瑩曾分別在 1985 年 3 月 10 日給編輯徐靖的信、1984 年 4 月 3 日致北伐時期故交楊纖如的信中反覆表示並重申自己對於這種「私自篡改」的「違法行為」的極端不滿。我們不妨根據 1983 年到 1985 年作家與徐靖、魏中天、閻純德等幾位相關人士的通信內容來還原一下當時重版風波的具體情形。1983 年 11 月 14 日謝冰瑩致魏中天的信中寫道：「對於出拙作事，我不能同意，因此也不便作文。在此間，朋友買到譯本《港臺女作家選集》，看到拙作兩篇：一為〈愛晚亭〉，一為〈從軍〉（《女兵自傳》的一部分）。我看了一遍，他們改了兩處地方，改得太離譜了，簡直不像話！如出書，更不知他們改成什麼樣子，請轉告他們，如一字不改原著，可以出版，否則，我絕對反對！」〔註158〕在 1984 年 2 月 15 日致魏中天的另一封信中，作家仍表示：「關於出版拙作事，我不贊成。因為像《選集》上面的文章，把我的原文改了，實在不應該。最好不出，要出就要尊重作者的意思和她本人的思想。我不想多說，請原諒。」〔註159〕其中作家指責的《選集》指的是 1982 年 3 月由閻純德等編選，福建人民出版社出版的《臺港和海外華人女作家作品選・上冊》中節選了《女兵自傳》上卷中的〈愛晚亭〉和〈當兵去〉兩篇文章，編者閻純德於 1984 年 8 月 7 日致謝冰瑩信澄清作家關於編者擅自篡改自己文章的指責：「……（二）四川人民出版社發稿的《女兵自傳》係據臺灣東大圖書公司 1980

〔註158〕 欽鴻編：《永恆的友誼：謝冰瑩致魏中天書信集》，北京：中國三峽出版社，2000 年，頁 42。

〔註159〕 欽鴻編：《永恆的友誼：謝冰瑩致魏中天書信集》，北京：中國三峽出版社，2000 年，頁 44。

年版排印。請放心，他們不會更改一個標點。（三）關於《臺港和海外華人女作家作品選》所選您的作品事——這裡，我可以向您鄭重申明：從編者，到出版社編輯，我們沒有更改原稿一個字，這是事實！……節選的幾段文字是從 40 年代一個選本中選印下來的，這個本子我一時說不出它的編者、出版者，但可以在北京圖書館裏找到……事實上，再蠢的編者和編輯，都不會任意給作者加進那種帶有明顯政治色彩的語言的。」〔註160〕值得玩味的是，謝冰瑩在 1984 年 8 月 23 日對於這封信的回信上面，除了來信收到以外，隻字未提關於閻純德對之前出版選本是作家原作而並非編者擅自修改的解釋的回應，並在編者閻純德已經將事件解釋清楚的前提下，作家在 1985 年 3 月 10 日致徐靖信中仍然對此表示極為激憤，並特意將「被篡改」的兩處細節告訴編輯：「聽說您們要印拙作《女兵自傳》和《我的回憶》，非常感謝。只是我希望完全照原文，不要隨意改動；否則，千萬勿印。在《臺港女作家選集》上，有拙作〈當兵去〉和〈愛晚亭〉兩篇，後者沒有改，前者改了兩處：①原文是我們在火車上唱歌，他們改為：『起來飢寒交迫的……』共產國際歌，真是太豈有此理了！②我陪二哥在嶽麓山養病，他介紹我看有關文藝方面的書，他們改為『××主義 A、B、C』、『社會主義淺說』，還有許多地方改了一個字或幾個字的，不計其數。如果像這樣，隨意篡改，我根本反對出版拙作任何一本。老實說，這是犯法的，我可以請律師控告的。」〔註161〕

　　據此，學者欽鴻特意在自己編纂的《謝冰瑩致魏中天書信集》中將上述信件全部收納，並撰文〈謝冰瑩《女兵自傳》的重版風波〉，力圖證明這些話原本出於謝冰瑩本人原作。欽鴻所依據的〈當兵去〉的原稿是載於陶亢德編輯的《宇宙風》1936 年 5 月 16 日第十七期的，內文原有「××主義 A、B、C」、「社會主義淺說」兩處表述，並表示經學者自己核實，上海良友圖書印刷公司 1936 年 6 月出版的《一個女兵的自傳》初版本在上述兩處細節與刊於《宇宙風》上的原稿一致〔註162〕。既然學者與作家之間因作品中可能存在的修改問題而產生了矛盾，那麼我們不妨將目前可查幾個版本中〈當兵去！〉這一篇的相關細節抽離出來進行比較閱讀，便也可一窺作家究竟是如何對上

〔註160〕閻純德：《作家的足跡‧續編》，北京：知識出版社，1988 年，頁 456～457。

〔註161〕欽鴻編：《永恆的友誼：謝冰瑩致魏中天書信集》，北京：中國三峽出版社，2000 年，頁 53。

〔註162〕欽鴻：〈謝冰瑩《女兵自傳》的重版風波〉，《中華讀書報》，2002 年 10 月 17 日。

述細節進行循序漸進的修改並在晚年進行自我否認的。1936 年上海良友版《一個女兵的自傳》第四章〈從軍時代〉的首篇〈當兵去！〉中有這樣一段表述：「他（筆者注：謝冰瑩二哥謝承章）給我看××主義 ABC，社會主義淺說，以及其他幾本關於社會科學，革命理論方面的書。當我對於這些書發生了興趣的時候，那個影子便在我的腦海裏，慢慢地淡了下來，我寫文章的對象，也轉了方向。因為住在鄉間和農民接近的機會很多，我開始描寫他們的生活，他們的痛苦，還在三哥主編的通俗日報上發表了。」〔註163〕1943 年桂林良友版本中將上述一段第一句話前半句改為：「他給我看，社會主義淺說，以及其他幾本關於社會科學，革命理論方面的書」，只刪掉了「××主義 ABC」〔註164〕。1949 年上海晨光版將該句改為：「他給我看幾本關於社會科學，革命理論方面的書」〔註165〕，在前一版的基礎上進一步刪掉了「社會主義淺說」。1956 年臺北力行書局版中對前述一個段落又進行了第三次大幅度修改：「他開始給我看關於新文藝方面的書，當我對這些書發生了興趣的時候，那個影子便在我的腦海裏，慢慢地淡了下來。我常常寫些山居小品在三哥主編的通俗日報上發表……」〔註166〕此次修改不僅將「××主義 ABC」，「社會主義淺說」刪掉，而且將原文中其他幾本關於「社會科學」方面的書改為關於「新文藝」方面的書，並將自己關注並描寫農民生活的細節修改為常寫「山居小品」，1980 年臺灣東大圖書版與臺北力行書局版一致。由此可以證實閻純德所編《選集》中選篇參考版本應是以 1936 年上海良友版《一個女兵的自傳》初版本為底本的，學者欽鴻對謝冰瑩否認自己原作的指責也的確有理有據。

　　被作家指責的惡意篡改除了上述關於社會主義書籍閱讀細節之外，還有另一處高唱共產國際歌的內容在學者欽鴻的論述文章中並未展現出來，為了論述的全面有必要這裡加以補充呈現。在 1936 年上海良友版《一個女兵的自傳》第四章〈從軍時代〉首篇〈當兵去！〉結尾部分寫道：「車廂是關馬裝貨的，所以除了兩扇鐵門外，連一個小窗戶都沒有，大家被黑暗籠罩得太難受了，於是就放開嗓子高聲唱著：『起來，飢寒交迫的奴隸，起來，全世界上的

〔註163〕謝冰瑩：《一個女兵的自傳》，上海：上海良友圖書印刷公司，1936 年，頁131。

〔註164〕謝冰瑩：《一個女兵的自傳》，桂林：桂林良友圖書印刷公司，1943 年，頁128。

〔註165〕謝冰瑩：《女兵自傳》，上海：上海晨光出版社，1949 年，頁 99。

〔註166〕謝冰瑩：《女兵自傳》，臺北：力行書局，1956 年，頁 48。

罪人……』」〔註167〕1943 年桂林良友版將唱歌的細節改為「大家被黑暗籠罩得太難受了，於是就放開嗓子高聲唱著歌」〔註168〕，並刪掉了共產國際歌歌詞的內容，1949 年上海晨光版和桂林良友版處理相同，1956 年臺北力行書局版在前者基礎上又有幾個字的微調：「大家被黑暗籠罩得太難受了，於是就放開嗓子高聲唱起歌來。」〔註169〕那麼引發我們思索的就自然有這樣兩個問題，一是不同時期的謝冰瑩為什麼在不同版本中對同一篇文章的細節進行這樣不厭其煩的反覆修改？二是晚年的謝冰瑩為何要否認那些充滿意識形態的語言細節是出自於自己的原作？

討論到作家在不同時期的《女兵自傳》版本中對〈當兵去〉這篇文章前述兩個與意識形態相關的重要細節的修改因由，我們需要追問這幾個不同版本問世的年份代表了作家人生軌跡的那些階段，如 1936 年初版本問世時，謝冰瑩剛剛在柳亞子先生和日華協會同仁的幫助下，從日本東京獄中重返祖國大陸，並在廣西桂林三哥處靜養；1943 年桂林良友版出版時，作家已經與素來反共的賈伊箴結為夫婦，並在西北國統區組織籌備文化宣傳工作；1948 年上海晨光版出版的時候，作家已經受國立臺灣師範大學邀請聘任而赴臺任教；1956 年臺北力行書局版出版之際，謝冰瑩已在臺生活 8 年之久，並皈依佛門。通過結合這幾個版本的出版時間對應著謝冰瑩的人生經歷，我們不難看出自 1936 年上海良友版以後原文中與中共革命密切相關的意識形態化表述已經在其他版本中逐漸被刪減和淡化，這與作家原本信仰的社會主義革命理想因現實變化和環境波動而動搖乃至轉向的思想心態的轉變過程密不可分。那麼為何晚年的作家會否認這些細節原本出自於自己早年的作品版本呢？其一，1985 年的謝冰瑩已是耄耋之年，許多與晚年謝冰瑩有過交往的學者都在不同文章中透露過此時作家的記憶力已遠不如年輕時期了，比如請友人吃飯卻忘記帶錢，記不清自己的全部著作情況等事情時有發生，謝冰瑩老友魏中天曾經回憶道：「在我看來，冰瑩的身體雖年老，但還可以自己走動，照料自己的生活。不過冰瑩的記憶力卻十分差」〔註170〕，也有曾經採訪過她的學者表示：「在這次會見中，謝老曾多次詢問我的名字，還要求我將全家人的名姓和地

〔註167〕謝冰瑩：《一個女兵的自傳》，上海：上海良友圖書印刷公司，1936 年，頁 135。
〔註168〕謝冰瑩：《一個女兵的自傳》，桂林：桂林良友圖書印刷公司，1943 年，頁 131。
〔註169〕謝冰瑩：《女兵自傳》，臺北：力行書局，1956 年，頁 50。
〔註170〕魏中天：〈謝冰瑩談祖國和平統一問題及其他〉，選自閻純德，李瑞騰：《女兵謝冰瑩》，北京：人民文學出版社，2002 年，頁 183。

址寫給她。看來，謝老的記憶力似乎也有些衰退了」〔註171〕，在 1995 年九十歲時，這種記憶力的衰退更加嚴重，有報導稱當時的她已經不僅有記憶力消失現象，而且常認不得人，甚至記不起事了〔註172〕。因此，耄耋之年的謝冰瑩對自己早年作品中涉及中共革命的意識形態化表述持否認態度，的確有可能是由於年事漸高而記憶力衰退所致，但是通過前文所述幾封按照時間順序排列的往來書信情況梳理，我們很明顯能夠發現作家在編者閻純德已經給予了準確清晰的解釋以後仍然佯裝視而不見，並且在接下來與編輯徐靖的通信中依舊維持之前的強硬態度，痛斥閻純德在文集中的選篇如何肆意篡改了她的作品，簡直是「豈有此理」，甚至有「違法」嫌疑。這就不能單純用年事漸高而記憶不佳的藉口來解釋了。謝冰瑩既是有意在否認自己早期版本作品中帶有明顯政治色彩語句細節的事實，更是在否認自己早年參與中共革命並信仰工農革命理想的事實。她曾在 1981 年 7 月 24 日寄給魏中天的信函中針對同鄉梁兆斌刊於 1981 年 6 月 25 日上海《文學報》的文章〈遙念謝冰瑩〉而特意指出幾處錯誤，並否認過自己早年的革命經歷：「我不是左聯發起人，因為教書、上課太忙，所以沒有工夫參加工作……34 年我從來沒參加過人民政府活動，也沒有被通緝過……」〔註173〕，同年 12 月 7 日的信中針對魏中天在香港《文匯報》副刊《文藝》上發表的散文〈記謝冰瑩〉而指出表述的錯誤，進一步否認自己早年參與中國共產黨組織和地下黨活動的往事：「我從來沒有參加人民政府工作（你參加，我完全不知），更沒有反蔣，我是始終擁護三民主義，擁護孫總理和蔣總統的；否則我為什麼跑去臺灣？」〔註174〕這裡的人民政府指的是蔡廷鍇和徐名鴻在福建籌辦的以反蔣抗日為主要任務目標的福建人民革命政府，參與工作指的是她曾任人民政府婦女部長一職之事，在這封信的結尾，謝冰瑩語言非常尖銳而很不客氣地對她的老友說：「你說我們這次通了十六封信，哪有這麼多？你寫文章，固然是你的自由，但不可抹殺事實，更不可造謠，妨礙對方的安全。你這篇文章，雖在香港發表，可是臺

〔註171〕吳一虹：〈淒清〉，選自閻純德，李瑞騰：《女兵謝冰瑩》，北京：人民文學出版社，2002 年，頁 117。

〔註172〕柴扉：〈女兵不死，精神常在〉，選自閻純德，李瑞騰：《女兵謝冰瑩》，北京：人民文學出版社，2002 年，頁 157。

〔註173〕欽鴻編：《永恆的友誼：謝冰瑩致魏中天書信集》，北京：中國三峽出版社，2000 年，頁 33。

〔註174〕欽鴻編：《永恆的友誼：謝冰瑩致魏中天書信集》，北京：中國三峽出版社，2000 年，頁 38。

灣朋友也看到了……現在請你自己澄清一下……此後最好不寫關於我的文章,萬一要寫,請先賜下給我拜讀後再發表。」〔註175〕魏中天曾經回憶過兩人會面時候一個有趣的細節,也可以讓我們側面看到當時謝冰瑩身處的環境的特殊:「我在美國時,曾做過一件很好笑的事。謝先和我說明道理,謝曾要我在她反動的丈夫面前,否認她曾參加過左聯和閩變。後來真的在賈的面前,謝故意問我,她過去有沒有參加過左聯和閩變,我在賈面前,大聲的說:「你思想這樣反動,那裡有資格參加左聯和閩變」……這樣她反動的丈夫纔相信。」〔註176〕梁兆斌和魏中天在回憶性文章中關於謝冰瑩早年參與革命的敘述並不是「抹殺事實」也不是「造謠」,而是確有其事,所以作家的指謫本並不合理,但我們可以看到這樣幾個信息,一是這樣的文章會「妨礙對方的安全」,這或許就是謝冰瑩當時內心深處的真實想法;二是這樣的文章會讓「臺灣的朋友看到」,給她所處的生態壞境施加輿論壓力;三是這樣的信息為讓「反動的丈夫震怒」,更進一步為她的日常生活增添不必要的麻煩。所以謝冰瑩纔會堅持否認和抗拒自己早年文章中透露出的意識形態信息。

〔註175〕欽鴻編:《永恆的友誼:謝冰瑩致魏中天書信集》,北京:中國三峽出版社,2000 年,頁 38~39。

〔註176〕魏中天:〈關於謝冰瑩的信函片斷〉,選自欽鴻編:《永恆的友誼:謝冰瑩致魏中天書信集》,北京:中國三峽出版社,2000 年,頁 156。

第四章　在地化寫作與故土想像性闡釋——以潘人木及《蓮漪表妹》為例

　　以真實家國為底本的作品在增刪與修改中與想像故土進行銘鑄，是遷臺作家作品中隱性懷鄉書寫的一種表現方式，而在遷臺後纔開始文學創作的作家群體寫作中，隱藏著另一種更為複雜的隱性懷鄉敘事方式。由於作家的文學生命從遷移臺灣後纔開始，因此作家在文學書寫中建構的故土面貌是與真實家國體驗非常疏離的，這已經是對故土的第一重想像，而在臺灣生活多年後對同一部作品進行二次修改的過程中，作家又在以新的故土想像去闡釋之前的在地化懷鄉書寫，這就構成了關於故鄉的第二重文學想像。真正能夠反映這種因為地域的錯置而帶來想像性鄉愁建構的作家，以潘人木及其長篇小說《蓮漪表妹》為最主要代表。她在投入兒童文學創作之前的最主要的三部小說作品都受到了國民政府官方意識形態刺激並獲得「中華文藝獎金委員會」大獎，然而五十年代的風靡過後卻迎來三十年的沉潛，直到八十年代解嚴後她的作品纔得以重新回到文壇，這三十年來的臺灣在地生活，為作家想像故土的方式提供了全部養分。

第一節　形塑作家身份的五十年代臺灣生態反芻

　　縱觀五十年代初的國民黨文化思想領域的重大事件，有兩件事情作為此階段作家文學創作的重要生態環境而難以繞過，即「中華文藝獎金委員會」

及「中國文藝協會」的成立與臺灣五十年代「反共文學思潮」的蜂起。

1950 年 4 月上旬，國民黨政府授意中宣部及中央文化運動委員會主席張道藩作為主任委員組織成立「中華文藝獎金委員會」，簡稱「文獎會」，成員有羅家倫、張其昀等人，稱其為五十年代臺灣最重要的文藝創作獎金評選機構也不為過。「文獎會」竭力獎勵「反共抗俄」的文藝創作，不僅將獲獎作品推薦至有關的出版機構及報刊雜誌，而且委員會直接印行「反共抗俄」歌詞選，以期用獎勵文藝作品帶動文藝運動，增加國民政府領導下文藝工作者們「思想戰」和「精神戰」的力量〔註1〕。在「文獎會」的獎金鼓勵下，大批因戰爭局勢發生變化而隨國民黨軍隊遷至臺灣的作家開始積極投入文學創作，而應運而生的作家作品在當時均被認為是以「反共」為基本主題進行的文學創作，不僅包括小說、劇本、詩歌等傳統文學體裁，而且還包括廣播劇本、演講、論文和歌詞等諸多新文藝獎項，因此學界將「文獎會」的成立視為是臺灣「五十年代反共文學」浪潮的開始。同年 5 月，由張道藩、國民黨資深文藝工作者陳紀瀅、國民黨中宣部新聞人王平陵等人在臺北聯合發起成立了「中國文藝協會」，不僅下設小說、詩歌、散文、話劇等多個文藝委員會，而且在本年 10 月初到 1953 年春間於多家廣播電臺每週定期舉辦「廣播文藝講座」，以宣傳文藝作品為中心，並在臺灣中部和南部等多地都設有分會組織，其理事包括了謝冰瑩、趙友培、王藍、羅家倫等當時非常重要的遷臺作家學者。學者陳芳明曾經指出「中國文藝協會」這個文藝組織共有人員 1290 人，但其中只有 58 人是臺籍〔註2〕，由此可見，五十年代臺灣影響力最大的文藝社團的權力結構是以國民黨黨員為核心，以外省作家為主要成員。

承上所述，關於所謂的「五十年代臺灣反共文學」文藝思潮，我們有這樣兩個重要問題需要釐清，即操控此文學思潮興起與衰落背後的動力源究竟是什麼，在這種動力作用下起落的文學思潮又如何作用於身處其中的遷臺作家群體及其文藝創作。由於戰爭局勢的變化中華民國政府於一九四九年末被迫從大陸撤退到臺灣，遷臺以後以蔣介石為中心的國民黨政府因前車之鑒而加強對國民政府文藝工作的關注，並指示張道藩開展「文獎會」和「文協」以

〔註1〕張道藩：〈《文藝創作》發刊詞〉，選自《酸甜苦辣的回味》，北京：傳記文學出版社，1981 年，頁 95～97。

〔註2〕陳芳明：《新臺灣文學史》，臺北：聯經出版事業股份有限公司，2011 年，頁 270。

經濟獎勵刺激民間作家投身「反共抗俄」的文學創作洪流中來，因此五十年
代「反共」文藝思潮的出現背後的根本動因是政治，正如學者古繼堂所說：
「反共文藝思潮是一項有組織有計劃的政治性的文學活動」〔註3〕。捲入這一
政治文藝活動的重要刊物主要有：由「中國文藝協會」和「中華文藝獎金委
員會」創辦的雜誌《文藝創作》、隸屬於國防部總政治部的《軍中文藝》〔註
4〕、直屬於中國青年寫作協會的雜誌《中國青年寫作協會》和歸屬於臺灣省
黨部直屬臺灣省婦女寫作協會的《幼獅文藝》等。在國民政府官方的政治操
縱和宏觀支持下，由前述多種「反共文藝」刊物作為平臺和媒介加以文藝獎
的推波助瀾，催生了一批由遷臺作家創作的「反共作品」，包括趙友培的《反
共進行曲》（1950年「五四」獎金歌詞首獎）、《游擊進行曲》（1952年「五四」
獎金歌詞類第二獎），孫陵的《保衛我臺灣》（1950年「五四」獎金歌詞第三
獎），郭嗣汾的《大巴山之戀》（1951年多幕劇本第二獎）、《黑暗的邊緣》（1951
年「五四」獎金短篇小說第二獎）、《尼泊爾之戀》（1953年「五四」獎金中篇
小說第二獎）、《霧裏獻花人》（1954年「五四」獎金短篇小說第二獎），段彩
華的《幕後》（1952年「五四」獎金中篇小說第三獎），王藍〈你永遠不會失
戀〉（1952年「五四」獎金短詩類第三獎），王鼎鈞的《散金臺》（1953年「國
父誕辰紀念獎金」獨幕劇本第二獎）〔註5〕等，也包括本章要討論的作家潘人
木的三部作品，即《如夢記》（1950年「雙十節」獎金短篇小說首獎）、《蓮漪
表妹》（1952年「國父誕辰紀念獎金」長篇小說首獎）和《馬蘭自傳》（1954
年「國父誕辰紀念獎金」短篇小說第三獎），因後文會加以詳述故在此不贅言。
儘管在「文獎會」的刺激下，大量遷臺作家湧入所謂「反共文學」的文藝創浪
潮之中，看似這批作家文學生命的開始應感謝於這場文學浪潮，但是這其中
的絕大部分作品似乎都因套著「反共文學」的緊箍咒而在藝術性上存在很大
硬傷，如因理論先行而導致人物情節的簡單化和平面化，或以意識形態主導
文藝創作而使得文學作品的文學性大打折扣。對此同為遷臺作家的王鼎鈞曾
在晚年的回憶性文章〈反共文學觀潮記〉中做出了這樣的解釋：「國民黨中央

〔註3〕古繼堂：《臺灣新文學理論批評史》，瀋陽：春風文藝出版社，1993年，頁105。
〔註4〕由國防部總政治部開辦的雜誌原名為《軍中文摘》（第1期至第57期），在
　　　1954年1月第58期以後更名為《軍中文藝》於1956年4月更名為《革命文
　　　藝》。
〔註5〕根據張健，王金城，袁勇麟：《中國當代文學編年史・第10卷・港澳臺文學・
　　　上・1949～2007》，濟南：山東文藝出版社，2012年版整理。

察覺反共文學將如海潮洶湧，為空泛濫為患，特地以獎勵的方式導入河道，否則反共文學可能演變成對國民黨失去大陸的檢討批判……當年『文獎會』的真正任務，乃是對反共文學寓緊制於獎勵」〔註6〕。也就是說，國民政府推動的所謂「反共文學」運動對於置身其中的遷臺作家群體來說是一柄雙刃劍，既為他們登上臺灣文學舞臺提供了契機，又限縮了他們作品的生命力。1956年7月「中華文藝獎金委員會」停辦，至同年12月正式結束，政治意義上的臺灣「五十年代反共文學」浪潮也隨著「文獎會」的結束而到此為止，但文學意義上「反共」的文藝思潮仍然在很長一段時間內持續影響著後輩作家的創作理念。隨著時間的沉澱，當我們為當年盛極一時的「反共」文藝作品剝去「反共」的外衣時，很可以發現其中的一部分作品具有著並不應該被歷史淘汰的藝術品質，本章選取其中一位遷臺女性作家潘人木及她的第二部長篇小說《蓮漪表妹》作為主要研究對象，試圖通過這位女作家在同一作品不同時期的不同版本之間的修改情況，觸摸隨著時間的推衍，作家的思想認識和心態有著怎樣的波動和變更。

第二節　符合國民政府主流意識形態的文藝創作歷程

潘人木在大陸時期並沒有已出版的文學作品可供參考，是在隨軍遷臺以後20世紀50年代初纔正式開始從事文學創作，因此區別於第一章關注女兵作家謝冰瑩遷臺前後同一作品兩岸的不同版本，在這一部分中我們主要關注的是潘人木遷臺以後在臺灣出版的同一作品的不同版本。在進入文本細部分析之前，我們需要對作家文學創作的簡單情況進行梳理。

潘人木在臺灣的文藝創作歷程有著鮮明的前後分期。前期，作家以抗戰為主要關注對象而進行的中長篇小說創作成為五十年代臺灣「反共文學」影響深遠而極負盛名的代表作品，而前期作家的重要作品集中在1951年到1953年之間密集湧現，與當時國民政府的文藝政策和文化運動有著極為密切的聯繫。潘人木的第一部小說作品是1951年4月由臺北重光文藝出版社初版的中篇小說《如夢記》，獲得該年「中華文藝獎金委員會」之「雙十節」獎金短篇

〔註6〕王鼎鈞：〈反共文學觀潮記〉，選自《文學江湖》，北京：生活・讀書・新知三聯書店出版社，2013年，頁89～90。

小說類首獎；第二部小說作品是 1952 年 1 月由臺北文藝創作社初版的長篇小說《蓮漪表妹》，獲得該年「中華文藝獎金委員會」之「國父誕辰紀念獎金」長篇小說首獎。潘人木的《蓮漪表妹》與王藍於 1958 年 2 月由臺北紅藍出版社初版的《藍與黑》、徐鍾珮於 1961 年由臺北重光文藝出版社初版的《餘音》和紀綱於 1970 年 5 月由臺北純文學出版社初版的《滾滾遼河》，並稱為臺灣四大抗戰小說。她的第三部小說作品是 1954 年獲得「中華文藝獎金委員會」之「國父誕辰紀念獎金」短篇小說第三獎的《馬蘭自傳》，獲獎後連載於「文協」官方雜誌《文藝創作》1955 年 2 月到 5 月間第 46～49 期，除此之外，僅有作家本人的底稿而並未公開出版單行本，是作家在 1986 年退休後旅美時住在長女家中纔開始重新整理並改寫，後於 1987 年 12 月由臺北純文學出版社發行初版本，書名改為《馬蘭的故事》。早期作家的小說創作中還有兩部長篇作品，分別是 1957 年 5 月 29 日至 9 月 12 日於《中華日報》連載的長篇小說《塞上行》，和 1960 年 8 月 22 日至 11 月 19 日於《中華日報》連載的長篇小說《雪嶺驚魂》。短篇小說作品方面，作家在 1981 年 4 月由臺北純文學出版社出版了集結作家 1953 年至 1967 年間創作的十七篇短篇小說的一部小說集《哀樂小天地》，這部作品集基本上代表了潘人木前期的短篇小說創作面貌。後期，作家將文藝創作的重心由長篇小說逐漸轉移到兒童文學方面，粗略估計，作家在 1966 年到 2001 年間就創作了逾一百部兒童文學作品。後期的潘人木除了積極創作兒童文學作品以外，還於 1965 年在臺灣省教育廳「兒童讀物編輯小組」任編輯工作，曾負責編寫中華兒童叢書及兒童百科全書，在 1971 年擔任臺灣省教育廳「兒童讀物寫作研究班」第 1、2 期講師，主持相關課程，全身心投入並致力於推進臺灣兒童文藝活動。毫不誇張地說，前期有反共傾向的抗戰長篇小說與後期量豐質優的兒童文學作品共同鎔鑄出作家豐滿而立體的文藝經歷，也正是因為她創作經歷的特異性和多面性，使得潘人木成為同時期大陸遷臺女作家中獨具風格而極具個性的一位。

第三節　兩版《蓮漪表妹》的雙重面孔

　　目前可考《蓮漪表妹》有三個版本，除了 1952 年 1 月由臺北文藝創作社出版的初版本以外，在 1985 年 11 月由臺北純文學出版社作為純文學叢書第 132 冊而再版，2001 年由臺北爾雅出版社作為爾雅叢書第 362 冊而第三次出

版，目前臺灣市面通行的是爾雅出版的第三個版本。值得注意的是，這本書的初版本和再版本之間相隔時間有 30 餘年，遷臺作家齊邦媛曾在 90 年代一篇關於《蓮漪表妹》的論述性文章中回憶起這樣一個細節：「不久前在書店的陳列架上見到《未央歌》和《蓮漪表妹》並排放在一起，極感興奮，不知是由於文學判斷，還是偶然？這兩本厚重的巨著各用了六百多頁寫抗戰初期大學生的故事。主角都是一位貌美有餘而思想不足的校花。經歷同一場戰爭，在同是臨時設校的大學校園上，卻進入春花與冬雪兩種截然不同的人生。」〔註7〕《未央歌》是作家鹿橋的代表作，小說以抗戰時期烽火中的西南聯大為背景，於 1945 年創作完成。1959 年在香港人生出版社的支持下作家自費出版初版本，1967 年由臺灣商務印書館印行，因受到讀者熱捧而此後諸多再版。齊邦媛這裡提到的與 1985 年第一次再版的《蓮漪表妹》同放置在一個書架上的應是 1984 年由臺灣商務印書館股份有限公司重新出版的《未央歌》普及本第三十四版。《蓮漪表妹》作為五十年代臺灣「反共」小說的代表作品，因「文獎會」的停辦和「反共文學」浪潮的結束而被歷史框定在了那個特殊的年代，整整塵封 30 年纔得以重新出版。由此我們也就不難理解為什麼齊邦媛看到這兩本同時期出現又有著相似故事背景的抗戰小說在 80 年代重新並肩出現在書架上時，會不禁感慨兩者是「春花」與「冬雪」了。

　　1952 年文藝創作社初版本《蓮漪表妹》前附張道藩〈序〉及作者潘人木的個人自傳，除了正文前有一篇「楔子」以外，正文內容共有四十四章。1985 年純文學出版社再版本《蓮漪表妹》前刪去張道藩的序言和作家自傳，改附作家本人作代自序〈我控訴〉。在前代自序〈我控訴〉中，作家潘人木大略解釋了時隔三十年以後的修改本相較於初版本而言做出了那些合理的更動，而重新出版的《蓮漪表妹》中的這些改動是「根據多位名家的指正和老友們的意見，以及自己的見解所做，結果可能還未達到理想，但我已經盡力了」〔註8〕，其中名家包括張道藩、王聿均、鄧禹平等人，老友主要指的是王藍，而自己的見解則是因為作品耽擱了三十多年，自認為可以當做一個客觀的讀者。除了序言方面的修改以外，再版全文章節布局的整體結構也進行了全面的更動，作家小說正文前保留「楔子」，將文章主體內容由原初版本簡單並列排序

〔註 7〕齊邦媛：〈烽火旁的青春——潘人木《蓮漪表妹》〉，選自《千年之淚》，臺灣：爾雅出版社，1990 年，頁 60。

〔註 8〕潘人木：〈我控訴〉，選自《蓮漪表妹》，臺灣：純文學出版社，1985 年，頁 9。

的四十四章修改為前後兩部分，其中第一部分命名為〈在校之日〉下設內文包括二十八篇，第二部分名為〈蓮漪手記〉並未下設內文篇目。通過進一步仔細對比參照 1952 年文藝創作社初版本與 1985 年純文學出版社再版本的篇目情況，可以發現再版本相對於初版本在篇目名稱方面既保留了很大一部分原篇名，同時也做出了新的改動，將修改情況綜合來看主要有以下幾種形態。第一種，再版篇目二十八篇與原章節四十四章的名稱有一部分保持一致，但篇目次序有錯位和調整：比如，再版本第一部〈在校之日〉的第一篇到第六篇與初版本第一章到第六章序號與題名都保持一致，再版本第九篇到第十一篇與初版本第八章到第十章序號向後錯一位保持題名一致，再版本第十三篇到第十八篇與初版本第十二章到第十七章也是序號向後錯一位保持題名一致，第二十篇到第二十二篇與第十八章到第二十章序號向後錯兩位保持題名一致，第二十六篇到第二十八篇與第二十三章到第二十五章序號向後錯三位保持題名一致。第二種，再版第一部的二十八篇文章中，除了原初版本已有的篇目名稱以外，新增了第七篇名為〈拍花的〉，第十九篇名為〈要緊的書〉，第二十三篇名為〈有情的機器〉。第三種，再版第一部的二十八篇文章中，還存在明顯與原初版本章節名稱可對應，但在語詞字眼上略作了微調。比如，再版本第八篇名為〈靈魂和女皇〉與初版本第七章〈魂靈和女皇〉相對應；第十二篇名為〈刺蝟〉與初版本第十一章〈刺蝟蝟〉相對應；第二十四篇名為〈機器壞了〉與第二十一章〈機器壞〉相對應；第二十五篇〈灰色的鋪蓋卷兒〉與第二十二章〈小小的灰色鋪蓋卷〉相對應。四是再版本將初版本原有的第二十六章到第四十四章篇名刪去，改為第二部〈蓮漪手記〉。

　　除去小說篇目結構方面的整體更動以外，從總體上來看，《蓮漪表妹》的初版本與再版本之間仍有敘述視角、人物事件等幾個方面的較大變動值得一提，首先是敘述人稱與敘述角度的轉變，初版本的《蓮漪表妹》通篇採用當時頗為流行的第一人稱敘述寫法，後半部分表妹蓮漪隻身赴陝北投共後的情節仍由文中的主人公「我」轉述，而再版本的《蓮漪表妹》分為兩部分，第一部分仍保持表姐「我」的第一人稱敘述，而第二部分則直接以「蓮漪手記」的方式用蓮漪的第一人稱敘述，避免了初版本轉述的隔膜，以蓮漪為第一人稱進行自述也為涉及到蓮漪剛出獄後心理活動的表現、她與老洪、金大夫等人私人感情的表露等方面能夠更自然合理而提供便利。並且在第二部分中，初版本中蓮漪受到監禁時間是五年三個月，出獄時間是一九五零年十一月五日，

入獄時間是一九四七年八月五日；再版中將蓮漪本應受刑監禁的時間修改為一九四六年六月二十六日至一九五一年十二月二十六日一共五年六個月，蓮漪得到特別保釋出獄的時間是一九五零年十月二十六日。其次是對初版本中的幾個原有的次要角色增加筆墨，比如初版本在第二十章〈同樂會〉這一篇裏，「榮世祺」作為與蓮漪原有婚約的曹瑞的表哥而第一次出現，身分是「天津警察局戶籍科科科長」，再版在第九篇〈她的煩惱〉中「榮世祺」作為主人公「我」與蓮漪在圖書館偶遇的一名普通男同學而首次出場，並在第十二篇〈刺蝟〉中，增加關於學校允許流亡學生來食堂頂替原來請假的學員吃白飯，或去圖書館占位置閒聊，或去宿舍頂替住宿這一段內容，順勢增添主人公「我」與「榮世祺」在圖書館相遇並單獨相處的一段描寫，兩人在談論到流亡學生侵佔學校公共空間的事情時候有一段富有暗示性的對話。在再版中作家對榮世祺這個角色的身分做了比較大的修改，在前半部增加大量筆墨描寫榮世祺和主人公「我」之間潛滋暗長的情愫，是為故事後半部分兩人結婚做鋪墊。又如人物唐壽安在初版本後半部分的戲份很淡，蓮漪參加「紀念一二一六學運大會」時候，會議後半段是「學運敗類鬥爭大會」，她在會上被指責十三年前捐贈的一隻金鐲子是暗中為「反動派」牟利，蓮漪的姑父也就是主人公「我」的父親拿著金鐲子證明大會用以取證的金鐲是假的，來洗清蓮漪的罪名。而再版中將這一細節修改為是舊時同學唐壽安偶然從吳文手中買下了當年的金鐲，並在會上自剖對於蓮漪始終不渝的傾慕，而由蓮漪姑父出面證明這兩隻鐲子是一對，進而表示鬥爭大會取證的金鐲是偽的。這一細節的增補使得唐壽安這一原本軟弱的人物性格在小說的尾聲得到了成長。第三是再版本對楔子與尾聲情節方面的修改，比如楔子中蓮漪的信，再版將初版中比較散亂的思路整理清晰，刪掉初版本中蓮漪帶著回憶自己的孩子小離的細節，並將原文前後不同段落提到的兩處故事「火中取瑪瑙被燙傷」和「偷瓜被責罵」整合為一段，並分別對應「受傷」與「受辱」，進而引入蓮漪總結自己十餘年來的生活就是這樣一連串「受傷」與「受辱」的故事，為全篇小說定下一個方向性的悲劇色彩和感情基調。再比如初版結尾，蓮漪的孩子洪流在得知自己的生母是誰以後受到精神重創在混亂中在中英邊界企圖越入華界被共軍守衛擊斃，再版結尾將洪流改為滾落山崖而死，並增加大夫金鵬的國軍臺北地下工作者身分，暗示金鵬與蓮漪在新的世界開始了新的生活，為小說增添了蓮漪經過這一連串的「受傷」與「受辱」，終究有可能在走向希望和光明的結尾。

第四節　在地化書寫重塑想像故土的方式

　　再版本《蓮漪表妹》相較於初版本而言在細部上有許多增刪和修改，對小說中人物姓名身分信息的必要補充、對小說故事情節而適時增添過渡性筆墨等這些看似非關鍵性細節的修補在一定程度上表現出作家的態度嚴謹與精益求精，同時，對小說人物語言的藝術性修繕與文學性重塑則更能在側面上體現作家時隔三十年以後對於文藝創作理念的成熟，也刺激我們藉此反思文學史著與史論中對於臺灣五十年代反共浪潮中湧現出的文藝作品以政治思想為主導而喪失「文學性」與「藝術性」的舊有觀念是否值得商榷。

一、文學性與藝術性的修繕圓熟

　　細部細節方面的增刪修改主要表現在以下幾個方面：第一是對小說中人物基本信息的必要補充，比如初版在介紹蓮漪父親時候是這樣寫的「我的親娘舅姓白，是個殘廢，跛左腿。」〔註9〕再版將前半句改為「我的舅舅姓白，名叫鴻俊」〔註10〕；初版初次介紹蓮漪的時候寫道「對於我們的小夥伴——蓮漪，則不怎麼歡迎。一來為了她的名字筆劃比我多，顯然我不如她。」〔註11〕再版將前述內容改為：「可是我們（至少是我）對於那個嬌嬌女　　蓮漪，就不怎麼歡迎了。一來她的名字筆劃比我多（我的名字叫卜碧琴），顯然我不如她」〔註12〕，增加了初版本並未提及的主人公「我」的姓名。又如初版在初次介紹趙白安時只很簡略地寫道：「『豈有此理！』說話的人，有個黑臉，亮眼睛，寬肩膀。」〔註13〕而再版趙白安第一次登場時候則是這樣表述的：「『豈有此理！大學生應該注重理性！』說話的人皮膚稍黑，眼睛亮，寬肩膀，給人的印象是正正派派的。不管他們吵鬧是為了什麼，我直覺的就站在他的一方。後來我們知道這人叫趙白安。」〔註14〕第二是對小說故事情節的豐滿性和合理性而適時增添過渡性或補充性語句，比如再版介紹文中主人公舅舅的身世時候，補充對於外祖父家世殷實的具體介紹「我的外祖父雖然沒做過什麼大官，但在我們東北故鄉那個

〔註 9〕潘人木：《蓮漪表妹》，臺灣：文藝創作社，1952 年，頁 3。
〔註 10〕潘人木：《蓮漪表妹》，臺灣：純文學出版社，1985 年，頁 9。
〔註 11〕潘人木：《蓮漪表妹》，臺灣：文藝創作社，1952 年，頁 4。
〔註 12〕潘人木：《蓮漪表妹》，臺灣：純文學出版社，1985 年，頁 13。
〔註 13〕潘人木：《蓮漪表妹》，臺灣：文藝創作社，1952 年，頁 10。
〔註 14〕潘人木：《蓮漪表妹》，臺灣：純文學出版社，1985 年，頁 29。

小地方,卻是個很有名望的人。加重良田二百『天』,吃用不盡,對於這個跛腳兒子極為寵慣」〔註15〕,不僅為後文白鴻俊性格的刁蠻古怪做鋪墊,而且為他傲慢又不可一世的女兒白蓮漪的性格沿襲也提供了一定程度的合理性;又如再版將初版本中出場的幾個人物之間簡略的兩句對話刪去,增加蓮漪對引起爭執的幾位主要人物的初步評價:老洪——畢竟是老大哥,主和派!趙白安——主戰派,想看打架呀?這早晚就幫上那個姓趙的了?小唐(唐壽安)——那個姓唐的有點滑稽,並模仿了小唐的語氣。不僅藉此初步表現出蓮漪喜熱鬧和圍擁的個性,而且通過蓮漪之口生動展現出這幾位學生人物在眾人心目中的第一印象。第三是對一些初版本中不甚符合常理的非關鍵性微小細節進行補充完善,比如再版中修改了新生大會中學生捐款的錢數,從低至幾十元高至三百元降為低至十餘元高至一百元,將老洪的戒指重量從四錢改為二錢二分,把蓮漪的金鐲子重量從一兩九錢改為一兩五錢等。第四,是再版本相較於初版本而言對東北民間俗語和白話口語的使用減少,作家潘人木出生於遼寧省法庫縣,在初到臺灣時創作的《蓮漪表妹》不僅將主人公及表妹蓮漪的籍貫設定為中國大陸東北遼寧,而且在行文中也透露出對於東北民間方言和土語的習慣性使用,比如初版本蓮漪表妹多次出現「我的親媽媽!」這句口頭禪,而再版本基本都將其改為「天哪!」一類的一般感歎詞;再比如初版第七章〈魂靈和女皇〉中出現的「不打緊」和「改錐」〔註16〕都屬於地道的東北白話口語,而在再版本第八篇〈靈魂和女皇〉中則將前述兩個詞語改為「沒關係」和「起子」〔註17〕,這種細節上的修繕是作家在有意規避過於日常化的表述方式,也是在對自己舊日生活地民風民俗的包裹和掩蓋。

與前面四種比較基礎的修改方式相比,第五種的情況相對更為複雜和深化,主要表現在作家著力於對初版本小說中人物語言生硬矯飾的片斷和人物心理活動不符合性格發展規律的細節進行了富有文學性的修繕,比如初版本第八章〈她的煩惱〉中以主人公「我」的視角表露出對於表妹蓮漪性格乖謬多變的不解:「她居然對我也冷言冷語,我實在沒有足夠的智慧瞭解她,最後我找到一個唯一的解釋,那就是說,她把一切的同學工友都當做臣民,而我

〔註15〕潘人木:《蓮漪表妹》,臺灣:純文學出版社,1985 年,頁 9。

〔註16〕潘人木:《蓮漪表妹》,臺灣:文藝創作社,1952 年,頁 38。

〔註17〕潘人木:《蓮漪表妹》,臺灣:純文學出版社,1985 年,頁 102。

呢？不過是她一個貼身宮女罷了。」〔註18〕而在再版本第九篇中將前述細節做出了這樣的修改：「她對我也居然冷言冷語起來，我實在沒有足夠的智慧完全瞭解她，最後我找到一個解釋，原因可能還是沉積露。儘管蓮漪的鋒芒暫時蓋過了她，卻不能代替她……」〔註19〕此處修改把原版本中主人公「我」在內心揣測蓮漪是把自己當做「公主」把主人公「我」當做「宮女」把他人當做「臣民」這種近乎扭曲的性格改為只是出於對校花沉積露的嫉妒心理，這是對蓮漪行為怪異的極大合理化。與之類似的修改也出現在初版本第九章〈軍訓風波〉中，此篇寫到蓮漪和主人公「我」澄清其他同學關於她家世的猜測的對話，面對同學「你的父親是白鴻昭嗎？」等此類揣測和追問，蓮漪還編造了「白鴻昭是我父親出了五服的兄弟」這樣的謊言，並表示「這些無害的問答，使蓮漪躊躇志滿……有生以來，她從未如此珍視她的姓字。但，驕傲是表面的，說實話，她真巴不得有一天對於這種問題能給以肯定的回答。『若是有那麼一天，我就快樂了！』她常這麼對我說。」〔註20〕再版本第一部分第十篇刪掉了前半部分蓮漪編造謊言回應眾人猜測的情節，將後半部分的評價改為「蓮漪對這些無害的傳言，不否認，也不承認……有生以來，她從未如此珍視她的姓。但驕傲是表面的；實際上，內心空虛，她巴不得真有那樣顯赫的家世的。」〔註21〕並在再版本該篇結尾增加這樣一句感慨：「接過越來越輕的盒子，感慨萬千。不知道這個『遊戲』——裝闊的遊戲——何時纔能停止？蓮漪當初一點這樣的企圖也沒有啊，卻一步一步越陷越深。」〔註22〕很明顯能夠看出初版本中通過蓮漪的內心活動塑造出的表妹形象是愛慕虛榮和虛名的，不僅為自己的身世編造謊言，而且聽到別人對她顯赫身世的猜測感到「躊躇滿志」。而通過修改後的再版本中蓮漪的內心活動我們可以看出蓮漪表妹的形象是表面驕傲而內心猶豫不安，內心的空虛、為了虛名和虛榮而越陷越深，卻又不忍放棄「裝闊的遊戲」的矛盾心理，表妹蓮漪通過前後版本心理活動的修改完成了人物形象上的豐滿和立體。

　　而通過人物不合理語言對話的修改也同樣能對人物形象塑造方面起到一定的作用，比如在初版第十九章〈好媽媽〉中，講到表妹蓮漪和正在為莫須

〔註18〕潘人木：《蓮漪表妹》，臺灣：文藝創作社，1952 年，頁 38。
〔註19〕潘人木：《蓮漪表妹》，臺灣：純文學出版社，1985 年，頁 115。
〔註20〕潘人木：《蓮漪表妹》，臺灣：文藝創作社，1952 年，頁 45～46。
〔註21〕潘人木：《蓮漪表妹》，臺灣：純文學出版社，1985 年，頁 127。
〔註22〕潘人木：《蓮漪表妹》，臺灣：純文學出版社，1985 年，頁 140。

有的外孫做衣帽鞋襪的蓮漪母親進行對話的時候，主人公「我」插進這母女倆的談話中：「你叨叨咕咕有什麼用呢？蓮漪母親回答：沒什麼用我知道，但我只想做個配得蓮漪的媽媽！我雖然不能做她的漂亮媽媽，有學問的媽媽，我要做個好媽媽，做個好姥姥……你說這朵蓮花比你從前穿過的好看，對！做母親的人希望一代比一代強……蓮漪接著說：您以為多做點花枕頭花鞋就是好媽媽了？您不做這些也是我的好媽媽！」〔註23〕這一段生硬的對話不僅不符合這幾個人物各自的性格身分和思想情況，而且在遣詞造句方面略帶矯揉造作，尤其是「配得蓮漪的媽媽」、「一代比一代強」等語詞甚至近乎於借一個農村勞動婦女之口高呼意識形態口號標語，因此這幾句看似是作家為了呼應這一章的篇名「好媽媽」而有意編寫的對話在文中顯得相當幼稚。在再版本第一部分第二十一篇中，作家將這一部分並不協調也並不必要的對話刪掉，並且通過個別字詞的微調將蓮漪對母親的態度軟化，在這篇結尾中作家新增了蓮漪對主人公「我」的父親也就是她的姑父，囑託在必要的時候可以將自己寄放在他那兒的一隻金鐲子變賣了來補貼家用。通過前述這些細部的修改，我們在再版中明顯能感受到作家筆下的蓮漪形象生長出了更豐富的側面，在她的內心深處對自己的母親和照顧自己的姑父一家懷有深切的愧疚，使得蓮漪表妹這一人物在再版中顯露出人性的豐滿和真實。又如初版第二十二章〈小小的灰色鋪蓋卷〉中，寫到錫妹因為體恤父親而想將紅圍巾染黑做新圍巾為父親取暖，結果未掌握好煮色的火候而讓圍巾變成了一片一片黑色的破毛布，初版中「我」的母親說了一段不合時宜的話：「我想菩薩是知道你的心了。這不是好預兆，只怕將來我們的家從此就像這塊破布七零五散了。過熱的愛，也可以毀滅希望的，孩子，比如這圍巾，用小火去煮，也許不至於破爛成這樣了。你舅媽的繡花，若不心急，也不至顏色那麼刺目，甚至於不調和了。」〔註24〕這一段原本寫人物之間對話的內容卻使用了如「過熱的愛也可以毀滅希望」、「不至顏色刺目甚至不調和」等非口語白話的表達方式，雖然明顯能夠看出作家試圖通過這段對話暗示出家庭未來的悲劇命運，但是由於措辭生硬呆板甚至並不像普通婦女日常說話的語氣，所以產生了反向的閱讀效果。而再版第一部分第二十五篇〈灰色的鋪蓋卷兒〉中將上述母親說的話改為「『菩薩最心疼孩子了。它這是告訴你，儘管別人家像這圍巾似的七

〔註23〕潘人木：《蓮漪表妹》，臺灣：文藝創作社，1952 年，頁 93。
〔註24〕潘人木：《蓮漪表妹》，臺灣：文藝創作社，1952 年，頁 119。

零八落，我們不會！這是好預兆！』媽雖這麼說，但她說得不夠圓滑、合理。因此誰都聽得出，她的意思是：『這不是好預兆，只怕我們家此後要如此七零八落了。』」〔註25〕相比之下，再版修改後的對話既符合口語習慣，又自然地借主人公「我」之口從母親緊張而牽強的解釋中引申出關於家庭未來悲劇命運的暗示。由此引發我們關於學界所謂「反共小說」的文學性不高、藝術水準有限的論點的質疑與反思，對於五十年代臺灣文壇在「文獎會」刺激下蜂擁而現的反共文學作品的文學評價應該具體情況具體分析，在為這一群體性文學現象蓋棺定論的時候，我們究竟針對的是五十年代浪潮中的初版本還是經過時間沉澱和作家修改以後的再版本或新版本而言？倘若僅以一種以偏概全有失公允的想像性概括為所謂有反共嫌疑的文藝作品進行文學定義，想必是並不符合實際情況的。

二、以新的意識形態重塑故土想像

　　談到再版本《蓮漪表妹》對於中國大陸故土想像性重建的心理基礎，我們可以以初版本和再版本的楔子為對象進行參照對讀來窺之一二，在 1952 年初版本中有多段風景描寫，摘錄開篇一段描寫臺灣夏天景色的內文如下：「誰也分辨不清那一個先來人間，榕樹鬚和夏。幸有七月的風，挾著鳳梨濃鬱，椰林清影，吹遍了天和海，大廈和茅屋。使人覺得畢竟一年已過去大半，時間並沒有膠著在夏上。一個黃昏尚未開始，酷熱還留連著的傍晚，我們一家都去淡水河邊蕩船……」〔註26〕而這一段極富有抒情性的島嶼熱帶風景描寫在 1985 年再版本的開篇中變更為：「我和我的先生到臺灣已經三年了，還不太能適應如此又長又濕的夏……所以一到夏天傍晚，我們常常棄家而逃，到淡水河旁去享受些清風徐來的滋味，這成了全家最快樂的時光。有一天我的先生出差去了，我下班回家，路上還計劃飯後帶孩子去划船……」〔註27〕通過細讀前述兩段細節的修改情況，我們不難發現，區別於作家初到臺灣時候對臺灣熱帶海洋性氣候迴異於中國大陸東北四季分明的溫帶大陸性氣候生態的新鮮和興奮，她在純文學再版本中對遷臺三十年來已經耳濡目染、習以為常的熱帶島嶼風景抒情描寫逐漸趨於冷靜和節制，而作家故作姿態來模擬初

〔註25〕潘人木：《蓮漪表妹》，臺灣：純文學出版社，1985 年，頁 324。
〔註26〕潘人木：《蓮漪表妹》，臺灣：文藝創作社，1952 年，頁 1。
〔註27〕潘人木：《蓮漪表妹》，臺灣：純文學出版社，1985 年，頁 3。

到臺灣時的口吻寫出來臺三十年來，其實仍然不能適應臺灣「如此又長又濕
的夏」，似乎又隱約透露出對幾十年臺灣生活的倦怠。通過這一細節的變化，
可以看出作家從初到臺灣的新鮮感到久居臺灣的平淡感這兩種思想感情的變
化流脈。而除此之外，在前述引文部分初版本只有尾句提及「一家去淡水河
邊蕩船」，而在再版本引文中則以溫馨密切的家庭生活為主線從側面提及臺灣
溽暑的濕熱和難耐，這種修改無意識間流露出作家通過三十年來的心態整理，
在臺灣這一生活空間和生存場域中已經在精神和物質上重新建立起家的概
念，這種對家庭生活的滿足和依賴正是作家家園得以重建的心理表現。1988
年純文學出版社初版第 2 次印刷本《馬蘭的故事》的序言〈當圍巾也嗚咽〉，
是作家潘人木的丈夫黨恩來（宇平先生）於 1987 年因心臟病發逝世後，在 11
月份她懷著對夫妻家庭殞滅的悲慟心情而落筆寫下的回憶性文章，丈夫不僅
呵護作家日常起居，而且也陪伴她在三十餘年後辛苦修改自己充滿歷史痕跡
的兩部長篇小說著作，是她從大陸遷到臺灣最重要的精神寄託和生活侶伴。
透過作者前述諸篇充滿感情的文字我們可以發現，潘人木再版本《蓮漪表妹》
對大陸故土的想像性重建是以個人的現實家庭和心靈家園在臺灣的在地化為
情感基礎的，那麼據此我們自然也可以在一定程度上理解作家在進行文學創
作的時候對於臺灣本土意識形態的情感傾向。在再版序言中作家感歎 80 年代
的臺灣與 30 年前已經是截然不同的時代了，而這種時代的演變也帶來了家園
歸屬感受的變化：「時代已然不同！……跟過去的敵人握手言歡，還得面帶歉
意，深深自責過去太心胸狹窄了。況且世界上一個最富的國家，已經在不知
不覺間變成了咱們的第三故鄉，真是無心插柳柳成蔭！對於祖先們經之營之
的土地，血汗灌溉的土地，以及那裡的芸芸眾生，竟然成了事不關己的旁觀
者！……所謂旁觀者中，裏面也有我！」〔註 28〕文中所指的「世界上一個最
富的國家」自然是美國，作家也曾在自己的女兒在美國留學的家中生活過相
當長的一段時間，經歷了歷史震盪和多舛命途，「家園」對於潘人木和以她為
代表的一批遷臺作家來說，僅僅代表著一個可以接納和收容她的肉身與精魂
的港灣，無論是曾經的大陸遼寧、新疆，還是現在的臺灣、美國，都因為她不
同時期的人生階段提供庇護與溫暖而成為故鄉，身分認同與家國認同間的撕
裂使得作家既對曾經經營的大陸故土保持旁觀和警惕態度，又不能夠在臺灣
本土得到充分的精神滿足與心靈慰藉，似乎反而是棲身於所謂「第三故鄉」

〔註 28〕潘人木：〈我控訴〉，選自《蓮漪表妹》，臺灣：純文學出版社，1985 年，頁 9。

的美國更能讓作家在整體性的殖民文化氛圍中尋找到些微共鳴。

　　然而，作家這種思想認識因 20 世紀 80 年代前後兩岸關係發生的政策性變化而出現了裂痕，自 1979 年全國人民常委會公告《告臺灣同胞書》中明確「三通四流」政策，使得潘人木真正瞭解了自己在海峽對岸的親人們在 50 到 70 年代被歷史烙印下怎樣的傷痕，真正刺激作家反思自己對於大陸故土的「旁觀者」姿態的非理性。作家在再版本序言中有這樣的表述：「我雖然不曾回歸認同（也許是沒有資格），但心態方面總有點被『潮流』沖滑了。任你三反五反，文革武革，你們搞去吧，反正隔著一個波浪滔滔的海峽，九成兒搞不到我頭上。……直到一九八零年，那邊喊出了三通口號……使我認清，我這旁觀者的態度錯了。原來我是地地道道的當事人。其他成千成萬的旁觀者，也是地地道道的當事人。」〔註29〕自此開始，是作家的血親感情引發的家族意識催生了身為歷史當事人的民族意識萌芽，但是由於 80 年代初海峽彼岸的作家對於此岸的有限瞭解仍然集中在新政權建立後到改革開放以前的部分極端性歷史事件方面，尤其對自己的親人因海外關係而在文革中受到牽連的仇恨心理在很大程度上主導著作家的文藝心態，而這種對對岸政治政權和政治空氣的極端懷疑與極端警惕，使得潘人木從原本在五十年代作品剛剛問世的時候排斥被冠以「反共小說」和「抗戰小說」的名頭，並辯解稱，不能成為「抗戰小說」是因為「八年抗戰略而未寫」，不能成為「反共小說」是「共區事物篇幅不到一半」且「多是私情而少及國事」，徹底轉變為「巴不得它夠資格成為抗戰的、反共的小說，也巴不得我有能力再多寫幾本抗戰的反共的小說了。」〔註30〕以這一視角的轉變為出發點，似乎可以讓我們能夠更好地審視再版本中作家關於故土想像的諸多修改方式。

　　《蓮漪表妹》再版本中，作家不僅修改了許多年份時間和細節，而且有意在原故事人物經歷方面附著特定的具體社會歷史背景，通過將故事中部分人物放置於歷史動盪的宏大敘事背景之中，而使得故事情節和人物行為具有了相較於初版本而言更為特殊的意義，比如在再版本中作家尤其注重對「九一八」事變的強調和凸顯，在再版第一部第二篇〈進大學的皮鞋〉開篇增加了一段對主人公「我」和表妹蓮漪念初中時候的歷史背景和家庭變化的介紹：「民國二十年（一九三一）九一八事變，我念初二上，蓮漪剛上初一。十月裏

〔註29〕潘人木：〈我控訴〉，選自《蓮漪表妹》，臺灣：純文學出版社，1985 年，頁 9。
〔註30〕潘人木：〈我控訴〉，選自《蓮漪表妹》，臺灣：純文學出版社，1985 年，頁 9。

我們全家從東北搬到北平……頭兩年家裏還有帶來的兩個用人幫忙……後來，父親在外縣做事，收入不多，覺得北平居大不易，生活上的要求，降低了很多，還不免捉襟見肘……用度上也是節儉再節儉，要不然，我和蓮漪可能不去考那所官費大學……」〔註31〕再版第一章第四篇〈蓮漪的未婚夫〉中增加了表妹蓮漪隨表姐「我」全家因事變而從淪陷地東北逃亡北平及與她訂婚的未婚夫相關的解釋性細節：「因為蓮漪住在外縣，家裏接二連三發生變故，九一八以後，又跟我們一起逃難到北平……曹瑞本來比蓮漪早一年入學，但九一八事變耽誤一年，變成跟蓮漪一個年級。」〔註32〕作家在再版本中將主人公全家的遷移、家庭狀況的緊縮、蓮漪生存條件的尷尬等原有的故事情節附著在「九一八」事變抗戰前夕的時代背景，這樣為兩人進入官費大學後蓮漪在動亂和戰爭之中做出的精神選擇提供思想基礎，也為寄人籬下而心高氣傲的表妹成為兩大革命陣營政治角力的犧牲品的悲劇命運打下動亂時代的傷痕印記。除了對「九一八」等特定歷史背景的強調，作家的小說作品中還可以見到帶有意識形態色彩的暗示性語詞，以「紅色」為例，比如初版本第六章〈迎新會上〉中老洪講了笑話，表示「最能代表我們當時的政治情形，凡能欺蒙上司者必加官進祿，凡誠實可靠者必遭排擠責罰，所以大家應當一致起來高呼牆上第一個標語：『打倒官僚政治！』」〔註33〕再版本第七章〈拍花的〉將「第一個標語」改為「紅色標語」〔註34〕。又如初版第二十六章〈十三年後〉講到蓮漪出獄後對自己曾經信仰的共產革命理想的深切懷疑，再版本第二部分〈蓮漪手記〉對應的內容中增加了這樣一段表述：「共產黨所到之處，不論是天涯、海角，都會變成一個大獸籠，把我關起來，不過是從大籠子捉進小籠子；把我釋放，也不過是從小籠子遷回大籠子而已……他們也會叫你隨時變色。他們要是紅的，你就是白的；他們是白的，你就是紅的了。」〔註35〕而初版本同一章結尾又寫道「孩子們的歌聲報知紅色的村莊已經在望了。」〔註36〕再版本該篇結尾將初版本的表述改寫為：「暮色深沁的歌聲，報知紅色的小城已經到了。」〔註37〕前述涉

〔註31〕潘人木：《蓮漪表妹》，臺灣：純文學出版社，1985 年，頁 17。
〔註32〕潘人木：《蓮漪表妹》，臺灣：純文學出版社，1985 年，頁 37～38。
〔註33〕潘人木：《蓮漪表妹》，臺灣：文藝創作社，1952 年，頁 31。
〔註34〕潘人木：《蓮漪表妹》，臺灣：純文學出版社，1985 年，頁 86。
〔註35〕潘人木：《蓮漪表妹》，臺灣：純文學出版社，1985 年，頁 372～373。
〔註36〕潘人木：《蓮漪表妹》，臺灣：文藝創作社，1952 年，頁 141。
〔註37〕潘人木：《蓮漪表妹》，臺灣：純文學出版社，1985 年，頁 396。

及到的多處細節修改都注意增加了暗喻工農革命的「紅」或「紅色」，並將這種革命的紅色與夕陽的暮色建立起某種微妙的聯繫，是在暗示這種革命的未來前景並不樂觀。除了用紅色暗指工農革命以外，1985 年純文學再版本中作家也會有意鋪設富有暗示性和隱喻性的對話或情景，藉此烘托對於共產革命的諷刺批判情緒。比如對應初版本第十一章〈刺蝟蝟〉的再版第一部分第十二篇〈刺蝟〉中寫到主人公「我」與蓮漪所在的公費學校允許流亡學生來食堂、宿舍或圖書館頂替原來請假的學員，主人公「我」與榮世祺在充斥閒聊的流亡學生的圖書館中相遇並進行了以下這樣一段對話：

　　　我：「無家可歸，親戚朋友借住一下，倒也無妨。」

　　　榮：「無妨？太有妨了。妨礙睡眠嘛，三更半夜，像『拍花』似的，一個一個給拍走，我這個人一醒就再也睡不著。」

　　　我：「你說什麼？三更半夜像拍花似的，一個一個拍走？女生宿舍也有哎！……他們半夜拍人幹什麼啊？」

　　　榮：「秘密集會什麼的。」

　　　我：「共產黨？」

　　　榮：「不一定叫共產黨。有好多名字可叫啊，比如民族解放先鋒隊啦，青年救國聯盟啦，什麼好聽就叫什麼……你害怕了？其實，也沒什麼可怕的。自己把握住自己就好了，所謂『見怪不怪，其怪自敗。』」

　　　「耳邊傳來『硬麵──餑──餑』的叫賣聲，這聲音關聯著某一件事，使我立刻警醒。過了一會兒，也許只有五分鐘，我們寢室的門又無聲的推開了……走到婉如窗前，放下一包什麼東西。……」
〔註38〕

將地下黨秘密集會稱為「拍花的」是將共產革命者與拐騙孩童的罪犯等同，暗指所謂的秘密集會不僅破壞社會秩序，而且為民眾的生存環境帶來潛在的危險和隱患。其中「民族解放先鋒隊」暗指的是 1936 年成立於北平的「中華民族解放先鋒隊」，「青年救國聯盟」暗指的是 1937 年成立於延安的「西北青年救國聯合會」，都是在抗日時期中共中央的政治領導下於各地成立的青年救亡組織，而出自榮世祺口中對「共產黨」命名的諧謔，更是在將中共領導下

〔註38〕潘人木：《蓮漪表妹》，臺灣：純文學出版社，1985 年，頁 157～159。

各團體抗日救亡運動的全部功績和成就抹煞，而「其怪自敗」的論斷式話語與前面提到的以「暮色」對應「紅色」革命是一樣的，都是在對中國共產黨領導下的工農革命的未來加以消極預估。結尾處在作家增加前述對話的基礎上還新增了一個關於「巨浪」組織夜間秘密集會的微妙的細節描寫，描述的是中共地下黨員以小販叫賣「硬麵餑餑」作為秘密集會的暗號，而這個細節或許是有一定真實性的，但問題出在作家採取的敘述口吻充滿了暗諷，潛藏在街頭巷尾中偽裝成各行業各色人等的革命同志似乎在以這種貧賤的身分掩飾自己從事「反動活動」的真相，這種筆法顯然是作家基於國民革命理想下遠離大陸生活革命實踐後對故土歷史進行想像性重建的後果。

作家在進行小說修改與再創作的時候，不僅將歷史上確實於抗戰前夕發生的「九一八」事變加入故事情節發展的背景中，而且還設置某些具有鮮明隱喻性和指向性的政治運動細節指涉抗戰後期共產黨組織的其他活動，比如再版本第一部分第五篇〈大學的早晨〉中增加了名為「巨浪」實為共產黨的組織發起示威遊行運動，並在布告欄貼上「反飢餓！反虐待愛國青年！」的細節，主人公「我」和蓮漪表妹兩人感歎道:「反飢餓？反虐待愛國青年？……反哪門子的飢餓？吃的是免費伙食，每星期六加菜，誰餓著了？反虐待愛國青年，又誰受虐待了？」〔註39〕其中「反飢餓」、「反虐待愛國青年」與1947年5月解放戰爭時期中共地下黨領導的上海等多地學生示威遊行活動中提出的口號「要飯吃，要和平，要自由；反飢餓，反內戰，反迫害」不謀而合，也就是稱為「反飢餓、反內戰、反迫害」運動的「三反」運動，這本與小說設置的抗戰時期歷史背景並不匹配，但是作家為了增強所謂「巨浪」組織發起活動的虛假性和無意義性，將不屬於此階段的歷史事件嫁接到這一時段中來，為自己小說中諷刺中共革命行為的情節提供注腳。比如初版本第十六章〈開始沸騰〉中有關於冀察政務委員會成立期迫近而挑動北平愛國青年籌備遊行示威活動的描寫:「九號早晨，蓮漪神秘的參加一個集會，雖云神秘，必與時局有關，自不待言。冀察政委會成立期定，給響了邊兒的熱情之水加上把火。」〔註40〕再版第十七篇中將初版本的表述做了字眼上的微妙調整:「十二月九日大清早，蓮漪背著我，神秘的參加了一個集會。雖云神秘，我也猜得到必與時局有關。冀察政務委員會成立期定，為響了邊兒的熱情之水，加上了一把

〔註39〕潘人木:《蓮漪表妹》，臺灣：純文學出版社，1985年，頁56。
〔註40〕潘人木:《蓮漪表妹》，臺灣：文藝創作社，1952年，頁72。

火……她回來了，把那秘密之地開的秘密之會的秘密色彩也掛在臉上了。」
〔註41〕此處將「九號」寫明為「十二月九日」，對應初版本第十七章〈學生運
動〉的再版第一部分第十八篇中也將「我沒有參加十二月九號的遊行」改為
明確的指向性描述「就是我沒有參加『一二九』的大遊行」〔註42〕，這一特
殊時間節點結合冀察政務委員會成立事件可推至小說所映像的歷史事件為
1935 年 12 月 9 日的「一二・九」抗日救亡運動。初版本第十六章〈開始沸
騰〉後半部分講到小說中的主人公「我」因為被父親保護在家而沒有參與一
二九集體遊行受到了周圍同學「不愛國」的指責，然而「沒有等多久，我就有
機會雪洗前次的恥辱，熱烈的參加十二月十六日的大遊行。十二月十六日這
一天，是冀察政務委員會在外交大樓成立的日子。」〔註43〕冀察政務委員會
的成立是「九一八」事變後日本在中國東北建立偽滿政權後，試圖在「滿洲
國」政府與中華民國政府之間構設新的偽政權作為勢力緩衝區，因此在冀察
政委會原定成立日即 1935 年 12 月 16 日，北平學生又聯合各界民眾組織聲勢
浩人的示威遊行，迫使政委會推遲成立，小說中所指的十二月十六日大游行
所指涉的就是這次中日博弈的重要代表性事件。中共革命領袖毛澤東在 1939
年延安紀念一二九運動四週年大會上所做的講話中肯定了「一二九」學生運
動對全民發動員抗戰的重要思想準備作用，這一事件無疑是對中國共產黨革
命實踐具有正面積極意義的，因此值得注意的是，作家在小說中不僅僅呈現了
一二九學生運動與一二一六示威遊行活動的正向作用，更著重以主人公「我」
的第一視角展現出這種遊行活動中的非理性，比如在初版本初版本第十六章
〈開始沸騰〉中有這樣一段表述：「我不怕遊行挨打，卻怕千篇一律的演講。九
號他們已經講過一遍的講辭，今天又翻版一次。有人說南京政府是賣國政府，
是無能的妥協的；有人說，現在應該組織聯合政府，統一戰線……這種演講的
特色，在於每句話不但群聲喝彩還有小旗子在下面揮舞。說到人民陣線，就有
手執『建設人民陣線』的小旗搖晃成一片紅綠黃藍的紙海……提到打倒官僚政
治，也就有相同的小旗舉起來；若逢謾罵政府或是侮辱顯要的語句一出口，則
底下頻頻搖晃的，一定是寫著『爭取言論自由』的小旗。」〔註44〕再版本第一

〔註41〕潘人木：《蓮漪表妹》，臺灣：純文學出版社，1985 年，頁 205。
〔註42〕潘人木：《蓮漪表妹》，臺灣：純文學出版社，1985 年，頁 214。
〔註43〕潘人木：《蓮漪表妹》，臺灣：文藝創作社，1952 年，頁 75。
〔註44〕潘人木：《蓮漪表妹》，臺灣：文藝創作社，1952 年，頁 76。

部分第十八篇在寫到遊行隊伍再次受到軍警鎮壓時，還在此基礎上補寫了這樣一句描寫眾人的反應：「一時間紛紛亂亂，跑的跑，逃的逃。」〔註45〕在作家的筆下，參與遊行與演講的大量學生與普通群眾就像被某種隱形的意識形態力量驅使的傀儡一般，除了按照某種意志而做出相應的表演以外，並沒有對於革命本質的深入理解能力，更談不上自我反思能力。而在遊行示威受到國民政府軍警鎮壓的時候，眾人作鳥獸散匆忙逃竄，像一場滑稽的鬧劇匆促落幕。

除此之外，作家在再版本中尤為注意增添塑造在特定社會歷史背景氛圍下，共產黨組織與國民政府之間在文藝宣傳、政策與活動方面的共生及對峙狀態。在再版本的序言中，作家曾很委婉地透露出中共文藝政策宣傳以及實踐實效對於政治得勢有直接的助力作用：「共產黨的重視、提倡文藝和音樂對它的得勢卻有很大的幫助，不可否認他們也的確造就了許多出色的文藝家和音樂家，但像婉如那樣濫竽充數的也不少。」〔註46〕相較之下，國民政府之所以失敗撤退臺灣在很大程度上也正是在這一方面吃了大虧，由此也充分吸取失利經驗進而通過政府的政策性支持刺激臺灣五十年代反共文藝的浪潮的出現與勃興。在再版本的《蓮漪表妹》中，作家潘人木尤其注重展現出青年民眾在兩黨文藝活動爭奪輿論的縫隙中被認識游移與思想困惑包裹的精神心理狀態，比如在初版本第十二章〈我們有了歧見〉中，寫到代表中共思想的「巨浪」組織的先鋒壁報上有一首出自疙瘩人袁可才之手的一首詩〈可憐的羔羊〉，其部分內容如下：

可憐的羔羊，

你為甚麼觀望？

莫再跟隨不發光的月亮，

徬徨，徬徨！

你要去尋找的是太陽，太陽！

太陽纔給你溫暖與草糧，

太陽纔給你方向，

太陽纔給你希望！〔註47〕

〔註45〕潘人木：《蓮漪表妹》，臺灣：純文學出版社，1985 年，頁 222。

〔註46〕潘人木：〈我控訴〉，選自《蓮漪表妹》，臺灣：純文學出版社，1985 年，頁 9。

〔註47〕潘人木：《蓮漪表妹》，臺灣：文藝創作社，1952 年，頁 58～59。

初版本中以主人公「我」之口對這首詩進行了分析:「他們正利用『青年是不能等待的』心理和愛國的熱忱,挑撥政府和學生間的感情。我們的歧見在於她贊同先鋒壁報的說法,認為立刻和日本宣戰乃是上策,寧為玉碎不為瓦全,每個愛國的青年人都該『冒著敵人的炮火前進』」,並認為其中「月亮」指的是「中央政府」,而「太陽」自然指的是另一方面,而再版第一部分第十三篇中在此處增加括弧補充一句:「其實(月亮)要指的是另一方面也無不可,這就是他的妙處,捉不住它的不是」〔註48〕,並在尾句後增添括弧補充半句:「某歌中歌詞」。作家通過再版修改中增添的兩個補充性括弧,突顯了是時文藝宣傳作用於青年心理上的模糊性、誘導性與煽動性。比如初版本第二十一章〈機器壞了〉,題目中的「機器」指的就是性格木訥軟弱的學生倪有義,小說寫到在表面上積極參與中共活動的紅色青年倪有義遇害以後,他的革命伴侶唐婉如因「對環境失望」憤而離開學校動身去陝北。再版本第一部分第二十四篇在此基礎上增加了借倪有義遇害而蓬勃發展的文藝宣傳活動:「為有義伸冤的另一種力量也天天高漲。寫成故事,譜成歌,編成劇本,報紙上有連篇的特稿——《兇殺探秘》、《玉牌追蹤》。到處唱《自由之祭》。獨幕劇《有義之死》演出造成空前的轟動。」〔註49〕以此階段「巨浪」青年組織借政治革命的犧牲品來大肆進行文藝宣傳,與小說後半部分揭示出他的死亡並非所謂「反動」組織的惡意謀殺而是共產黨組織內部的秘密處決形成鮮明對照。對應初版第三十五章〈溫馨的記憶〉部分內容的再版本第二部分中寫到表妹蓮漪與舊時同學葉秀明的對話中回憶學生時代的室友唐婉如時候,增加唐婉如在獄中知道倪有義謀殺案的秘密,即被黨組織內部秘密處死,因此激憤難抑寫了一首題名〈翡翠玉牌〉的詩歌藉以諷喻卻被黨組織徹底整肅。「愛國」青年因「愛國」而被「愛國」組織滅口,「愛國」組織將其嫁禍到「反動」組織身上,並藉此蓬勃發展「愛國」文藝活動,這種前後的參照和反差就能很好地展現出作家理解的是時中共文藝宣傳的虛假和偽善,進而增強小說對中共革命的深切懷疑和批判色彩。又如在初版第二十六章〈十三年後〉中,以主人公「我」之口轉述蓮漪表妹剛剛出獄時對自己曾經充滿熱情的中共革命理想及其文藝宣傳進行反思的心理活動:「革命的曲調唱得厭了,革命的戲演得厭了,相似的歌曲和臺詞在蓮漪的記憶裏多得使她在五分鐘之內,為任何一

〔註48〕潘人木:《蓮漪表妹》,臺灣:純文學出版社,1985年,頁168。
〔註49〕潘人木:《蓮漪表妹》,臺灣:純文學出版社,1985年,頁301。

個革命的題目編寫出一首一幕來。她何嘗甘於這種生活……日子久了，她纔頓悟，奴役的特點，在於只能忍受，連向人乞憐的機會都沒有。」〔註50〕在再版第二部〈蓮漪手記〉中改為以表妹蓮漪的第一人稱陳述自我內心的複雜情緒：「革命的曲調唱多了，革命的戲演多了，再也難受其吸引、感動。如『上級』下令，我可以在五分鐘之內，為任何一種『革命題材』寫出一首歌、一幕劇來。言不由衷還不輕而易舉嗎？想不到言不由衷的革命題材卻是當年吸引我，感動我，使我一躍而全身投入的力量。」〔註51〕這段內容反映出作家筆下共產黨組織所謂「革命題材」的文藝宣傳在形式和內容方面有簡單化的自我重複傾向，可以在「五分鐘」之內做出的任一種政治宣傳品必然是有著固定套路和話語模式的機械複製。這種看法的確在一定程度上反映出當文藝作品淪為政治宣傳品的時候，極有可能會出現對描寫對象臉譜化、程式化等文學性堪憂的幼稚病，但不可否認的是，作家在立足於一種意識形態立場去反思對立派政治文學宣傳弊端的時候，又忽略了自己所處的意識形態同樣會滋生相似的問題，也是潘人木對文學和政治關係認識的片面化和簡單化的表現。儘管作家的這種思想在很大程度上是國民政府政治導向的結果，也充分表現出作家本人缺乏對中共革命的深刻理解，在從側面上展現不同政黨在政治政權的爭奪戰中必然會存在的殘酷和黑暗的同時，更能說明作家缺乏對於自己所處的中央政府在革命中的非理性行徑的理性認識。同時，也讓我們瞭解了經歷國府遷臺歷史動盪的遷臺作家群體在進行五十年代臺灣反共文藝創作時候，對於革命的想像性文學重塑。但是不可否認地是，既然作家能夠在80年代再版序中信誓旦旦地宣稱小說中的「關鍵事件如學生運動，左傾分子被自己人謀殺，秘密集會，年輕人動不動就上陝北，京承路的拆路隊等等都是事實」〔註52〕，也就說明這些或許並不全然是想像性虛構，歷史的真實還等待我們進一步觸摸。

三、以紅色敘事與革命歌曲書寫故鄉

　　1985年純文學再版本《蓮漪表妹》相較於初版本而言有一個非常顯著的特點，作家新增很大篇幅和筆墨用以描摹戰爭各階段不同歷史時期學生

〔註50〕潘人木：《蓮漪表妹》，臺灣：文藝創作社，1952年，頁134。
〔註51〕潘人木：《蓮漪表妹》，臺灣：純文學出版社，1985年，頁374。
〔註52〕潘人木：〈我控訴〉，選自《蓮漪表妹》，臺灣：純文學出版社，1985年，頁9。

運動中的革命歌曲。初版本中提到次數比較頻繁的是帶有中共革命性質的「巨浪」組織主題曲，這首歌是由田漢作詞、聶耳作曲的著名抗日歌曲《畢業歌》，是 1934 年由電通影片公司攝製，左翼戲劇家應雲衛導演、袁牧之編劇拍製的黑白有聲電影處女作《桃李劫》的主題歌。該組織因歌詞中反覆出現的「巨浪！巨浪！」而得名，而作家也以小說中多次出現的重章複沓的巨浪歌詞暗指巨浪組織或與該組織密切相關的活動。比如在初版本第五章〈大學的早晨〉中首次出現這首歌的描寫：「『巨浪！巨浪！不斷的增漲，同學們！同學們！快拿出力量，擔負起天下的興亡！』是支很流行的歌。」〔註53〕而再版本第一部分第五篇中作家做出了如下修改：「『巨浪！巨浪！不斷的增漲，同學們！同學們！快拿出力量，擔負起天下的興亡！巨浪！巨浪——』反覆的唱個不停。這是一首很流行的歌，電影《桃李劫》的主題曲。湊巧我跟蓮漪也會唱這首歌，真正覺得自己是這裡的一分子了。」〔註54〕很顯然，作家對這一部分歌詞僅做了微妙的字眼調整，但是補充了這首歌的出處是電影《桃李劫》的主題曲，更重要的是最後一句，即主人公「我」和表妹蓮漪本因為剛剛步入校園而感到生疏和拘謹，卻因為會唱這首歌而感覺自己也是激蕩著巨浪的校園中的一份子了。此處對於這首左翼抗日歌曲的補充性修改既表現了中共革命力量在校園中與這首流行曲目一樣有著廣泛的認同，又表明這種因「會唱同一首歌」而產生的普遍認同感並不具備深厚的思想基礎。《畢業歌》其餘部分歌詞為：「聽吧！滿耳是大眾的嗟傷，看吧！一年年國土的淪喪！我們是要選擇『戰』還是『降』？我們要做主人去拼死在疆場，我們不願做奴隸而青雲直上！我們今天是桃李芬芳，明天是社會的棟樑；我們今天是絃歌在一堂，明天要掀起民族自救的巨浪！」〔註55〕這部分歌詞在初版本中並未出現，而在再版本中在寫到 1935 年 9 月迎接新舊同學歡迎會的時候，在會前增加主席倪有義提倡：「親愛的新舊同學！在開會前，為了增加歡迎的熱誠，我們先來唱一首歌！」〔註56〕而老洪作為學校合唱團團長帶領全校同學高唱這一首《畢業歌》，並附上前述全篇歌詞，再版本此處的增加設計，是為了後文以《畢業歌》為「巨浪」組織

〔註53〕潘人木：《蓮漪表妹》，臺灣：文藝創作社，1952 年，頁 17。

〔註54〕潘人木：《蓮漪表妹》，臺灣：純文學出版社，1985 年，頁 47。

〔註55〕音樂出版社編輯部編：《聶耳歌曲選集·修訂版》，北京：音樂出版社，1965年，頁 12。

〔註56〕潘人木：《蓮漪表妹》，臺灣：純文學出版社，1985 年，頁 62～63。

的主旋律反覆出現鋪設必要準備。

在初版本第十一章〈刺蝟蝟〉中再次寫到「巨浪」組織及組歌的時候，有一段意味深長的隱喻性伏筆，出現在主人公「我」與蓮漪關於「巨浪」歌聲和天氣寒冷之間的關係的討論部分，蓮漪說：「二姐！現在還不算冷，我纔想起來，適纔我們覺得冷大概是他們唱歌的關係。」主人公「我」說：「他們冷，他們纔唱。」蓮漪說：「我看他們越唱越冷，連我們不唱的人也覺得分外的冷。」〔註 57〕再版本第一部分第十二篇〈刺蝟〉保留這三句極富隱喻性的對話，並在主人公「我」的話後面增加了半句：「……我注視著婉如的空床」〔註 58〕。這裡天氣的冷與政治環境的肅殺互相參照形成了隱喻性的意象重合，便於理解我們可以將對話中的「冷」同語轉換為政治環境的「肅殺」，這樣上面的對話內容便成為了這樣：蓮漪表妹認為巨浪組織的地下運作帶來了是時環境的肅殺，而表姐認為正是因為是時政治環境的緊張纔導致巨浪組織地下活動頻繁，每天深夜偷偷喚醒室友婉如參加秘密集會就是這種活動頻繁的有力證明。蓮漪表妹又進一步表示，巨浪組織的活動並沒有改善環境的緊張空氣，反而加劇了政治波動，連在組織外的普通學生也能感受到這種隱隱浸染的凝重氛圍。在初版本第十六章〈開始沸騰〉中，第三次寫到作為「巨浪」組織勢力代名詞的《畢業歌》：「這時『巨浪巨浪』的歌聲已排山倒海的湧進了這胡同」〔註 59〕，暗示著這一組織的遊行示威活動即將拉開序幕。再版本第十七篇中寫到蓮漪參與的秘密組織在集會遊行前夕帶領學生唱歌的細節，將初版中僅輕描淡寫一語帶過的一首《畢業歌》改為了三首歌：「不一會兒，聽見每晨必唱的國旗歌：『中國國民志氣宏，戴月披星去務農！』這是『聲幕』。接著是『工農並（筆者注：別字，應為兵）學商，一齊來救亡。拿起我們的武器刀槍，走出工廠田莊課堂……』聲音時強時弱，顯示隊伍在進行中。最後我聽見『巨浪！巨浪』的歌聲……。」〔註 60〕再版中的三首歌，除了最後一首歌是前文提到過的左翼抗日歌曲《畢業歌》以外，第一首《國旗歌》（又名《中國國民志氣宏》）文中並沒有提到的後半部分的歌詞內容是：「犁盡世間不平地，協作共用稻粱豐。（在再版本下一篇中描寫遊行示威之前，作家又一次寫

〔註 57〕潘人木：《蓮漪表妹》，臺灣：文藝創作社，1952 年，頁 56。
〔註 58〕潘人木：《蓮漪表妹》，臺灣：純文學出版社，1985 年，頁 160。
〔註 59〕潘人木：《蓮漪表妹》，臺灣：文藝創作社，1952 年，頁 73。
〔註 60〕潘人木：《蓮漪表妹》，臺灣：純文學出版社，1985 年，頁 207～208。

到眾人高唱《國旗歌》的時候，補寫了前述這兩句歌詞，也是初版本中沒有的細節。）地權平等，革命成功，人群進化，世界大同。青天白日滿地紅。」〔註61〕顯而易見的是，這是一首充滿孫中山三民主義理想的國民革命歌曲。第二首《救亡歌》（又名《救亡進行曲》）後半部分的歌詞為：「到前線去吧！走上民族解放的戰場……我們的隊伍廣大、強壯！全世界被壓迫的兄弟鬥爭！朝著一個方向。……我們要建設大家的國防……收復失地，打倒日本帝國主義……」〔註62〕這又是一首表現中國共產黨工農紅軍群眾革命理想的紅色歌曲。在1985年純文學再版本小說中，作家在描寫代表中國共產黨組織的「巨浪」在小說構設的1945年遊行示威運動中，由於仍處於國共兩黨第二次合作的歷史時段中，因此此處巨浪組織為革命造勢而唱的歌曲同時包括工農革命歌曲和國民革命歌曲，可以作為佐證的是，隨著小說中時間線索的延宕，除了第十七篇與十八篇提及《國旗歌》以外，後文在國共合作破裂後就未再出現過了。初版第二十章〈同樂會〉寫到1936年1月推出由蓮漪主演話劇的同樂會即將開幕，再版本第一部分第二十二章在同樂會開幕之前，增加照例請老洪帶領眾人合唱三首歌的細節：「《黨歌》——三民主義，吾黨所宗……，《救亡歌》——工農並（筆者注：別字，應為「兵」。）學商，一起來救亡，拿起我們的武器刀槍……，和那時隨時隨地都在唱的《畢業歌》——同學們，大家起來，肩負起天下的興亡……。」〔註63〕此處是再版本中第四次提到《畢業歌》，而第一首《黨歌》指的是原廣州黃埔軍校校歌，後成為中國國民黨黨歌的，也是1943年成為中華民國國歌的《三民主義歌》，巨浪組織的同樂會開場之前唱的三首歌中有一首是直接與國民政府意識形態相關的並且代表著官方意志的《三民主義歌》，作家在再版本中做出這樣的修改也是非常值得玩味的，一種理解是在當時的合法政府即國民政府的政治統治時期，共產黨組織想要開展活動也需要借助國民政府三民主義理想的旗幟與幌子，另一種理解是共產黨組織是借用傳達三民主義理想的革命歌曲為自己活動的意識形態進行包裝和修飾，而且與此同時還存有一個值得得注意的細節，那就是無論是此次同樂會還是前述一次迎新會上，組織大家唱傳達國民革命理想歌曲的

〔註61〕中國人民政治協商會議陝西省商縣委員會文史資料研究委員會：《商縣文史資料·第4輯》，商洛地區印刷廠，1987年，頁9。
〔註62〕中國共產黨青縣委員會黨史研究室編：《中共青縣歷史資料選輯·銅牆鐵壁》，河北省青縣印刷廠，1991年，頁171～172。
〔註63〕潘人木：《蓮漪表妹》，臺灣：純文學出版社，1985年，頁267。

人是聲稱自己是「無黨派」的老洪，而洪若愚的身分在小說的下半部分已被
證明是中共資深黨員，這樣就為前面提到的第二種可能性理解提供了注腳。

　　1985 年純文學再版本中除了這一首代表「巨浪」組織革命旋律的左翼歌
曲《畢業歌》之外，還尤為注重增加描摹從北伐到抗戰時期流行的其他諸多
革命歌曲的筆墨，如《救亡歌》、《蓮花落》、《追悼歌》等，這種修改策略為文
學文本提供了更豐富的可闡釋性空間。這種對於革命歌曲的著墨有幾種表現
形式，其一是通過括弧補充和故意曲筆著重突出具有特殊意識形態意義的革
命歌曲，比如初版本第六章〈迎新會上〉中寫到學生主席倪有義在聯歡會上
致辭發言：「我們又多了這些新侶伴和我們同時肩負這個偉大的時代，去達成
國家賦予我們光榮的歷史的任務，我們要手攜手去生活，手攜手去鬥爭，甚
至手攜手去為不願做奴隸的人民而流血！（掌聲）國家已經到了最危急的時
候，日本人從家裏趕出了我們，他們還要把我們趕得更遠更遠，現在是我們
每個人發出最後的吼聲的時候了。（掌聲）」〔註 64〕而再版本第一部分第六篇
將主席倪有義的發言中部分字眼進行微調，而且對其中幾句有著明顯出處的
歌詞增添了補充性說明：「我們又多了這些親愛的新夥伴……我們要手攜手去
生活，手攜手去鬥爭，手攜手去為不願做奴隸的人民而流血！（掌聲）國家
已經到了最危險的時候，（某歌中詞句）……現在是我們每個人發出最後的吼
聲的時候了。（某歌中詞句，掌聲。）」〔註 65〕小說中所引用的為我們耳熟能
詳的歌曲誕生的歷史背景是「九一八」事變後東北各地義勇軍武裝力量繼續
在熱河積極備戰抗日的時候，1933 年作曲家聶耳觸景生情而為抗日義勇軍作
《義勇軍進行曲》，後由田漢填詞，在 1949 年中華人民共和國建國以後成為
國歌。特別在再版本中加以括弧標注說明是「某歌」中的歌詞，是在以曲筆
故意暗示這首歌特殊的意識形態性。這種故意指代的「某歌」說法在再版本
中還有一處，同樣也是在再版第一部分第六篇（P68）中，也是主席倪有義的
發言內容：「……我們都是沒飯吃的窮朋友（某歌中歌詞）……在飢餓的道上
一塊走！（某歌中詞句）」〔註 66〕這裡的「某歌」指的是 1936 年第一部革命
題材兒童電影《迷途的羔羊》中的插曲，由《漁光曲》的作曲者著名左翼作曲
家任光作曲，曲名為《新蓮花落》，這是一首極富有代表性的紅色革命歌曲，

〔註 64〕潘人木：《蓮漪表妹》，臺灣：文藝創作社，1952 年，頁 23。
〔註 65〕潘人木：《蓮漪表妹》，臺灣：純文學出版社，1985 年，頁 65。
〔註 66〕潘人木：《蓮漪表妹》，臺灣：純文學出版社，1985 年，頁 68。

曾在地下黨領導的抗日活動中為革命同志廣為傳唱。中共屏山縣委領導人陳廷垣、張書泉等人就曾因為在書店中被查出藏有收錄這支曲子的唱片，而被作為「共黨分子」有力罪證被國民政府特警逮捕。〔註67〕由此可見這兩處故意指稱的「某歌」都是具有鮮明的工農革命意識形態色彩的，也由此說明引用這兩首歌作為發言詞的學生主席倪有義是堅定信仰中共革命的，這就為小說發展過程中倪有義被中共地下黨員洪若愚秘密殺害的情節鋪設了潛文本，也為蓮漪出獄後發現真相時候的震怒和對革命的失望奠定了必要基礎。又如對應初版第二十一章〈機器壞了〉的再版第一部分第二十四篇中增加了這樣的細節，即眾人在倪有義的葬禮上唱起追悼歌《安眠吧，勇士！》並附上全篇歌詞，這首歌原名《戰士序曲·二》，又名《追悼歌》，是為了紀念 1937 年因抗戰時期愛國志士聞一多遇害的事件，由田漢作詞、范繼森作曲而寫成的。小說中附上的歌詞與原版歌詞相比做了微調，比如「但是魔王啊，你別得意（原歌詞為「但是敵人啊，你別得意」〔註68〕）」，這裡的「魔王」自然暗指官方政府的對立派，而後文還出現配合「魔王」的「魔掌」和「魔鬼」等同語轉換的類詞，比如在得知戀人倪有義被不明組織殺害後，「婉如認為她的安全也很可慮，說不定『魔掌』下次就伸向她了。她相信『魔鬼』是一種反芻動物，胃口很大，什麼時候想嚼就會嚼起來的」〔註69〕。又如歌詞中原有一句「千百雙粗大的手」，而有歌曲版本中收錄的這句歌詞為「四萬萬同胞的手」）〔註70〕，此處作家選擇前一種歌詞版本，是為了避免「四萬萬同胞」這一具有過於明顯的工農革命意識形態指涉性的語詞出現。並且在再版本中作家借主人公「我」之口對這首歌曲做了這樣的評價：「我心裏實在很納悶，怎麼這樣湊巧早就有人寫了這樣一首歌呢？……這首歌可以一用再用，誰死了都可以適用，富於感情，挑不出毛病，可又知道裏面有毛病。」我們不妨結合文中所引用歌曲歌詞的前幾句「安眠吧，勇士！用你的血，寫成了一首悲壯的詩。這是一個非常時，需要許多賢者的死……這雖是黑暗的盡頭，也就是光明的開始……」〔註71〕來理解作家在

〔註67〕屏山縣志編纂委員會編：《屏山縣志》，成都：四川人民出版社，1998 年，頁821。

〔註68〕孫慎等編：《田漢詞作歌曲集》，北京：人民音樂出版社，2003 年，頁 246。

〔註69〕潘人木：《蓮漪表妹》，臺灣：純文學出版社，1985 年，頁 300。

〔註70〕徐嘉生編：《奉獻的一生：范繼森紀念文集》，上海：上海音樂學院出版社，2008 年，頁 187。

〔註71〕潘人木：《蓮漪表妹》，臺灣：純文學出版社，1985 年，頁 300。

此處看似矛盾性的評價有何深意：此處所說的「挑不出毛病」是由於這首歌的確是為了紀念「為革命而死」的進步青年倪有義而唱，因此與這首歌的原出處具有一定程度的相似性，而所謂「裏面有毛病」則有兩重含義，一是指涉進步青年的死亡並不確鑿知道是出自哪個組織的毒手，所謂一定是反動組織的暗殺也不過是在學生群體中比較流行的一種猜測；二是為小說後半部分揭示倪有義被殺案的真相原來是自己人的傑作的時候，增強對共產黨組織的批判和諷刺。

　　另一種對革命歌曲的表現方式是通過某個次要人物對於某首歌曲的復現來塑造該人物的性格和政治理想。比如初版本第六章〈迎新會上〉中寫到表妹蓮漪的室友唐婉如在迎新會上做遊戲出錯因而被罰唱歌的細節：「她那次唱的是首流行歌：『我愛你我愛你，你我同在一條戰線，縱海枯石爛也毀不了我們的貞堅——』」〔註72〕這首歌出自 1935 年新華影視公司公映有聲影片《新桃花扇》，這部影片是由左翼戲劇家歐陽予倩編導的，講述的是北伐時期青年革命的故事，並表達了導演對國民政府妥協退讓政治行為的不滿，也與歐陽予倩參與國民革命軍十九路軍反蔣抗日活動的政治理想一致。這首歌是這部電影中男女主角合唱的一首插曲，後半部分歌詞是這樣的「為民族的生存，要肉搏向前；為大眾的解放，要奮勇當先。」〔註73〕非常明顯可以看出，唐婉如所唱的歌是與工農革命理想一脈相承的，由此結合將初版本〈迎新會上〉後半部分講述迎新會上遊藝節目的段落剝離出來而另起一篇的再版第七篇〈拍花的〉中，作家加入主人公「我」意外發現室友婉如在夜裏被溜進宿舍的神秘人叫醒，並雙雙離開宿舍與其他不明身分的人一起去後花園參加秘密集會，這一帶有神秘性質的情節。而且此篇題目為「拍花的」，本意是指東北民間傳言用手拍小孩的腦袋來右拐孩子的人，再版本特意分出一部分用這個民間暗語來做題目，關鍵在於新增的這一個婉如被人拍醒叫走參加集會的細節而起。這一細節暗指婉如加入中共地下黨組織秘密活動，與前面所提到的婉如唱的左翼革命歌曲不謀而合。

　　除此之外，還有一種處理方式是以群眾為整體性對象，建立歌聲與群體性活動的密切關係。比如對應初版第十八章〈如願〉的再版第二十篇的開篇處便增加了一段關於群眾與歌聲的描寫：「一路上凡是有人的屋子，就有歌

〔註72〕潘人木：《蓮漪表妹》，臺灣：文藝創作社，1952 年，頁 33。
〔註73〕歐陽予倩：《電影半路出家記》，北京：中國電影出版社，1962 年，頁 18～20。

聲。好像不唱就活不了似的」，並附上三段歌詞如下：《守土抗戰的朋友》「拿起我們的刺刀來，對準了敵人的頭，誓死不做亡國奴，拼命的爭自由。……」《救亡歌》（又名《救亡進行曲》）「腳步合著腳步，臂膀靠著臂膀，我們的隊伍是廣（筆者注：再版誤寫成『光』。）大強壯。……」《蓮花落》「飢餓的道上一塊走，一塊走，兩枝花兒開，花開那蓮花落。……」〔註74〕其中後兩首歌是在前述部分多次反覆出現的《救亡歌》和《新蓮花落》，在此不再贅述。第一首歌《守土抗戰的朋友》在抗戰時期也是流亡學生中非常流行的救亡歌曲，目前可查閱到多個版本，有一版本名為《大眾的歌手》，由中國詩壇社成員荷子作詞，由《保衛中華》曲作者著名小提琴家、作曲家何安東譜曲，歌曲的第二段歌詞與引文一致〔註75〕，但是除了歌曲以外，還有內容相近的同名詩歌和話劇在群眾中流傳，因此小說中所指的《守土抗戰的朋友》這首歌的具體確切出處暫時無法確定，但基本上可以知道這是一首宣傳抗日救亡的左翼革命歌曲。與之類似的情節還在對應於初版本原第四十四章〈他們要打倒的是不能打倒的〉的再版本第二部分，寫到蓮漪出獄以後，與已經公開共產黨員身分的洪若愚名義上結合，作為他的第二任妻子。表妹蓮漪身為曾拒絕服從上級命令的污點黨員，在丈夫洪若愚與黃書記等人的設計下，參與革命話劇宣傳排演並參加「紀念一二一六學運大會」，沒想到會議的後半段突然轉為「學運敗類鬥爭大會」。開會之前仍然出現了與蓮漪學生時期一致的會前唱歌活動：「還是當年的老規矩，會前先唱歌，引起情緒，最先唱的不是那首畢業歌了，而是《國歌》：起來！不願做奴隸的人們……接著纔是懷舊的畢業歌：同學們！大家起來！擔負起天下的興亡……」〔註76〕這種群體性高唱革命歌曲的行為的基本作用自然是作家所寫的「引起情緒」，但是真正作為歌唱者的普通民眾之一的個體是否能夠理解這種群體行為的意義是值得懷疑的，近似於一種集體無意識的表現，或許也可以理解為一種在政治宣導之下因從眾心理而帶來的個性消泯。而從這種帶有集體無意識性質的群體性歌唱行為中，可以感受到作家對於在革命洪流中被紅歌洗腦的普通民眾的悲劇命運的深刻批判和深切同情。

〔註74〕潘人木：《蓮漪表妹》，臺灣：純文學出版社，1985年，頁239。
〔註75〕闕培桐編：《民族之魂：中國抗日戰爭歌曲精選》，北京：中國青年出版社，2005年，頁40。
〔註76〕潘人木：《蓮漪表妹》，臺灣：純文學出版社，1985年，頁584。

　　最後一種情況比較特殊，前述幾種對其他革命歌曲的處理幾乎均為初版本並不存在而在純文學 1985 年再版本中作家新增的細節，而最後這一種情況則是再版本對於初版本一些具有高度政治敏感性的紅色歌曲的塗抹甚至刪去，比如在初版本第二十六章〈十三年後〉中有一首出自髒孩子們之口的歌曲：「共產黨，像太陽，照到哪兒哪兒亮，哪兒有了共產黨呼海啊，哪兒就有大解放⋯⋯」〔註 77〕再版本第二部〈蓮漪手記〉中的對應內容是「天空裏，遠遠近近，永遠飄送著孩子們的歌聲：『共產黨，像太陽，照到哪兒哪兒亮，哪兒有了共產黨呼嗨啊！⋯⋯』」〔註 78〕初版本同一章結尾又一次寫到從孩子們口中飄揚出的紅色歌曲：「毛澤東，愛人民，他是咱們的帶路人——」〔註 79〕再版本該篇結尾將初版本的表述改寫為：「豐衣啊足食，建設哪新中國，中國哪太平年，那咿啊嗨咿呼嗨，哪嗨咿呼嗨⋯⋯」〔註 80〕初版本中這一章作家引用兩段歌詞是紅色經典革命歌曲中最有名的幾句，通行的合唱版本出自 40 年代延安時期由李有源、李增正等人聯合作詞，李煥之作曲的《東方紅》，而後成為人人口耳相傳的歌頌中共革命領袖的最有影響力的莊嚴頌歌，前一處引用自歌詞第三段，後一處引用自歌詞第二段。初版第三十七章〈寬仁的措施〉同樣涉及到這首《東方紅》，但是此處初版本是以諧謔的語氣通過孩子的口吻唱出篡改後的版本：「老李的聽眾們在門口也遇見了她（蓮漪）。大概他們立刻由蓮漪的面部表情知道她正在脾氣最好的時候，本來他們唱著小辮劉的歌謠，忽然在一個孩子的口令之下，群起合唱：『東方紅，太陽升，中國出來個王八精，不是下雨就颱風呼海啊，他是咱們大舅子。毛澤東，害人民，他是咱們的要命人，要了命來不准哼呼海呀，他是咱們大舅子。共產黨，像無常，走到那兒那兒遭殃，那兒有了共產黨呼海呀，那兒就要鬧饑荒。』」〔註 81〕前一處細節，再版本將原出自《東方紅》的歌詞片斷修改為另一首表達「豐衣足食太平年」的紅歌，雖然目前筆者未能查出這首歌準確的名字和出處，但是通過引用歌詞采用的「豐衣足食」、「建設新中國」、「太平年」這些紅色意象可證明這也是一首抗戰時期的革命歌曲。後一處細節的處理更值得玩味，這段在初版本中非常鮮見的

〔註 77〕潘人木：《蓮漪表妹》，臺灣：文藝創作社，1952 年，頁 137。

〔註 78〕潘人木：《蓮漪表妹》，臺灣：純文學出版社，1985 年，頁 388。

〔註 79〕潘人木：《蓮漪表妹》，臺灣：文藝創作社，1952 年，頁 141。

〔註 80〕潘人木：《蓮漪表妹》，臺灣：純文學出版社，1985 年，頁 396。

〔註 81〕潘人木：《蓮漪表妹》，臺灣：文藝創作社，1952 年，頁 181。

有著鮮明意識形態指向性的歌詞修改本卻在聲稱要更加「反共」的再版本中被作家悄然抹去了，這種修改方式體現出作家在 80 年代思想認識的成熟，就算是站在國民革命的思想立場上反觀中共革命理想，初版本中的「王八精」、「害人民」、「要命人」、「無常」等極端污名化的稱謂加在中共革命領導人身上也必然是不合理的，與初版本時隔三十年後的作家在對戰爭和革命的認識方面已經從早年的極端化和幼稚病中脫胎，因此將對中共主流意識形態歌曲《東方紅》的戲謔和譏刺的文字隱去。

面對海峽對岸的祖國，謝冰瑩一直到老仍然堅定支持兩岸統一，而從表層上看，撰寫所謂「反共作品」的作家潘人木的初衷與北伐女兵作家謝冰瑩相比應是迥然相異的，其實不然，這兩位作家在本質上懷抱著相同的情懷，那就是對祖國大陸無盡的熱忱與悲憫。自從 80 年代兩岸關係的震盪使得作家瞭解到遺留在中國大陸的親友們在 60 到 70 年代間所承受的巨大苦難，作家便改變了以往相對溫和的文藝態度，而宣稱要以 85 年再版本《蓮漪表妹》作為自己向祖國提出控訴的訴狀，並通過為文本附著特定歷史時代背景、以革命歌曲暗喻和渲染兩種革命勢力的角力等多種方式在為文本進行策略性地鞏固意識形態宣傳，但是作為隨著國民政府遷移至臺灣的作家潘人木，她在這部作品中滲透出的對於中國大陸的想像性重建就僅僅如此嗎？必然不是，透過作家在再版本中呈現出的主要角色表妹蓮漪形象的矛盾性和複雜性，通過作家對中共革命和國民革命雙方問題與功績的反思咀嚼，我們更應該看到作家的痛心疾首和聲淚俱下，正如她在再版序言中說的那樣：「個人的遭遇，容或得不到幸運者的同情。人家說：『那是過去的事了，現在變好了，……』可是，『過去』也曾是『現在』……我當然希望我的祖國早日脫離苦海……所以我並不懷恨，也不想報復。我控訴的目的，只想記下這一筆生死帳，因為原諒是一回事，忘記是另一回事。如果忘記，同樣的苦難就會再度發生……我們萬萬不能容許它再來一次。」〔註 82〕作家的根本立意是想借助作品中構築的歷史時代來映像當下和期許未來，這種對祖國的「惡語相向」和所謂的「反共情緒」是懷著「哀其不幸，怒其不爭」的悲憫情懷回望海峽彼岸，希望祖國和民族不要輕易忘記歷史的偏誤，更不要忘記在戰爭動亂與歷史偏誤中受到心靈和身體重創的百姓，要浸透過去的痛苦和創傷記憶，為了未來不再重蹈覆轍。

〔註82〕潘人木：〈我控訴〉，選自《蓮漪表妹》，臺灣：純文學出版社，1985 年，頁 9。

第五章 結 語

　　1949 年國民政府撤退臺灣不僅是一場政治遷移，更重要的是一場文化遷徙，此次遷徙不僅帶來了臺灣歷史上最大一次的大陸移民，而且使得大陸文化與臺灣本土原住民文化之間形成了互相浸染、相互侵佔的交融局面，臺灣本省人的族群意識和外省作家的故園想像問題同時存在，如果將遷臺文學現象看做一種文化遷徙的話，就可以放置於中國歷史文化遷移整體脈絡中探討文學史和文化史意義，上溯至少數民族從游牧轉向農耕定居時期，民族遷徙帶來了邊境文明與中原文明的融合；而從鄉村和邊緣民族地區遷移至中心城市則是另一次重要的文化遷徙，比如在 20 世紀 20 年代有大批青年知識分子從偏遠欠發達地區湧向首都北京，包括霆先艾、沈從文、王魯彥、彭家煌等鄉土作家都是在 1919 至 1920 年間進入北京高校學習進而踏入北京文化圈；又如抗戰爆發後大批作家湧入中共政治話語中心延安，帶來了解放區文藝的蓬勃繁榮；再發展到新時期當代文學進程時段，知識青年上山下鄉時期由城市向農村的大規模文化遷移帶來「知青小說」的發展等等。1949 年前後大陸遷臺作家群體作為一次重大的文化政治遷徙，它構成的文學史意義不僅在於臺灣島嶼本土，更在於以他者的身分與同時期中國大陸文化政治發展脈絡形成參照。所謂「反共文學」浪潮在臺灣五十年代的蜂起與八十年代的回暖兩次轉折，也可以與同時段中國大陸當代文學發展進程中的文藝思潮與現象進行呼應，臺灣文學既具有它個性的特殊生命力，又具有中國母體文學發展的共性特質，我們不能以意識形態化的文學眼光全然否定在島嶼進行文學創作的作家生命與文學價值，更不能以拒斥的態度將臺灣文學歷史進程中某一斷代的文學現象作為異質而將其完全獨立於中國文學發展脈絡之外。

　　隨著國共兩黨關係由緊張轉為鬆動，臺灣在著力發現本土文學主體性價值的同時，也已經慢慢開始以溫和的眼光重新審視遷臺及逃港等一批因政治歷史事件而被迫流徙的作家群體，比如近年來湧現的由臺灣導演指導拍攝的系列紀錄片《他們在島嶼寫作》〔註1〕就是很好的證明。在新的文學語境下與新的臺海關係下，我們倘若要繼續探討海峽兩岸文學及島嶼作家的國族認同與想像，則必須需要有適應彈性的新的眼光，海峽此岸的我們亟待重新反芻對於大陸遷臺作家的文學史評價。一方面，由於 1949 年前後大陸赴臺作家的群體性文學創作主導之下，五十年代臺灣文壇中受到日據時期皇民化運動殘害而喪失國語寫作能力的臺籍作家被迫讓渡了文學話語權，此時期真正代表臺灣本土文化生命力的「臺灣文學」被沉潛壓抑下來，而我們理解的臺灣文學則是代表著「正統的自由中國的文學」〔註2〕。但是另一方面，我們更要看到正是由於大陸遷臺作家流麗通暢的國語寫作壓迫了精通於日文寫作的臺灣作家的文學話語權，客觀上刺激和觸動大量臺灣作家更快地從殖民文化傷痕中復蘇，潛心致力於重拾國語寫作能力，纔為下一個時代本土化臺灣文學的發展繁榮提供了寶貴契機。更重要的是，1949 年前後的歷史事件對於隨國民政府政治敗退而遷徙至臺灣的文人作家來說同樣也構成極深的傷痕，外省籍作家與臺籍作家一樣，都是無形之中的歷史受害者，在本省籍作家受到文學擠壓和文學自信打擊的同時，外省籍作家更面臨著嚴重的認同危機和精神原鄉崩潰，個中傷害究竟孰輕孰重恐怕根本難以量化分析。

　　通過尋找這一作家群體如何在原鄉失落的精神重創下在島嶼寫作中實現對於故園的想像性重建，我們可以將遷臺文學還原回大陸與臺灣整體性文化歷史場域中，進而為重新闡釋遷臺作家群體的文學史意義提供可能。因此，本文嘗試以故土想像為線索，以呈現普遍意義上遷臺作家群體的顯性懷鄉敘事書寫，勾描在文化遷徙洪流中的群體性懷鄉寫作整體面貌作為闡釋基礎，通過軍旅、政界與平民等幾類身分的遷臺作家代表的不同時期創作的小說與

〔註1〕 「他們在島嶼寫作」第一部涉及的作家有：林海音（遷臺）、周夢蝶（遷臺）、余光中（先遷港，後赴臺）、鄭愁予（遷臺）、王文興（1946 年遷臺）、楊牧；《他們在島嶼寫作》第二部涉及作家有：劉以鬯（遷港）、西西（遷港）、也斯（遷港）、洛夫（遷臺）、瘂弦（遷臺）、林文月（1933 年出生於上海日本租界。小時接受日本教育，1946 年自上海回到臺灣居住）、白先勇（第二批遷臺）。

〔註2〕 許俊雅：《臺灣文學論——從現代到當代》，臺灣：南天書局，1997 年，頁 220。

散文作品對比分析，來試圖還原遷臺作家群體性懷鄉書寫的表層表現方式。進而從遷臺作家同一作品在不同時期不同版本中的修改縫隙入手，結合對作家思想轉折與文化身分的歷史演變，進一步探討被作家與學者共同遮蔽的難以被顯性的表層懷鄉敘事所統攝的隱性故土想像模式。藉此反映出政治文化洪流中的作家思想與心態變化，折射出遷臺作家群體性認同焦慮與身分撕裂問題，進而反映出因此次政治文化遷徙而帶來的中國文學生產機制的斷層，最終指向我們應該如何咀嚼遷臺作家群體的豐富性與複雜性，如何處理已經過去的歷史時段中臺灣本省人的族群意識和外省作家關於「何為我們，何為他者」的家國想像問題。

　　然而遺憾限於篇幅和個人學術能力不足，本文做的有限研究只是冰山一角，遷臺作家群體作為重要的文學研究對象，仍有極大的財富等待我們進一步勘探，時代把他們摺疊了很久，我們應該用飽含深情和尊重的手將包裹在摺痕中的辛酸打開，重新細細品讀。

參考文獻

（依作者姓名筆畫順序排列）

一、中文專書

1. 中共北京市委黨史研究室編：《北京革命史回憶錄·第 2 輯》，北京：北京出版社，1991 年。

2. 中國人民政治協商會議天津市委員會和文史資料委員會：《天津文史資料選輯》，天津：天津人民出版社，2005 年。

3. 中國人民政治協商會議陝西省商縣委員會文史資料研究委員會：《商縣文史資料·第 4 輯》，商洛地區印刷廠，1987 年。

4. 中國共產黨青縣委員會黨史研究室編：《中共青縣歷史資料選輯·銅牆鐵壁》，河北省青縣印刷廠，1991 年。

5. 中國作家協會江西分會編：《紅色歌謠》，南昌：江西人民出版社，2007 年。

6. 中國國民黨革命委員會中央委員會，中國革命博物館編：《柳亞子紀念文集》，北京：中國文史出版社，1987 年。

7. 尹雪曼：《中華民國文藝史》，臺灣：正中書局，1976 年。

8. 《左聯回憶錄》編輯組：《中國文學史資料全編·現代卷·左聯回憶錄》，北京：知識產權出版社，2010 年。

9. 古遠清：《當代臺港文學概論》，北京：高等教育出版社，2012 年。

10. 古繼堂：《臺灣新文學理論批評史》，瀋陽：春風文藝出版社，1993 年。

11. 古繼堂：《簡明臺灣文學史》，北京：時事出版社，2002 年。

12. 白少帆，王玉斌，張恒春：《現代臺灣文學史》，瀋陽：遼寧大學出版社，1987 年。

13. 白先勇：《白先勇自選集》，廣州：花城出版社，1996 年。

14. 李夫澤：《從「女兵」到教授——謝冰瑩傳》，長沙：湖南人民出版社，2004 年。

15. 李師程，雲南省政協文史委員會：《雲南文史資料選輯·第 62 輯·楊春洲回憶錄》，昆明：雲南人民出版社，2005 年。

16. 李穆南，郤智毅，劉金玲：《中國臺灣文學史》，北京：中國環境科學出版社，2006 年。

17. 宋澤萊：《臺灣文學三百年》，臺北：人類智庫——人類文化，2011 年。

18. 林桶法：《1949 大撤退》，臺灣：聯經出版事業股份有限公司，2009 年。

19. 封德屏，應鳳凰：《臺灣現當代作家研究資料彙編·17·潘人木》，臺灣：國立臺灣文學館，2013 年。

20. 封德屏，應鳳凰：《臺灣現當代作家研究資料彙編·28·姜貴》，臺灣：國立臺灣文學館，2013 年。

21. 音樂出版社編輯部編：《轟耳歌曲選集·修訂版》，北京：音樂出版社，1965 年。

22. 屏山縣志編纂委員會編：《屏山縣志》，成都：四川人民出版社，1998 年。

23. 馬舍雷：《文學分析：結構的墳墓，現代美學新維度》，北京：北京大學出版社，1990 年。

24. 袁明仁：《三秦歷史文化辭典》，西安：陝西人民教育出版社，1992 年。

25. 夏志清：《中國現代小說史》，香港友聯出版社，1978 年。

26. 徐嘉生編：《奉獻的一生：范繼森紀念文集》，上海：上海音樂學院出版社，2008 年。

27. 陸卓寧：《20 世紀臺灣文學史略》，北京：民族出版社，2006 年。

28. 陳芳明：《後殖民臺灣：文學史論及其周邊》，臺灣：麥田，2002 年。

29. 陳芳明：《新臺灣文學史》，臺北：聯經出版事業股份有限公司，2011 年。

30. 陳映真，呂正惠，杜繼平，曾健民，許南村：《反對言偽而辯——陳芳明臺灣文學論、後現代論、後殖民論的批判》，臺北：人間出版社，2002 年。

31. 陳錦昌：《蔣中正遷臺記》，臺灣：向陽文化出版：遠足文化發行，2005 年。

32. 孫慎等編：《田漢詞作歌曲集》，北京：人民音樂出版社，2003 年。

33. 許俊雅：《臺灣文學論──從現代到當代》，臺灣：南天書局，1997 年。

34. 張玉法：《中華民國史稿》，臺灣：聯經出版事業公司，1998 年。

35. 張連俊：《黑龍江省志文學藝術志‧第 46 卷》，哈爾濱：黑龍江人民出版社，2003 年。

36. 張健，王金城，袁勇麟：《中國當代文學編年史‧第 10 卷‧港澳臺文學‧上‧1949～2007》，濟南：山東文藝出版社，2012 年。

37. 張道藩：《酸甜苦辣的回味》，北京：傳記文學出版社，1981 年。

38. 張錦忠，黃錦樹：《重寫臺灣文學史》，臺北：麥田出版社，2007 年。

39. 張穎：《刀鋒上的行走：親歷 1911～1949》，天津：天津教育出版社，2013 年。

40. 黃人影編：《郭沫若印象記，文壇印象記》，樂華圖書公司，1932 年。

41. 黃羨章：《潮汕民國人物評傳》，廣州：廣東人民出版社，2008 年。

42. 葉石濤：《臺灣文學史綱》，臺灣：文學界，1987 年。

43. 欽鴻編：《永恆的友誼：謝冰瑩致魏中天書信集》，北京：中國三峽出版社，2000 年。

44. 尋霖，龔篤清：《湘人著述表 2》，長沙：嶽麓書社，2010 年。

45. 楊明：《鄉愁美學──1949 年大陸遷臺作家的懷鄉文學》，臺北：秀威信息科技股份有限公司，2010 年。

46. 趙遐秋，曾慶瑞：《臺獨派的臺灣文學論批判》，臺北：人間出版社，2003 年。

47. 歐陽予倩：《電影半路出家記》，北京：中國電影出版社，1962 年。

48. 劉登翰，莊明萱，黃重添：《臺灣文學史》，福州：海峽文藝出版社，1993 年。

49. 閻純德，李瑞騰：《女兵謝冰瑩》，北京：人民文學出版社，2002 年。

50. 閻純德：《作家的足跡‧續編》，北京：知識出版社，1988 年。

51. 應鳳凰：《姜貴中短篇小說集》，臺灣：九歌出版社有限公司，2003 年。

52. 闞培桐編：《民族之魂：中國抗日戰爭歌曲精選》，北京：中國青年出版社，2005 年。

二、期刊論文

1. 上海師範學院圖書館資料組：〈中國左翼作家聯盟盟員考錄〉，選自《中國現代文藝資料叢刊‧第 5 輯‧「左聯」成立五十週年紀念特輯》，北京：新文藝出版社，1980 年。

2. 小谷一郎：〈東京左聯成立前史‧其一〉，選自吳俊編譯：《東洋文論——日本現代中國文學論》，杭州：浙江人民出版社，1998 年。

3. 王瑞華，〈隔海相敘：王統照、姜貴海峽兩岸的家族寫作〉，《文學評論》，2010 年 06 期。

4. 王德威，余淑慧譯：〈傷痕記憶，家國文學〉，選自陳思和，王德威：《文學‧2013 春夏卷》，上海：上海文藝出版社，2013 年。

5. 王德威：〈蒼苔黃葉地，日暮多旋風——論姜貴《旋風》〉，選自陳義芝編：《臺灣文學經典研討會論文集》，臺北：聯經出版事業股份有限公司，1999 年。

6. 王勳鴻：〈臺灣新故鄉——五六十年代臺灣遷臺女作家的在地化書寫〉，《社會科學家》，2011 年 01 期。

7. 王鼎鈞：〈反共文學觀潮記〉，選自《文學江湖》，北京：生活‧讀書‧新知三聯書店出版社，2013 年

8. 甘和媛：〈憶女作家謝冰瑩與戰地服務隊〉，選自周志華，易濤編：《武漢文史資料 11》，2000 年。

9. 平石淑子，石永菁：〈金劍嘯在哈爾濱的抗日文藝活動述評〉，選自金倫，里棟編：《塵封的往事》，哈爾濱：北方文藝出版社，2009 年。

10. 李夫澤：〈謝冰瑩與「左聯」〉，《婁底師專學報》，1999 年 03 期。

11. 李俊民：〈北方「左聯」的發起與籌備工作〉，選自《左聯：紀念集 1930～1990》，百家出版社，1991 年。

12. 吳曉川：〈從遷臺作家創作看中國新文學傳統的延續〉，《當代文壇》，2007 年 06 期。

13. 范銘如：〈臺灣新故鄉——五十年代女性小說〉，《中外文學》，1999 年。

14. 周怡：〈姜貴遺失小說《白棺》前兩章的發現〉，《現代中文學刊》，2014 年 04 期。（該文章最初發表於臺灣《文訊雜誌》2012 年 12 月第 325 期）

15. 胡風：〈回憶參加左聯前後（一）〉，《新文學史料》，1984 年 01 期。

16. 徐續紅：〈謝冰瑩與「左聯」——從魯迅致王志之的兩封信談起〉，《新文學史料》，2013 年 03 期。

17. 陳思廣：〈《女兵自傳》是這樣寫成的〉，《中華讀書報》，2013 年 7 月 10 日第 014 版。

18. 孫席珍：〈關於北方左聯的事情〉，《新文學史料》，1979 年 04 期。

19. 符號：〈謝冰瑩和我的一段婚姻〉，《世紀行》，1997 年 07 期。

20. 黃紅春：〈論臺灣 20 世紀中葉懷鄉思親小說中的男性書寫〉，《南昌大學學報（人文社會科學版）》，2010 年 06 期。

21. 董振修：〈中共黨史上的鐵大姐——周鐵忠〉，《天津史黨史探微》，寧河印刷廠，1998 年。

22. 欽鴻：〈謝冰瑩《女兵自傳》的重版風波〉，《中華讀書報》，2002 年 10 月 17 日。

23. 楊春洲：〈儂瑟若同志在北京被捕的情況〉，選自《中國人民政治協商會議雲南省廣南縣委員會文史資料委員會‧廣南縣文史資料選輯‧第 5 輯》，1991 年。

24. 楊纖如：〈北方左翼作家聯盟雜憶〉，《新文學史料》，1979 年 04 期。

25. 齊邦媛：〈烽火旁的青春——潘人木《蓮漪表妹》〉，選自《千年之淚》，臺灣：爾雅出版社，1990 年。

26. 劉嘉谷：〈謝冰瑩研究札記〉，《中國文學研究》，1987 年。

27. 劉維開：〈從南京到臺北——1949 年「國府」遷臺經過〉，《晉陽學刊》，2012 年 02 期。

28. 潘夢園：〈魂牽夢縈憶故鄉——試論琦君懷鄉思親的散文〉，《暨南學報》，1984 年 04 期。

三、學位論文

1. 吉霙：《光復初期臺灣文學重建和大陸赴臺作家研究》，山東大學碩士學位論文，2013 年。

2. 朱玉鳳：《1948～1949 遷臺作家飲食散文研究》，南京師範大學碩士學位論文，2011 年。

3. 阮承香：《記憶建構與自我認同——赴臺第一代女作家懷舊散文研究》，福建師範大學碩士學位論文，2013 年。

4. 俞巧珍:《當代大陸遷臺女作家流寓經驗書寫研究》,廣西民族大學碩士學位論文,2013 年。

5. 莊文福:《大陸旅臺作家懷鄉小說研究》,中國文化大學博士學位論文,2002 年。

6. 許珮馨:《五十年代的遷臺女作家散文研究》,國立臺灣師範大學國文研究所博士論文,2006 年。

7. 蔡芳玲:《一九四九年前後遷臺作家之研究》,國立中央大學碩士學位論文,1997 年。

四、文學作品

1. 王藍:《長夜》,臺北:純文學出版社,1988 年。

2. 王鼎鈞:《左心房漩渦》,北京:生活·讀書·新知三聯書店,2014 年。

3. 田原:《田原文集·散文卷》,臺灣:水芙蓉出版社,1976 年。

4. 田原:《田原自選集》,臺灣:黎明文化事業股份有限公司,1982 年。

5. 冰瑩女士:《麓山集》,上海:光明書局,1932 年。

6. 冰瑩女士:《從軍日記》,上海:光明書局,1932 年。

7. 余光中:《從母親到外遇》,臺北:聯合文學,1998 年 10 期。

8. 吳濁流:《亞細亞的孤兒》,北京:人民文學出版社,1986 年。

9. 姜貴:《無違集》,臺灣:幼獅文藝出版社,1974 年。

10. 姜貴:《旋風》,臺灣:九歌出版社有限公司,2003 年。

11. 陳紀瀅:《新中國幼苗的成長》,南京:建中出版社,1947 年。

12. 陳紀瀅:《赤地》,臺灣:重光文藝出版社,1960 年。

13. 陳紀瀅:《三十年代作家記》,臺灣:成文出版社有限公司,1970 年。

14. 陳紀瀅:《憶南山》,臺灣:重光文藝出版社,1977 年。

15. 潘人木:《如夢記》,臺灣:重光文藝出版社,1951 年。

16. 潘人木:《蓮漪表妹》,臺灣:文藝創作社,1952 年。

17. 潘人木:《蓮漪表妹》,臺灣:純文學出版社,1985 年。

18. 謝冰瑩:《一個女兵的自傳》,上海:上海良友圖書印刷公司,1936 年。

19. 謝冰瑩:《一個女兵的自傳》,桂林:桂林良友圖書印刷公司,1943 年。

20. 謝冰瑩:《女兵十年》,上海:北新書局,1947 年。

21. 謝冰瑩：《女兵自傳》，上海：上海晨光出版社，1949 年。

22. 謝冰瑩：《女兵自傳》，臺北：力行書局，1956 年。

23. 謝冰瑩：《謝冰瑩文集・上・中・下》，合肥：安徽文藝出版社，1999 年。

24. 謝冰瑩等：《女作家自傳選集》，上海：耕耘出版社，出版時間不詳。

25. 段彩華：《北歸南回》，臺北：聯合文學出版社，2002 年。

26. 魯迅：《魯迅全集・第十二卷》，北京：人民出版社年版，2005 年。

27. 魯迅：《魯迅全集・第十六卷》，北京：人民出版社年版，2005 年。

附　錄

大文學：重新進入臺灣文學場域的方法

摘要：

　　長久以來，臺灣文學作為中國文學的重要組成部分，因與大陸空間場域臺海相隔，以致相關問題的研究與討論存在頗多爭議。由此，以一種適應史實的文學史觀呈現臺灣文學的真實樣態，變得尤為迫切而必要。以「大文學」視野作為重新進入臺灣文學場域的方法，能夠檢視既往研究的諸多偏誤和疏漏，體現一種協調和兼容的學術努力。

　　關鍵詞：大文學，臺灣文學，區域，方法

　　多年來，一些臺灣學者一直試圖論證臺灣文學傳統與中國大陸文學傳統有著迥然相異的淵源，並著力突顯臺灣文學的特殊發展脈絡與文學生態的「自足性」和「獨立性」。以 1970 年代鄉土文學論戰中葉石濤的「臺灣意識」論及其後繼者陳芳明的「後殖民論」為代表，這一派學者的「臺灣中心主義」論斷在當下臺灣本土派文學研究領域仍然擁有相當話語權。這在很大程度上遮蔽了臺灣文學傳統的豐富與駁雜，限縮了臺灣文學問題內部龐雜的意義可能及闡釋空間。

　　臺灣文化是中國文化的重要分支，考古學的研究成果充分證明臺灣遠古文化與中國大陸遠古文化的淵源。1970 年代前後，臺東縣八仙洞出土文物的考古發現，可以作為臺灣人是北京人分支遷移而形成的證明〔註 1〕，這一發現

〔註 1〕《臺東八仙洞舊石器文化的發現意義》，原載於《臺灣日報》1937 年 1 月 21 日，轉引自施聯朱編著，《臺灣史略》，福建人民出版社 1980 年版，第 44 頁。

將臺灣本島與祖國大陸一脈相承的親緣、地緣關係追溯到遠古時代。目前可查最早有記載的臺灣文學是本島原住民的口傳歌謠、神話、傳說及民間故事，其內容與閩南地區民間流傳的文學內容非常相似：在臺灣流傳的民間故事集《觀世音靈感錄續編》中記載了多種觀音救世的故事〔註 2〕；布農族、泰雅族、鄒族等原住民神話故事中均有射日神話和洪水神話〔註 3〕。雖然它們產生的時間、地點各有不同，但與漢民族民間信仰中的觀世音菩薩、神話故事中的羿射日、禹治水在內容和主題上都有著很大相似性。自明鄭政權建立以後，隨鄭成功赴臺的明末宦遊文士創作的詩文、遊記等將大陸文人的文學趣味帶到臺灣，真正開啟了臺灣文學的最初風貌。此後數百年間的臺灣古代文學在形式、題材等諸多方面均與大陸非常相近。

雖然由於歷史沿革與文學發生的時空場域差異，臺灣文學與大陸同時期文學相比存在著內容上的側重與偏差，但文以載道、詩以言志，歌以詠懷的文學傳統與大陸是一脈相承的。正如有學者所言：「明末以降的臺灣傳統文學，是中國文化傳統的一種表現」〔註 4〕。作為中國文學傳統的重要支脈，臺灣文學傳統同樣具備「雜」與「大」的屬性。承接臺灣文學傳統發展起來的臺灣新文學，經歷日本殖民統治者的文化同化政策及奴化教育後，其文化傳統與民族意識受到摧毀式重創。臺灣作家的國族認同困境在日據時期皇民化運動階段達到峰值，而 1940 年代末至 1950 年代初期國民政府遷臺則屬於國族認同危機的延宕時期。臺灣新文學是諸多外部因素共同作用下發展成熟起來的文學生態，文學既參與政治、滲透生活，乃至反作用於社會發展，同時也在政治階級及社會倫理影響下被形塑與規訓。

具體來看，包括作家對其所處時代或此前時代的政治及社會紛爭的介入，也包含作家在文學創作中對各政治衍生問題的書寫，更涵納作家本人及其作品參與時代政治話語的形成與塑造等。政治是否完全貫穿於中國現代文學組織活動和作家寫作過程中，處於政治權力漩渦中的文人在順應主流文藝政策的同時伴隨著怎樣的思想矛盾，這些不穩定與不統一的多面性表現都是我們在探討臺灣文學相關問題時務必要考慮的重要面向。強調文學研究的「大」

〔註 2〕閩臺文緣編委會編著：《閩臺文學藝術研究》，海峽文藝出版社 2016 年版，第 75 頁。

〔註 3〕王予霞：《文化傳承》，海風出版社 2004 年版，第 81 頁。

〔註 4〕王國璠、邱勝安：《三百年來臺灣作家與作品‧自序》，臺灣時報社 1977 年版，第 5 頁。

視野，是期望以「大」擴容，將社會環境中固有的龐雜萬象，包括「文學」的與「非文學」的，一併納入文學研究的範疇中來。由此，在「大文學」視野的引導下重新進入臺灣文學場域，必須要摒棄既往粗暴而狹隘的「自足」觀對諸問題的規避與篩選，還原既往被遮蔽與簡化的文學文本及文化現象的歷史真實，以使得對於諸多文學現象的考察在更為真實而複雜的歷史語境基礎上展開，重新呈現臺灣文學與大陸文學的血脈聯繫。

為反抗日本殖民入侵及文化侵略而應運而生的臺灣新文學運動，雖然在時間上稍晚於大陸，且在空間上臺海相隔，但其與發生於中國大陸的「五四」新文化運動實為同宗。1920 年代初，在日本東京留學的臺灣青年學生蔡惠如、林呈祿、蔡培火等，受到五四運動的影響，為響應其聲勢在東京相繼成立臺灣留日學生團體「聲應會」「新民會」，並在《新青年》的啟發下創辦其機關刊物《臺灣青年》（後改名為《臺灣》）。以張我軍、賴和等曾遊學大陸的臺籍作家為主力軍的臺灣新文學運動，也以反對文言、提倡白話，反對舊文學、提倡新文學為開端，以深入開展臺灣思想文化及政治革新運動為要旨。進入 1930 年代中後期，日本殖民文化全面入侵臺灣文學生態。隨著思想管制程度日趨加深，臺灣文學的發展也從臺語文、白話文寫作轉入日文寫作，臺灣新文化運動的思想啟蒙由於特殊的政治歷史原因而與五四文學傳統出現了「斷裂」。然而，這種「斷裂」僅僅是表層的。在極為嚴酷的文學空氣中，仍然存在著以作家張文環及其《臺灣文學》為代表的本土聲音在頑強地與皇民化思想鉗制對抗，由此不難看出，「從思想文化史的角度來說，五四意識實未曾在臺灣完全斷絕過」〔註5〕。我們可以毫不誇張地說，臺灣新文學運動自始至終都是中國新文學進程與序列中重要的一環。

臺灣光復以後，接續 1920 年代初期臺灣新文學傳統及「五四」新文學血脈的是 1945 年至 1949 年前後隨國民黨政府遷移臺灣的大批文人學者。長久以來，既有臺灣文學史敘述對這批遷臺作家的文藝活動評價頗有爭議：大陸學界方面，在「純文學」觀念的主導下，普遍認定遷臺作家 1950 年代創作的帶有鮮明意識形態色彩的「反共文學」藝術性和文學性不高；臺灣學界方面，本土派則指謫遷臺作家的文學活動「霸權」使得 1950 年代臺灣本土文化的獨

〔註 5〕 簡明海：《60 年代臺灣五四意識的斷裂與傳統》，選自何卓恩、張斌峰、夏明編《大陸赴臺知識分子研究‧殷海光、夏道平紀念會論文合集》，九州島出版社 2011 年版，第 312 頁。

立性和完整性被破壞。無論是大陸學界以「純文學」觀對臺灣文學範圍進行重新框定與裁剪，試圖把文學史從社會政治史中離析出來，回歸其文學性和藝術性的「純粹」；還是臺灣本土派學者過於強調「主體意識」，因對整體現代中國歷史及文學背景的忽視與割裂而陷入「臺灣中心主義」，都不能使臺灣文學問題得到恰切的評斷。

以「大文學」視野和大格局史觀重新審視 1950 年代臺灣文壇，則不難發現，以臺靜農、許壽裳、胡適、梁實秋、傅斯年、蘇雪林、謝冰瑩、胡秋原等為代表的遷臺作家群的教學、學術和文學活動，直接帶來了 20 世紀五六十年代臺灣文壇的文學繁榮。此前，除鍾理和、楊逵等少數作家可以用中文創作外，其他日據時期的活躍作家因只能以日文寫作而不得不就此擱筆。大陸遷臺作家以嫻熟的國語寫作進入臺灣文學生態，刺激大批臺籍作家更快地從日據時期殖民文化傷痕中復蘇，潛心致力於重拾國語寫作能力，為下個時代本土文學的繁榮提供了寶貴契機。在為臺灣本土文學加速復蘇而助力的同時，構成 1950 年代臺灣文學場域主要參與者的遷臺作家群體也將「五四」的思想文化餘韻播撒至臺灣島。無論是推廣國語教學的臺靜農、許壽裳等學者，或是呼籲「自由的文學」的新文化運動參與者胡適，還是回望大陸故土而進行懷鄉性文學書寫的謝冰瑩、郭良蕙等作家，都在事實上延續並擴大了「五四」新文學在臺灣的影響，成為溝通臺灣新文學與「五四」文化精神傳統的重要紐帶。

自 1979 年全國人大常委會《告臺灣同胞書》明確「三通四流」政策伊始，中國改革開放進程的加快逐步推進臺海兩岸關係發生變化，經濟、政治、文化、社會等交流日趨深入頻繁。隨著「二十世紀中國文學」「重寫文學史」對傳統文學史著闡釋框架的反思，以劉登翰、古繼堂、古遠清、黃萬華等為代表的大陸學者也開始嘗試將臺灣文學「擺進」〔註6〕中國文學發展敘述的整體脈絡之中，然而這種「擺進」顯然也未能使臺灣文學在大陸文學史中的「尷尬」身分得以轉換。更值得注意的是，與此同時，隨著 1980 年代末期臺灣政治的解嚴，臺灣文學也隨之進入相對自由而寬鬆的創作空間。一方面，後現代主義、文化研究、後殖民論等多元化西方文論成為臺灣新生態文壇寫作與研究的理論資源；另一方面，1970 年代的鄉土文學已經逐漸失去土壤，並悄

〔註6〕劉登翰：《臺港澳文學與中國現當代文學史寫作——再談 20 世紀中國文學的整體視野》，選自世界華文文學研究文庫編委會編《華文文學的大同世界·劉登翰選集》，花城出版社 2012 年版，第 181 頁。

然轉向為著力突顯本土意識的「臺灣文學」。顯見的是，臺灣本土派的研究方向與同時期的大陸學界走向了不同的道路，近年來，這種「臺灣中心主義」的研究傾向有愈演愈烈之勢。這種刻意規避與塗抹大陸因素的「去中國化」傾向，表象上似乎旨在擦除臺灣文學研究的意識形態性，但事實上卻在無形中建構了另一種意識形態化的文學批評及研究，是二元對立、兩極分化思維的表現，遮蔽了臺灣文學原本的豐富與複雜。

1990 年代末，隨著臺灣網絡及信息技術的迅速發展，與傳統文學相區隔的臺灣「網絡文學」作為新媒體時代的新興文學類別出現。BBS 小區、部落格等具有私密性、隨意性的「碎片化」寫作是這種文學形式的最初樣態。臺灣作家蔡智恒的《第一次親密接觸》則是最早產生廣泛影響的成熟的華文網絡小說代表作之一，以這本書為代表的臺灣「網絡文學」在大陸暢銷並產生影響，成為大陸新時期以來網絡文學概念的起源。21 世紀初期，以瓊瑤製作的《婉君》《還珠格格》《情深深雨濛濛》及柴智屏導演的《流星花園》等電視連續劇為代表的臺灣偶像劇、言情劇如雨後春筍般層出不窮，將「偶像」「粉絲」等大眾流行文化帶入中國大陸，間接影響著中國人陸大眾文化，尤其是「飯圈」文化。臺灣作家九把刀的長篇小說《那些年，我們一起追的女孩》改編的同名電影在 2011 年的躥紅，使得臺灣通俗文學熱在大陸流行文化中重新回暖。甚至可以說，在中國大陸文學傳統影響下發展成熟的臺灣新文學，在新媒體時代對大陸文學產生了不容忽視的回流影響作用。

毋庸置疑，臺灣文學自發軔至今都是中國文學的重要組成部分。傳統文學研究方法既難以對臺灣文學歷史現象和問題進行合理而全面的闡釋，又在應對當下臺灣文學新現象時力不從心。在中華民族新文學整體背景下，加強臺灣新文學與中國大陸現當代文學的對話與聯繫是必然趨勢。「大文學」為我們在這一前提下重新進入臺灣文學場域提供了重要方法。在這種大視野的重新審視下，臺灣文學的史著與研究，可以在充分正視其與中國大陸文學不可分割的血緣關係的基礎上展開，既不規避臺灣文學與政治的複雜共生關係，又考慮到臺灣文學自身的多種文學形式、語言、題材與殖民語境下的國族認同危機等問題，更具有容納和闡釋持續發展的新文學現象的能力，使得臺灣文學研究與撰史在真正意義上成為中華民族文學這一有機整體的不可或缺的組成部分。

民國臺灣、香港與東北區域間的作家流動及文學活動

摘要：

　　民國臺灣、香港與東北區域間的作家流動及文學活動在事實上對兩岸文壇均產生了重要影響，目前學界對該議題的研究僅散見在各種文學史著及作家專論的縫隙中，並未得到專門性的探討。本文嘗試梳理民國時期東北與臺灣、香港兩地之間的文人創作及活動，尋找這一批流動作家文學創作的特質，以期最大限度地接近這一問題的歷史真實。

關鍵詞：民國，臺灣，香港，東北，文學

　　近年來，從文學視域出發探討內地城市與臺灣、香港的比較問題研究久盛不衰。從李歐梵的《上海摩登：一種新都市文化在中國 1930～1945》到王德威的《香港情與愛——回歸後的小說敘事與欲望》，在以文學為重心的城市比較研究中，上海與香港作為「雙城記」，因其都市環境、文化氣質、文學氛圍及文人活動的相似性，成為城市文學研究與闡釋的重要比較對象。無論是以上海作為香港的參照，還是以香港作為上海的「他者」，王安憶、張愛玲、黃碧雲、李碧華等女作家的文學作品都成為研究者進入兩城市空間影響關係問題的主要析讀文本。同樣，臺北與哈爾濱也具有「雙城記」的同構性，將有著漫長殖民都市歷史的「福爾摩沙」以及受到日俄權力更迭的「東方小巴黎」巔峰期的都市文學書寫作為參照，許多兼具臺灣與東北文化背景的作家在兩地之間的文學流動，也能夠從單純的東北區域文學、臺灣區域文學框架中逐

漸清晰、立體起來。

在正式展開論述之前，務必需要指出的是，筆者所言民國，指的是時代及區域層面的概念而非政府層面的概念。在此基礎上，一方面以期展現出流亡關內東北作家帶有野性和張力的文學氣質如何影響四十年代以降的臺灣及香港文壇，另一方面也試圖呈現出活躍在臺、在港的東北籍外省作家在地寫作的特殊風格及身分建構過程，使得區域間文學遷移帶來的滲透性影響有愈加立體具象的可能。

「臺灣—東北」：精神原鄉的失落與自我的找尋

跟隨東北遷臺作家群體的腳步，回溯至他們在 1949 年以前北國邊地時的文學活動與文人互動情形，不難發現他們之中有著一個非常鮮明的共同點，那就是，他們大都與「東北作家群」的前身——「北滿作家群」的青年作家們關係頗為密切。所謂「北滿作家群」，指的是 1932 年 2 月哈爾濱淪陷以後，以金劍嘯、舒群、羅烽、姜椿芳等共產黨作家為核心，依託於哈爾濱陷落以後的文藝副刊在哈爾濱地區形成的作家群體，這一群體中的其他代表作家有蕭軍、蕭紅、舒群、白朗、羅烽、金人、楊朔、塞克、唐景陽、方未艾、金劍嘯、陳紀瀅、孫陵、姜椿芳、楚圖南、關沫南、梁山丁、陳隄、王光逖、于浣非等。其中，陳紀瀅、孫陵、王光逖等人在一九四九年後隨國民政府遷至臺灣，並深入地參與到五十年代臺灣文藝運動中去，是東北地區遷臺作家的重要代表。而在這三人之中，最為特殊的應數王光逖。

王光逖，遼寧省金縣人，「九‧一八」事變後立志從軍，高小畢業後，曾遠赴哥哥所在的安達「抗日救國教導隊」，入伍當學員兵。不久後被兄長送至奉天共榮專科學校讀書。1927 年，王光逖完成專科教育以後，投考哈爾濱郵局並參加培訓，培訓結束後調派至小綏芬河擔任郵政局長，因政治局勢的變化，離開綏芬河返回哈爾濱。國通社的日文翻譯等職。來到哈爾濱以後，王光逖生活在南崗區潔淨街 56 號一套兩居室的俄式住宅，與關沫南、陳隄等志同道合的北滿文學青年交往頗為密切，陳隄在 80 年代曾經撰寫過回憶性散文，篇名就叫作《潔淨街五十六號——悼念老友王光逖》。隨後，王光逖曾任哈爾濱《大北新報》編輯，也是哈爾濱「馬克思主義文藝學習小組」的成員，參與東北淪陷區的文學活動和文人集會，成為早期「北滿作家」中的活躍分子，「潔淨街 56 號」就成為左翼文學小組活動的據點之一，可以稱

得上是報刊社團同人「永遠難忘的精神家園」〔註1〕。在20年代末至30年代期間，王光逖先後在冀魯邊區、上海和東北等地輾轉，參與抗日游擊隊。他在東北淪陷區真正產生重要影響的是三十年代末期至四十年代初期這一時段，他參與了哈爾濱《大北新報》副刊《大北風》的編輯工作，一度擔任主編。《大北風》這一文藝副刊是從1939年9月24日創刊到12月17日終刊的，總共出刊13期，雖然持續時間不長，但圍繞該刊物集結的以關沫南、陳隄、佟醒愚、支持、王光逖、秦占雅（小辛）、溫成筠（艾循）、劉煥章（沙郁）、劉中孚（丁寧）等同人作家群體，被稱為與早期「夜哨」作家群比肩的「大北風」作家群。

更重要的是，王光逖還與「大北風」作家同人深度參與到北滿地區放送局的進步文藝活動中去。陳隄在回憶20世紀40年代發生在北滿地區的哈爾濱左翼文學事件時，曾寫到「大北風」同人在1942年5月至10月間陸續被捕入獄關押在東省特別區警察局拘留所內，當時與陳隄、問流、艾循、韓道誠、王光逖等左翼作家一同被關押的，還有哈爾濱放送局的趙文選，並特意補充道：「趙並不是寫文章的人，只不過他喜歡和我們這批人接近，被裹挾進來。」〔註2〕在王光逖後人和關沫南的回憶性文章中，也對趙文選當時的被捕有著相似的描述〔註3〕。趙文選曾在1931年創辦《哈爾濱畫報》，這一民辦日報停刊後由原畫報攝影記者王岐山和孔羅蓀等人接辦，同時，他的另一重身分則是哈爾濱放送局的工作人員。王光逖因與之交往，繼而得以密切參與放送局組織承辦的文藝活動中。根據陳隄的回憶，他曾在哈爾濱放送局組織的以「生活與創作」為主題的文藝座談會上與作家王光逖初遇：「哈爾濱放送局（電臺）召開一次文藝座談會，座談生活與創作的關係，一個人的講話立即引起了我的注意……只聽他說：『在現在應該傾吐我們的苦悶，應該找出一條我們應走的路子……讓那些風花雪月的東西見鬼去吧！』……他

〔註1〕周勵：《臺灣作家司馬桑敦和他的〈野馬傳〉》，《新文學史料》，2005年第3期，第42頁。

〔註2〕陳隄：《我與哈爾濱左翼文學事件的始末》，彭放主編：《中國淪陷區文學研究‧資料總匯》，哈爾濱：黑龍江人民出版社2007年版，第424頁。

〔註3〕關沫南：《鐵蹄下的作家》，中國人民政治協商會議黑龍江省哈爾濱市委員會文史資料研究委員會編：《哈爾濱文史資料‧第7輯‧紀念抗日戰爭勝利40週年專輯》，內部資料，1985年版，第160頁。周勵：《火一樣的青春》，長春市政協文史和學習委員會：《長春文史資料‧總第56輯‧烽火年代的點滴回憶：長春市民革成員談往錄》，內部資料，1999年版，第88～89頁。

就是王光逖……」〔註 10〕。

這位曾在四十年代的東北淪陷區呼喊著要「找出一條我們應走的路子」，曾與關沫南、陳隄、李季風、牟罕等進步青年被關押在哈爾濱留置場、長春監獄，共同經歷過三年牢獄之災的北滿作家王光逖，在東北光復、日本投降以後參與了國民黨工作。在四十年代中後期，他也曾投身於長春、瀋陽、天津等地進步報刊的撰稿、編輯工作之中。1948 年，王光逖任天津《益世報》軍事記者，次年由平津南下抵達廈門，在中國國民黨海軍軍官學校訓導處任教，後隨訓導處長調至陸戰隊政治部駐軍三年，在 1952 年遷至臺灣，隨後以司馬桑敦為筆名〔註 11〕，在臺灣《自由中國》雜誌發表短篇小說作品，又創作了長篇小說《野馬傳》、短篇小說集《山洪暴發的時候》等作品，投身於五六十年代的臺灣文藝創作洪流之中。1954 年，司馬桑敦在友人的推薦之下到臺灣《聯合報》工作，並被派往日本擔任駐日特派員，次年考入日本國立東京大學院社會科學研究科攻讀碩士學位，1957 年獲國際關係論碩士學位，並考入博士課程班。1960 年，因博士論文完成過程中與導師觀點相左，司馬桑敦放棄了博士學位，並大量搜集東北淪陷時期的文獻材料，並在 1973 年開始著手撰寫《張學良評傳》，這不僅是當代中國的第一部張學良傳記，同時也為「西安事變」研究者提供了重要的歷史參考。1977 年，司馬桑敦離開日本，遷居美國，擔任華文《加州日報》總編輯。

《野馬傳》是作者最具有代表性，也是唯一的一部長篇小說作品，最初在廈門時期即開始構思，1958 年～1959 年在香港《祖國》月刊連載，隨後由香港友聯出版社印行單行本。小說以第一人稱的視角，講述了一位有著「野馬」綽號的金州女性牟小霞從少女到中青年時期的人生經歷，無論是金州（今屬大連）祖籍的身分，或是少女時期的她積極參加學生抗日示威遊行，還是中學時期參與游擊隊、加入讀書會，接受新文學作品和革命理論，抑或是含冤被捕入獄時經受的痛苦與折磨，都或多或少的滲透著作者個人生命體驗的色彩。作品所描述的時代和時代中的人們，在很大程度上來源於作者親歷或親眼目睹的歷史真實。

〔註 10〕陳隄：《潔淨街五十六號——悼念老友王光逖》，《東北文學研究叢刊》第 2
　　　　輯，1985 年，頁 10。

〔註 11〕考慮到論述的準確性，本文在談及 1952 年遷臺之前的作家時，選擇以王光逖
　　　　的本名作為稱呼，談及 1952 年遷臺之後的作家時，選擇以司馬桑敦作為稱呼。

　　遷臺作家王鼎鈞曾在回憶性散文《反共文學觀潮記》中談及臺灣域內作
家的冷暖自知時，將姜貴、陳紀瀅、王藍和司馬桑敦等人進行比較：

　　　　「姜貴告訴我，他在臺灣的坎坷，大半因為他寫了《旋風》。陳
　　紀瀅的《賈雲兒前傳》，王藍的《藍與黑》，也都有憂讒畏譏的經驗。
　　司馬桑敦的《野馬傳》在香港發表出版，黨部鞭長莫及。」〔註12〕

儘管初版本在香港問世，臺灣政府的確「鞭長莫及」，但顯然作者還是有將其
在臺灣出版的強烈訴求和願望的，正因如此，司馬桑敦才先後在 1961 年、
1966 年分別對書稿的內容作了兩次修改，並在第二次修改後自費出資在臺灣
出版發行，卻仍在出版後被臺灣當局冠以「五大罪狀」查禁。學者應鳳凰認
為，這部小說的遭遇是「因孜孜於『高邁哲理』，希冀從歷史巨流中找答案，
才走上被國民黨查禁的命運。」〔註13〕那麼，究其原因，為什麼擁有國民黨
員身分的司馬桑敦創作的「反共文學」作品會被國民黨政府查禁呢？我們不
妨先來看一看這五項罪狀包括哪些內容：

　　　　1、罵盡東北接收人員；2、罵盡美式裝備中央人員；3、罵盡中
　　國人；4、誣指南京中央政府為（抗日）妥協派；5、鼓吹窮人革命。
　　〔註14〕

顯然，前三項「罵盡」的罪名是在給這部作品「扣帽子」，但是後兩項罪名就
頗為意味深長，倘若這兩項「罪名」成立，小說在宣揚了窮人革命的同時，指
出了南京中央政府在抗日戰爭中的不作為的話，說明作者對於革命歷史有著
深刻而且辯證的認識。但也正因為這種理解，才使得他的作品難以在大陸和
臺灣的政治局勢下得以廣泛傳播，反而是香港、美國的文化環境，才能夠讓
這部作品有著更為自由的闡釋空間。

　　在司馬桑敦誕辰九十週年之際，日本國士館大學教授藤田梨那老師曾與
王光逖的女兒、吉林大學中文系周勵教授共同編寫了專著《回望故土：尋找
與解讀司馬桑敦》，這本書通過日本、大陸學者的相關文章，詳細地追憶了作
家顛沛流離而富有傳奇性的一生，並通過書名「回望故土」準確而清晰地呈

〔註12〕王鼎鈞：《返工文學觀潮記》，《文學江湖》，生活‧讀書‧新知三聯書店，2013
　　　　年版，第 90 頁
〔註13〕應鳳凰：《〈自由中國〉〈文友通訊〉作家群與五十年代臺灣文學史》，《文學‧臺
　　　　灣》，1998 年夏季，第 26 卷。
〔註14〕參見《為〈野馬傳〉查禁答陳裕清主任》，載《野馬傳》，美國：長青文化公
　　　　司，1992 年版，第 309～311 頁。

現了作家畢生文學創作的精神追求與深刻旨歸，那就是——不斷尋找自己的精神原鄉。藤田教授曾在北京師範大學文學院開設的海外中國文學研究專題課程的第四次講座課程中，專門探討了遷臺作家司馬桑敦的自我放逐問題，以及 1958 年原載於香港《文學世界》季刊秋季號上的短篇傳奇小說《藝伎小江》，這篇小說涉及到兩個與大陸作家遷臺之化文學現象相關的潛在議題，理清這兩個問題，也有助於我們更接近遷臺作家豐富而複雜的精神世界。

第一個問題是小說中「蝴蝶夫人」的故事原型。藤田教授在分析《藝伎小江》的時候提出了一個非常微妙的切入點，即從小說提筆的第一句話入手，分析第一句話中含納的關鍵詞。藤田老師認為中短篇小說最重要的精神內涵在於開頭，需要包含時間、地點、人物以及故事的中心。相比之下，長篇小說就由於篇幅寬鬆而可以同時含納多個中心主題，只要最終指向一個敘事核心即可。《藝伎小江》的開篇是這樣的：

> 「在長崎的一間酒居的一個夜晚，一個喝醉了的日本詩人，偶然的告訴了我下面這段故事。」

第一個關鍵詞是「長崎」，也就是小說主體故事的前敘事發生的地點。藤田教授認為，將這篇小說的開篇與司馬桑敦在 1962 年周遊日本九州島時所作的散文《西南紀行》相聯繫，可以發現司馬桑敦專設名目寫道「訪蝴蝶夫人舊居」，並在長崎參觀了格拉巴公館，體驗了意大利作家普契尼創作的經典歌劇《蝴蝶夫人》的原版小說，也就是美國作家約翰・路德・朗寫作的短篇小說小說《蝴蝶夫人》的靈感。而女主人公藝伎蝴蝶的故事就發生在 1900 年前後的日本長崎，恰巧與司馬桑敦的藝伎小江在身分上也有所重合，這也就可以解釋為何作家將小說第一句的地點設定為長崎。值得注意的是，小說《藝伎小江》的主體故事是在第一句結束後才開始的，小說講述了敘事主人公從一個醉酒的日本詩人口中聽來的一個故事，因此故事中的神秘色彩可以由「道聽途說」、「醉後胡言」與「詩性想像」來消解和淡化，而主體故事發生的地點是淺草西武車站，故事男女主人公的相遇就發生在淺草車站以及去往日光市的特快列車上，與長崎沒有必然聯繫。藤田教授又指出小說文本中的另一個細節加以左證，也就是故事男女主人公在餐廳共進晚餐時，伴著湖畔閃爍的燈光，「湖畔的咖啡館正用擴音機遙遠的播送這日本人喜歡聽的傷感曲子」，這個細節雖沒有寫明是什麼歌曲，卻反映了寫作者對於日本流行音樂元素的敏感。結合司馬桑敦在記敘參訪蝴蝶夫人舊居的散文中寫到的「長崎的夜晚，到處

不斷的散揚著最紅女歌手美空雲雀的歌聲。歌就是」蝴蝶夫人』的。美空雲雀的歌聲，是屬於一種低音的，你在她的歌聲中會感到哀怨、歎息。」這首從1957 年也就是《藝伎小江》這篇小說成文前一年開始流行的流行歌曲，與這部小說中和蝴蝶夫人暗合的美學趣味相符合，此處的「傷感曲子」也與美空雲雀的歌曲帶給人的「哀怨、歎息」的感受相一致。

　　不過，可否僅僅通過這一地名和這一歌曲來判斷司馬桑敦的寫作與蝴蝶夫人有某種故事原型上的確切的影響關係，我認為，這仍值得仔細思考與辨析。尤其值得關注的是，司馬桑敦在少年時習得日語，隨國民政府遷臺後一九五四年又作為《聯合報》特派記者駐日，他寫作《藝伎小江》時已經在日本生活四年有餘了。而顯見的是，日本文化與文學傳統中有大量與藝伎以及女性等待美學相關的文學藝術作品，倘若蝴蝶夫人故事原型的影響論成立的話，為什麼他偏偏要選擇作為異質文化代表的美國作家所寫的小說中的藝伎形象作為模仿的藍本呢？更奇特的是，美國作家約翰·路德·朗寫作素材的來源是基於他的姐姐給他講的故事，以及法國作家皮埃爾·洛蒂的自傳體小說《菊子夫人》，而這部小說則是以日記的形式記錄了歐洲殖民軍官眼中的日本風土和日本藝伎的女性美學。這就使得所謂的影響傳遞論更加複雜，司馬桑敦作為中國大陸遼寧出生的具有中國文化審美思想根源的作家，在國民政府撤退臺灣以後，面對的是從日本殖民統治之下解脫出來的臺灣，而到日本生活後面對的是戰敗後復興期的日本文化狀況，在這種多重的文化擠壓之下，我以為對於兼具中國大陸、臺灣及日本三種文化衝擊的司馬桑敦來說，選擇一種很有距離感的歐美作家筆下的日本女性故事作為創作原型，是很難具有合理性和說服力的。不如重返日本文學傳統中，去尋找可能產生對接的文化載體，也許會更能具有可信度。

　　第二個問題是小說中的「偶然」論。小說開篇的第一句中尋找到的第二個關鍵詞是「偶然」，藤田老師發現這篇小說的文本中一共出現了 17 次「偶然」這個詞語，由此聯繫小說中講述的 1903 年東京帝國大學預備校年僅 16 歲的青年詩人藤村操自殺的歷史事件以及其在日光國立公園的華岩瀑布自盡前留下的《岩頭感·遺書》中「萬物之真締唯一言以蔽之，曰：不可解」的感慨，與日本文學和文化觀念的核心理念相對接，也就是「偶然論」與「風土學」。這是一個非常值得挖掘的細節。日本所謂的「風土學」並不是從字面上理解的諸如「風土人情」此類文化地理學意義的學科，而更近乎於中國文化

體系中的一種哲學觀，即對於偶然事變的諦觀和非合理性的美學，理解日本文化的生死觀必須瞭解何為風土學中的核心觀念，也就是「偶然論」。重新細讀小說文本中出現的「偶然」一詞，主要有以下兩種表意方式。一是小說故事是敘述主人公偶然聽來的，二是小說故事中男女主人公的數次相遇都被藝伎小江解釋為一次又一次的偶然，而相比之下，小江卻堅定地表示自己與那位爽約的朋友，也就是文中所指的詩人藤村操，之間「不算是偶然」。短暫時間內兩個陌生人反覆數次相遇稱其為偶然，而多次等待卻頻頻被爽約卻被稱為不是偶然，兩者相比較，就可以現出一個很值得我們注意的細節。在故事女主人公藝伎小江看來，她與藤村操也就是早在若干年前已經墜崖自盡的年輕詩人之間是必然性的聯繫，這種執念暗含著藝伎小江也要墜入死亡深淵的必然性，而故事男主人公所追隨的是「無根無據」且沒有「真名實姓」的虛幻的人物，似乎也可以解釋為當時的故事男主人公事實上是被一種追求死亡的必然性的執念所禁錮了精神和肉體。如果說，在日本文化審美趣味中，藝伎小江與蝴蝶夫人都具有一種為愛情隱忍、堅守、等待和死亡的女性美學，那麼男故事主人公在小說結尾幡然醒悟而離開自殺執念似乎也是某種必然，才能夠保證女性死亡美學的完整性。

同時，小說文本中關於藤村操自殺事件的化用還隱含了另一個議題，也就是詩人自殺與民族文化精神的問題。反觀中國現當代文學及文化歷史脈絡中，如朦朧詩人顧城的殺人和自殺事件，就是一種個體性的偶然事件成為一種公共事件的特殊現象，公共性輿論討論個人遭遇，怎樣通過自動篩選機制納入到具有公共意義的話題性的表達。翻閱與藤村操自殺有關的新聞報導可以發現，這位年輕人具有儀式性的死亡幾乎可以被認定為日本自殺文化的源頭，藤村的死不僅引起了全國轟動，而且他自殺的地址，也就是日光市華嚴瀑布深潭成為日本的自殺名地。據相關報導稱：

> 「當年就出現 26 名效法者（其中 11 名自殺成功），而藤村操自殺後的四年中，效法他的自殺者達 85 名之多（其中 40 人自殺成功）。就連藤村操的同級生、後來有名的岩波書店的創始人岩波茂雄當時都差點自殺了。由此也可看出，在相同的思想、倫理觀、生死觀指導下的日本知識分子的『自殺文化』影響是何其嚴重。」〔註 15〕

〔註 15〕 王述坤，日本新華僑報網，2009/06/29。http://www.jnocnews.jp/news/show.aspx?id=28675

通過這則新聞中提到的信息我們可以發現，藤村操的自殺事件已經不是一個簡單的個體性事件了，而成為一種具有煽動性、感染力和傲仿性的集體事件，藤村操像一位具有明星效應的青年榜樣一般，觸發了隱藏在日本知識界的死亡機關。甚至，他的自殺事件也影響了日本文學界。除了材料中寫道的岩波茂雄以外，藤村操在東京大學預科第一高校就讀的時候，擔任其英文老師的夏目漱石也因學生之死而抑鬱症發，在小說和散文中頻頻記下這一事件。尤其是在很長一段時間內，人們都認為名校高材生藤村操自殺的原因是由於哲學性的煩惱，由於「想不透如此大哉問」而孤獨赴死。這與十餘年後，發生在20世紀初期五四時期的中國，北大法科三年級青年林德揚由於「文化激變」的自殺似乎有某種精神上的契合。青年自殺成為一種時代精神症候，在這一層面上中日文化與文學也可以展開比較與對話。

　　無論是「蝴蝶夫人」的故事原型還是「自殺」的精神症候，都難以跳脫出哀怨、傷感、放逐和孤獨的情感基調，儘管這只是作家遷臺後浩如煙海的文學創作中的零星片斷，但仍然能窺見寫作者的審美興味與文化風致，或許這與遷臺作家的精神懷鄉有著某種深層共鳴。美國漢學家葛浩文曾在一篇回憶性散文《司馬桑敦二三事》中寫道，自己在20世紀80年代到訪哈爾濱參加蕭紅誕辰七十週年的紀念活動，重新見到了關沫南與陳隄兩位作家，並拿到了他們贈予的司馬桑敦最早讀過的文學作品——蕭紅、蕭軍第一本小說散文集《跋涉》。可惜遺憾的是，這本書寄出的時候，作家已經病重。就在這篇文章發表後兩週，司馬桑敦的遺孀金仲達女士發表了一篇名為《覆葛浩文先生》的短文，其中寫到了作家臨終前看到這本書的情形：

> 「轉來的書，我帶到醫院去，讓他看到這本珍貴的三郎』蕭軍』、悄吟』蕭紅』的《跋涉》；看這本書內頁上關（沫南）、陳（隄）兩先生的短信和詩……他眼中閃耀著興奮的光芒。」〔註16〕

世人多以遷臺作家、旅美作家的身分認識司馬桑敦，卻少有人還記得當年鋒芒畢露的左翼文學青年王光逖，這不能不說是文學的遺憾。

香港—東北：重返故鄉的噴薄熱望與冷靜凝思

　　回顧民國時期香港與大陸間文學及文化流動之關係，1937年抗戰爆發以

〔註16〕（美）葛浩文：《司馬桑敦二三事》，《葛浩文隨筆》，現代出版社，2014年版，
　　　第172頁。

後大批大陸作家遷港，其中最主要的文人遷徙地域就集中在上海。自 1938 年日本占領上海後，大批知識者和文學者紛紛南遷，在向重慶和延安撤離的途中有不少人取道香港，此時段從上海南下香港的作家包括張愛玲、葉靈鳳、穆時英、戴望舒、徐遲等。隨著 1949 年前後國民政府政權在大陸的崩潰，徐訏、曹聚仁、金庸、劉以鬯等作家紛紛從上海南下香港進而長期定居介入文壇，在港生活多年後，這一批大陸遷港作家幾乎褪去了「大陸作家」的身分，轉變為地道的「香港作家」了。除上海之外，如廣西桂林、廣東廣州等中國大陸東南沿海城市與香港都市文化空間及文學活動的比較研究也相對豐富。祖籍東南沿海城市的遷港作家，如許地山、梁羽生等的小說、散文創作，及廣東、潮州、客家方言詩人在香港的寫作，都成為民國時期「南來作家」與香港文學的興盛發展關係的研究對象。同時，以陳秉安的報告文學《大逃港》為契機，近年來，陸港兩岸學界開始重新探討自上世紀五十年代至八十年代出現的廣州、深圳等地大陸居民逃港熱潮，從經濟、政治、文學、影視等不同層面，比較分析新時期以來廣州、深圳等南部沿海城市與香港都市文化空間的差異性與相似性。

現代都會文化與現代主義文學使得上海與香港產生了聯繫，地緣文化及地域環境使得廣州等地與香港產生了聯繫，無論基於「現代性」還是「地域性」的城市文化及文學研究均具有較強的針對性和可操作性。但在近年來研究成果數量繁榮的表象下，這種研究思路的整體性提升與推進並不顯著。將大陸城市與香港都市並置比較的研究方法已經逐漸顯露出其侷限性，不僅使得納入研究視野的作家身分、文學文本均受限，而且也有將文學與城市關係的複雜內涵簡單化的傾向。

倘若我們從固定城市研究視角的禁錮中抽離出來，去重新審視內地與香港兩區域文學關係鏈條中的諸多環節，就可以發現「東北—香港」這一區域間整體性文學時空場域內部的可闡釋空間及複雜面向。尤其值得注意的是，雖然在民國時期自大陸南下的現代作家中，來自東北的作家在整體人數上不及上海、廣州等地，但 1941 年《時代文學》第四期紀念「九‧一八」專號上的《旅港東北人士「九‧一八」十週年宣言》上，也有以蕭紅、端木蕻良、周鯨文、於毅夫等為代表的共三百七十四人簽名〔註 17〕。事實上，他們的文學

〔註 17〕沙金成：《端木蕻良年表》，《東北新文學初探》，吉林文史出版社 1989 年版，
　　　　第 174 頁。

創作和文學活動在陸港兩岸產生的實際影響絕不容小覷。遷港作家在文學史
上的身分歸屬和定位同遷臺作家相似，海峽兩岸學界在評判該作家群體與本
土作家的關係問題方面均見仁見智，關於許多南遷文人如徐訏、劉以鬯、張
愛玲等在港文學創作的研究，由於諸方面複雜原因，至今仍然頗具爭議且極
不充分。然而，相比之下，在香港的東北流亡作家的文學活動，尤其是蕭紅
來港後創作的兩部重要小說作品《呼蘭河傳》及《小城三月》，以及端木蕻良
主編的文學雜誌《時代文學》等文學嘗試和話語實踐，大都為研究界學者們
所認可。這種微妙的差別，令人深思。看似天南海北的兩個地域，是如何被
作家選擇，進而產生文學聯繫的呢？東北作家在香港是如何集結成群，並在
短時間內建立自足的文學生產機制的呢？在港東北作家、東北籍香港作家及
大陸各地的流亡東北作家之間，又有著怎樣複雜而隱微的文學關聯呢？筆者
嘗試梳理民國時期東北與香港之間的文人創作及活動，以期最大限度地接近
前述問題的歷史真實。

一

　　1938 年，上海成為孤島以後，原本聚集於此的東北作家群開始隨之南下，
並分別向重慶、延安、桂林、香港等多地流亡。其中，以舒群、白朗、羅烽、
蕭軍等為代表的大部分東北作家群成員集中在延安，而在香港的東北流亡作
家主要是蕭紅、端木蕻良和駱賓基三人。

　　1940 年蕭紅與端木蕻良由重慶到達香港，1942 年蕭紅在香港病逝以後，
端木蕻良與駱賓基一同離開香港赴桂林，與身在桂林的流亡東北作家們匯合。
端木蕻良在散文中回憶了兩人南下香港之前的情況：「重慶城裏大轟炸後，北
碚開始成為轟炸目標……蕭紅日夜得不到休息，體力日漸不支……桂林不久
也免不了空襲，還得跑警報，莫如去香港，那裡也有許多工作要做……我們
到香港來，只要有個寫東西的地方，就很理想了。」〔註 18〕由端木的回憶可
知，南遷香港的大致因由，除卻蕭紅身體抱恙需要安穩環境靜養外，還包括
戰亂時期生活極不穩定，急需找到能讓身心俱靜的良好環境以潛心文學創作，
同時大致還有排解內心鬱結和情感糾葛的便利。之所以選擇香港而非其他內
地城市，原因除卻友人華崗的勸說外，還因端木與蕭紅在重慶時即與香港《星
島日報》副刊建立了相對穩定的供稿關係，能夠保障移居香港以後的話語平

〔註 18〕端木蕻良：《友情的絲》，花城出版社 1993 年版，第 43 頁。

臺。1939 年 4 月 17 日至 5 月 7 日，蕭紅的小說《曠野的呼喊》刊於香港《星島日報》副刊《星座》第 252 至 272 號，8 月 5 日第 371 號刊發小說《花狗》，10 月 2 號第 419 號刊發散文《茶食店》，10 月 18 日至 28 日第 427 號至 432 號刊發散文《記憶中的魯迅先生》〔註 19〕。端木蕻良也在 1939 年 11 月完成長篇小說《大江》，並於香港《星島日報》副刊《星座》連載。同時香港大時代書局孫寒冰邀約端木來港主編「大時代文藝叢書」，諸多原因的共同作用，使得端木與蕭紅決定離渝南下香港。

赴港後，蕭紅在 1940 年 6 月 24 日從香港寄給友人華崗的信中寫道：「我們雖然住在香港，香港是比重慶舒服得多，房子、吃的都不壞，但是天天想回重慶，住在外邊，尤其是我，好像是離不開自己的國土的。香港的朋友不多，生活又貴。所好的是文章到底寫出來了，只為了寫文章還打算再住一個期間。」〔註 20〕到達香港以後，似乎之前的需求幾乎都得以滿足，但是蕭紅卻仍然表示懷念戰亂中的大陸故土和留在那片熱土上的東北流亡作家友人們。事實上，加上 1941 年秋到香港投奔端木蕻良的駱賓基，在港東北流亡作家不過僅此三人而已，與聚集在延安的二十餘位東北流亡作家相比，既無「流亡群體」的異鄉歸屬感，也沒有實質性的組織和社團，甚至基本生活和醫療都需要友人資助，因此稱其為「多是散兵遊勇式的活動」〔註 21〕毫不為過。

雖然，流亡香港的東北作家並沒有實質的專門性文學期刊，但因蕭紅及端木來港前已在文壇頗有聲望，兩人剛到港不久即在香港《大公報》文藝副刊《文藝》、《學生界》、《文藝綜合》等刊物發表小說《後花園》、話劇劇本《民族魂魯迅》、小說《蒿壩》、《新都花絮》等重要作品，比較快地就在香港文壇確立了文學話語權。尤其是在 1940 年 9 月 1 日至 12 月 27 日，蕭紅的長篇小說《呼蘭河傳》在香港《星島日報》副刊《星座》第 693 號至 810 號連載，成為她在港時期最傑出的代表作品，引得陸港兩岸學界的共同關注。

不久以後，在東北流亡文化人周鯨文的資助和約請下，由端木蕻良在香港創辦了《時代文學》雜誌，在客觀上為東北流亡文化工作者發表文章提供

〔註 19〕 材料來源為章海寧：《蕭紅創作年表》，選自《蕭紅全集》，黑龍江大學出版社 2011 年版。

〔註 20〕 蕭紅著，章海寧主編：《蕭紅全集‧詩歌戲劇書信卷》，北京燕山出版社 2014 年版，第 188 頁。

〔註 21〕 沈衛威：《南天遙寄鄉關情——抗戰後期流亡香港、桂林的「東北作家」》，《社會科學輯刊》1987 年第 4 期，第 89 頁。

了平臺。周鯨文，祖籍遼寧瀋陽，是東北軍將領張作相的外甥，與張學良熟識，原為抗戰時期流亡東北大學秘書長、代理校長。九一八事變後，曾在哈爾濱主持《晨光晚報》，1938 年赴香港後，為香港東北同鄉會領導者之一，1938 年在港創辦《時代批評》半月刊。1940 年 12 月至 1941 年 2 月間，端木的長篇小說《科爾沁前史》分六次刊載於《時代批評》半月刊上，此外，還在該刊發表了《論懺悔貴族》、《論人權運動》、《人權運動的行動性》、《人權運動的進軍》、《民主建國與復國抗戰》等多篇社會性議題評論文章。1941 年 1月，蕭紅的長篇小說《馬伯樂》第一部由香港大時代書局出版，次月，第二部即在周鯨文主編的《時代批評》半月刊第 3 卷第 64 期到第 4 卷 82 期這十五期分期連載。由此不難見出，此時的《時代批評》雜誌已經具備相當的在港影響力，為什麼周鯨文還要專門另辦一本《時代文學》呢？他在懷念蕭紅的文章中，回憶了協助端木與蕭紅在港創辦《時代文學》雜誌的緣起：「端木和蕭紅是文藝作家，他們希望有這樣一種刊物」，為的是「那時由國內到香港逃難的有人批文藝工作者，也應給他們發表文章的園地」〔註 22〕。這裡面包含兩個層面的含義，其一是蕭紅和端木作為在港東北流亡作家的代表，迫切期望能夠有發表東北作家文章的刊物；其二是由於在港東北流亡作家數量太少，既沒有組織可以依託，又難以支撐整本刊物的全部文稿，因此，《時代文學》雖為在港東北流亡作家發起，且持續時間不長，卻在某種程度上成為了在港大陸作家發表文章的重要平臺。1941 年 6 月 1 日，《時代文學》創刊號正式出版，該期刊物發表了巴人、楊剛及史沫特萊等人的文章，及端木、蕭紅友人華崗的《論中國文學運動的新現實和新任務》。1941 年 7 月 1 日，蕭紅的中篇小說《小城三月》發表於該雜誌第 1 卷第 2 期，端木蕻良也在這一期開始連載長篇小說《大時代》和《人間傳奇》第五部，該期還發表了巴人、以群、艾蕪、茅盾、劉白羽、史沫特萊等人的文學作品。將蕭紅的小說《馬房之夜》翻譯成英文發表的埃德加·斯諾的夫人海倫·福斯特還特地向端木和蕭紅來信約稿，希望能在《時代文學》雜誌上介紹自己的雜誌《亞細亞》〔註 23〕。從稿件來源和交往作家來看，《時代文學》雜誌不僅跨越陸港兩岸，超越了東北籍貫作家的限制，而且具有相當的國際影響力。

〔註 22〕周鯨文：《憶蕭紅》，選自彭放，曉川：《百年誕辰憶蕭紅：1911 年～2011 年紀念蕭紅誕辰 100 週年》，北方文藝出版社 2011 年版，第 224 頁。
〔註 23〕章海寧：《蕭紅畫傳》，黑龍江大學出版社 2011 年版，第 288 頁。

　　除周鯨文外，還有一位東北流亡人士與流亡作家關係密切，那就是於毅夫。他原籍吉林雙城堡（今黑龍江哈爾濱市雙城區），早年在燕京大學就讀，參加過文學研究會。1937 年參與領導並創立東北救亡總會，1938 年秋率東總遷往重慶，任中共東總黨團書記兼《反攻》半月刊總編輯，1941 年 3 月初轉移至香港，以東總負責人身分領導流亡香港的東北文化人士工作。在中共香港地區負責人廖承志的指示下，聯絡在港東北人士及端木、蕭紅等流亡東北作家。同年 12 月太平洋戰爭爆發後，港九之間輪渡中斷，於毅夫安排小艇幫助端木蕻良、蕭紅及駱賓基三人從九龍偷渡到香港，並安置重病蕭紅的住處和就醫。又向黨組織反映她的情況，中共香港黨組織特批 50 元港幣由於毅夫轉交蕭紅〔註 24〕，在一定程度上緩解了她貧病交加的生活窘境。在蕭紅病重的最後時刻，仍時常向陪伴在她身邊的駱賓基表達對於毅夫的感激之情：「於毅夫先生是個剛正不阿，富於正義感的好人。他真誠，熱情，千方百計地為我設法解除精神上的痛苦，不怕得罪於朋友，力排眾議，接我出院，還為我籌劃募捐，其情可感！」〔註 25〕於毅夫一方面代表著黨組織對在港東北流亡作家的關護，另一方面也是出於個人對於文學的認識與喜愛，更出於對端木、蕭紅等東北流亡作家才思的尊敬與命途的同情。

　　與同時期在延安聚集的東北流亡作家群的文學創作相比，香港流亡東北作家的創作有著非常特殊而鮮明的特質。「呼蘭河」「松花江」「圖們江」「琿春」等東北故鄉地域、環境和風物成為端木、蕭紅文學創作的底色。反觀白朗 1940 年發表的小說《老夫妻》，則是以山西省南部中條山石玉村為背景，羅烽 1940 年的創作中也大都出現「黃河」（詩歌《再渡黃河》）、「征途」（詩歌《重踏征途》、《送遠征》）、「垣曲」（詩歌《垣曲街景》）、「索泉嶺」（詩歌《在索泉嶺上及其他》）等富有延安氣象的意象和地域。強烈而沉鬱的懷鄉書寫，乃至於對關內童年生活的回憶性書寫，是 40 年代初流亡香港東北作家創作的主旋律。1940 年 9 月 1 日，蕭紅的書信體散文《給流亡異地的東北同胞》發表在《時代文學》第 1 卷第 3 期上，此時正臨近「九一八」事變十週年紀

〔註 24〕李劍白：《肝膽相照稱「人傑」，白山黑水埋忠骸——記抗日救亡運動中的於毅夫》，《東北抗日救亡人物傳》，中國大百科全書出版社 1991 年版，第 147 頁。

〔註 25〕駱賓基：《痛天奪我東北人傑》，參見於毅夫之女於又燕的博文《於毅夫與蕭紅——東北老作家駱賓基遺作》http://blog.sina.com.cn/s/blog_4d50b1d501008qe8.html

念日，這篇文章充滿了東北流亡者的沉鬱的懷鄉情和被侵佔家園的凝重的痛苦感，同時，又洋溢著濃烈的愛國感情和民族主義情緒。流亡東北作家中，也有不少人在九一八紀念日撰文抒臆，對於故鄉的懷念之情、流亡之感和收復失土的復仇情緒是較為常見的，如「在這冗長的歲月中，無時無刻不在懷念著我的故鄉……可是我沒有一刻忘記了故鄉的慘象……要復仇！要回家！」〔註26〕，但比較蕭紅這篇文章，尤為令人動容的是這樣一句：「我們的位置，就是站在別人的前邊的那個位置。我們應該是第一個打開了門而是最末走進去的人」〔註27〕。在懷鄉情緒和民族情緒的背後，隱藏著非常清醒、冷靜和準確的認識判斷，歷史已經證明，東北在抗日戰爭中的位置正如她所言。由此，不難看出，流亡香港東北作家的懷鄉性書寫的背後，絕不僅僅是對於故土的眷戀，更多的是在一種「棄兒」式的荒涼、孤獨、悲哀情緒之中生長出的對於國家奪取民族戰爭勝利、自我重返東北故鄉的噴薄熱望與冷靜凝思，是血淚交織的呻吟與吶喊。

二

香港東北籍作家的文學活動，不僅使得中國大陸諸多地域的人情事態、民俗風物在港得以被瞭解和認識，推動著香港對於大陸作家創作及評論的闡釋與研究進程，而且還對香港新文學著史與論史的發展成熟起到了至關重要的作用。可以說這一作家群體在陸港兩岸的文學互動方面，居功甚偉。

在香港新文學史著方面，兩位重要的香港東北籍作家為司馬長風和李輝英。李輝英，原籍吉林省吉林縣（今永吉縣），遷港後在香港大學東方語言學院、香港中文大學聯合書院等任教，著有《中國新文學二十年》、《中國現代文學史》（1970 年 7 月，香港東亞書局）等，尤其是《中國現代文學史》這一本書，是香港第一本專門性的新文學史著，但客觀來說其學術性仍稍顯不足。除此之外，李輝英的文學創作也非常值得關注。李輝英在 1932 年 7 月間走訪哈爾濱、潘陽等偽滿洲國各大城市秘密考察，同年寫作反映東北抗日鬥爭的長篇小說《萬寶山》，1942 年到 1944 年寫成長篇小說《松花江上》。他在三四十年代之際已成為大陸頗負盛名的抗戰文學作家，周揚的《現階段的文學》

〔註26〕 李輝英：《今昔之別——為「九一八」七週年紀念日作》，選自古耜選編，《浴血的墨蹟：中國抗戰散文選》，中國言實出版社 2015 年版，第 203 頁。

〔註27〕 蕭紅，章海寧主編：《蕭紅全集·散文卷》，北京燕山出版社 2014 年版，第 393 頁。

稱其為「以瀋陽事變、上海戰爭中士兵工農和小市民的生活和鬥爭為題材」的「當時輩出的新人」〔註28〕之一，與張天翼、沙汀、艾蕪並置。王瑤的《中國新文學史稿》（1951 年上海開明書店版）、李何林的《左聯成立前後十年的新文學》及丁玲的《關於左聯的片斷回憶》等作家、學者的論著及文章中，都能讀到對李輝英抗戰文學創作的認可和評價。不過，由於他在 1950 年遷居香港，後半世幾乎以「香港作家」身分在文壇活動，關於他大陸期間文學創作的研究和評價在內地學界逐漸埋沒。在港期間，李輝英持續關注抗戰題材並創作了《人間》、《前方》兩部長篇小說，遷港上海籍學者曹聚仁，曾在港版《書林新話》初版本中高度評價這位東北作家的長篇小說《人間》，稱其為「以抗戰為素材的最好小說」，可惜的是北京三聯版重印本未收錄這篇評論〔註29〕。此外，李輝英還創作了許多回憶祖國故鄉的散文，不僅包括東北農村鄉土風物及生活細節的描寫，也流露出對童年生活和故土故人的懷念與鄉思，如《故鄉的思念》、《雪的回憶》、《冰雪·隆冬·嚴寒》、《鄉下孩子》等，這些散文後集結為《鄉土集》於 1967 年在香港純文學月刊社出版。

1949 年遷港的哈爾濱籍作家司馬長風所作的《中國新文學史》三卷本分別於 1975 年、1976 年和 1978 年在香港昭明出版社出版，成為繼李輝英以後，追求反對政治鉗制文學著史思路的一部最初的嚴肅新文學史學術專著，這兩位東北籍作家的文學史著為香港新文學史研究奠定了基礎。在大陸新文學作家研究方面，司馬長風是最為卓有成就的學者兼作家，他關於魯迅、周作人、沈從文、老舍、錢鍾書、李劼人、蕭紅、端木蕻良、徐訏等作家作品的分析，雖然並未能夠真正實現完全超越政治意識形態的限縮與框定，但相較於同時期的大陸文學史著仍然更具有思維活力和語言張力，諸多議論不乏真知灼見。除了文學評論與研究方面的成就以外，司馬長風還創作了許多高質量的懷鄉散文，如《寒流自北國來》、《北國的春天》、《懷念哈爾濱》、《故鄉秋收的時候》、《鄉愁集》等，不僅生動形象地勾描了北國冰城哈爾濱的舊日風光及民情風俗，而且字裏行間滲透著非常濃鬱的思鄉流亡之情，可謂以文學創作踐行著自己的「知情論」。

〔註28〕周揚：《現階段的文學》，選自朱耀軍編選：《周揚文論選》，人民文學出版社 2009 年版，第 342 頁。

〔註29〕陳子善：《曹聚仁港版著作舉隅》，《藏書家·第 11～13 輯合訂本·珍藏版·上》，齊魯書社 2014 年版，第 144 頁。

　　此外，需要特別指出的是，香港學界研究魯迅的作家型學者代表人物張向天。他原名張秉新，筆名丙公，遼寧遼陽人，在 1937 年畢業於清華大學，七七事變後赴港從事教學工作，是香港魯迅研究的重要奠基者。大部分大陸學者對他的瞭解始於 1959 年 8 月由廣東人民出版社出版的《魯迅舊詩箋注》，有學者稱他為「第一位認真細密地將魯迅的舊詩系統搜集和考證、詮釋的學者」〔註 30〕。僅有極少數研究者如古遠清、陳子善等，近年來有部分研究涉及到張向天從東北遷港的特殊身世經歷，毋庸置疑，有關他的文學創作的研究和探討更是幾乎未見。張向天遷港後以丙公為筆名，作有《衙前集》（香港上海書局，1975 年版），內有《夏日北方庭院》、《哈爾套街之憶》、《記家鄉冬日天時》、《冬日暖炕之憶》、《掃雪》、《冰床》、《故鄉冬日情趣》等多篇散文。作者在遷居香港多年後，仍然持續關注、懷念著故土的點滴：「離開東北故鄉不知不覺已經有四十多年了，從報章上差不多天天讀到故鄉生產大躍進、山河大變化的新聞，也是無時無刻不想念著我東北的故鄉」〔註 31〕，這些懷鄉情緒隱微而細膩，形成為《東北風物漫憶》（香港上海書局有限公司，1978 年版）一書，內收錄隨筆近 80 篇，均詳細記敘了來香港之前的東北生活細節與體驗。

　　未兼具學者身分的東北籍香港作家的文學寫作狀態各異。如祖籍遼寧而在 1950 年南下香港的作家裴有明，任《中國新聞分析》執行編輯，筆名郁明、白蓮花等，是「五二三事件」蒙難者。所謂「五二三事件」，指的是 1945 年 5 月 23 日，日偽政府在東北各地發動逮捕國民黨人事件，其中由高士嘉、羅大愚等人領導的國民黨黨專系統「東北抗聯機構」受波及最為慘重，裴有明就在其之中而因此入獄。他的代表作有用東北南部地方土話寫就的長篇小說《太子河畔》、報告文學《我來自東北奴工營》等，均在獲美國亞洲協會津貼的由黃震遐時任總編輯的亞洲出版社出版，與張愛玲的《秧歌》、《赤地之戀》幾乎屬於同時期的作品，因而，有少數論及他作品的研究者將其定義為「反共小說」〔註 32〕。然而，值得注意的是，這一「反共」標籤並非能夠確證作家本人的文學及政治立場。正如張愛玲早年雖宣稱「我所寫的文章從來沒有涉

〔註 30〕古遠清：《香港當代文學批評史》，湖北教育出版社 1997 年版，第 201 頁。
〔註 31〕姜德明：《張向天先生的書》，《書廊小品》，學林出版社 1990 年版，第 182 頁。
〔註 32〕趙稀方：《50 年代的美元文化與香港小說》，中國世界華文文學學會編，《直掛雲帆濟滄海──世界華文文學研究三十年論文集》，中國文史出版社 2012 年版，第 325 頁。

及政治，也沒有拿過任何津貼」〔註33〕，晚年也承認《赤地之戀》的寫作是在授意的情形下進行的藝術虛構。裴有明在回憶性文章《驀然回首四十八年》中寫道，亞洲出版社的黃姓編輯在審稿《太子河畔》時候，「將我的五百字一張的原稿抽掉二十八頁之多。天地良心，我絕對沒有一絲半點歪曲事實，有意往勝利後到東北接收的官員臉上抹黑。」〔註34〕而原籍山東在東北出生的作家遲寶倫，早年多為報章撰寫奇情小說，有著《獵豔36國》《男女透視角》等暢銷小說。經歷過九一八事件與七七事變後來港，長期任職報界。1946年起為香港戰後《工商晚報》總編輯之一，80年代主編《星島旅遊》月刊、《雅風》月刊等，多創作旅遊、飲食散文，可謂是當之無愧的香港旅遊及飲食文學先驅，後與當代香港美食家、作家蔡瀾交往甚密，以散文帶動港澳臺地區流行餐飲文化與旅遊文化的發展與勃興。

　　承前所述，不難看出活躍在香港的東北籍作家的寫作具有著幾方面的共性。其一，東北籍香港作家對於大陸文學家、文學事件及文學史都保持著較為敏銳的關注，甚至成為其中一部分人學術研究的對象；其二，香港東北籍作家大部分人都仍在延續著遷港之前以抗日戰爭時期東北生活境況為主要題材的抗戰小說創作，如李輝英的《人間》、裴有明的《太子河畔》等；其三，香港東北及作家在移居香港後仍筆耕不輟地寫下了大量有關描寫東北民風民俗、記錄鄉間野趣以及追憶東北故鄉、懷念故土的回憶性散文，如張向天的《衖前集》、《東北風物漫憶》、李輝英的《鄉土集》、裴有明的《驀然回首四十八年》等；個別作家在積極接觸香港在地文化氛圍、記錄香港都市文化的繁榮和蒼涼時，仍然偏好以在東北時的經歷作為底色，如李輝英的《哈爾濱之戀》（1954年）。可以毫不誇張地說，對於已經帶上「香港作家」標籤的東北籍作家群體來說，東北區域是他們文學創作的重要養分。

　　民國臺灣、香港與東北區域間文學性關聯有著非常豐富的研究可能與闡釋空間，既有知名東北流亡作家在臺灣、香港兩地筆耕不輟地進行文學創作，並集結東北文化人士在臺、在港組織有規模和影響力的文學活動；也有早年在東北的黑土黑水間接受文學啟蒙，而後以臺灣、香港作家身分知名後世的

〔註33〕張愛玲：《有幾句話同讀者說》，王偉華編，《張愛玲全集‧第1卷‧散文卷》，海南出版社1995年版，第291頁。
〔註34〕裴有明：《驀然回首四十八年》，《山高水長（五集）東北抗日五二三蒙難五十五週年紀念文集》，東北抗日五二三蒙難五十五週年紀念籌備會，民國89年（2000年）版，第527頁。

東北籍寫作者。雖然從地域空間及文化環境等方面來看，除卻偽滿洲國時期的東北區域與臺灣、香港地區都具有異國殖民文化特質外，東北與臺灣、香港之間似乎並沒有顯在的「現代性」及「地域性」共性。但作家及作品本身的張力超越了地域空間的限制，散落在港的東北作家們作為文學紐帶，將橫跨中國大陸的東北邊陲與臺灣島、香港島建立起了密切的聯繫，這一歷史真實的複雜面向不應該被堙沒在研究中。

　　千禧年，香港導演陳果拍攝的影片《榴蓮飄飄》講述了東北女孩秦燕來到香港從事皮肉生意的故事，乃至近年來的商業片《我的特工爺爺》、泡沫喜劇片《東北往事之破馬張飛》《東北插班生》《西虹市首富》等，不論電影本身的製作是否精良、技術是否高明，導演與編劇都在持續嘗試以各異的敘事視角及故事構架，通過電影藝術敘事語言，在新時期香港、臺灣與東北區域文化之間尋找可以進行藝術闡釋的可能與空間。不僅民國時期，當代文學視域下的臺灣、香港與東北，亦具有豐富的作家作品以供我們細讀探究，由此，「臺灣—東北」「香港—東北」這一區域間整體性文學時空場域內部的複雜生態亟待得到更多的關注。